Roland Denk

Sportboot-Führerschein See und BR-Schein

mit Beiheft
Prüfungsfragen

BLV

Die Deutsche Bibliothek –
CIP-Einheitsaufnahme

Denk, Roland:
Sportbootführerschein See und BR-Schein /
Roland Denk. – München; Wien; Zürich: BLV
ISBN 3-405-15325-5

Hauptbd. Mit Beiheft Prüfungsfragen. –
6., überarb. Aufl. – 1997

Beih. Prüfungsfragen: die offiziellen Prüfungsfragen und Antworten
für: Sportbootführerschein See, Führerschein BR,
Sachkundeprüfung Seenotsignal; dazu die Kartenaufgaben mit
Kartenausschnitten für den Sportbootführerschein See. –
6., überarb. Aufl. – 1997

BLV Verlagsgesellschaft mbH
München Wien Zürich
80797 München

Sechste, überarbeitete Auflage

Gesamtherstellung: Passavia Hutthurm

Printed in Germany · ISBN 3-405-15325-5

Bildnachweis
Fa. Autoflug Seite 98
Dr. Peter Bukall Seite 110
Fa. Comet Seite 99
Dr. F. Krügler Seite 123 (3), 124 (3)
Fa. K. D. Matic Seite 98 (3)
Fa. Plath Seite 13, 18, 21, 46
Ulli Schmücker Seite 61
Christina Schulz-Kuhnen Seite 38 (2), 39
Fa. Seafarer Seite 21, 24
alle übrigen Fotos vom Autor
Titelbild: Bavaria Bildagentur

Zeichnungen: Barbara v. Damnitz, Hellmut Hoffmann,
Kartographie Huber
Umschlaggestaltung: Sander & Krause Werbeagentur, München

Ausschnitte aus der amtlichen nautischen Literatur werden mit freundlicher Genehmigung des Bundesamtes für Seeschiffahrt und Hydrographie wiedergegeben, die Wetterkarte auf Seite 122 mit freundlicher Genehmigung des Deutschen Wetterdienstes – Seewetteramt.

Inhalt

Prüfungsbeiheft

Vorbemerkungen

Dieses Buch war von Anfang an für zwei Führerscheine geschrieben, die vom Stoff her gesehen sehr ähnlich waren, sogar großenteils gleiche Prüfungsfragen hatten: Für den Sportbootführerschein See und den BR-Schein. Es war keine Frage, daß *ein* Buch für die beiden Scheine angemessen war. Im Laufe der Jahre haben sich die Ansprüche der beiden Scheine etwas verschoben: der amtliche Sportbootführerschein See – ein Motorbootführerschein mit viel Gesetzeskunde und mit einem Grundgerüst an terrestrischer Navigation und Wetterkunde – entwickelte sich mehr zu einer Art Basisschein, während der BR-Schein mehr eine Zusatzqualifikation für Segler wurde. Das ursprüngliche Konzept des Buches hat sich damit auch eindringlich bestätigt.
Das Schreiben *eines* Buches für beide Scheine hat sich nachhaltig angeboten. Der Führerscheininteressent kann sich ein klares Bild vom jeweiligen Stoffumfang machen und entscheiden, ob er/sie nur den Sportbootführerschein See erwerben will, nur den Segelschein (BR) alleine oder besser beide Teile. Vielleicht regt dieses Buch manche Zweifler dazu an, beide Führerscheine zu machen. Letzteres wäre empfehlenswert, und sofern nicht beides in einem Arbeitsgang zu erledigen ist, sollte der BR-Teil erst nach dem Sportbootführerschein See folgen.
Warum sind beide Scheine zu empfehlen? Der Sportbootführerschein See ist ein amtlicher Schein, vorgeschrieben auf den deutschen Seeschiffahrtsstraßen für Boote mit Motor über 3,68 kW und teilweise im Ausland anerkannt. Also ein Muß für Skipperin und Skipper! Andererseits ist er kein Segelschein, und die geforderten Navigationskenntnisse sind etwas zu dürftig. Also ist der BR-Zusatz schon aus Sicherheitsgründen ein Muß!
Die Prüfungsfragen sind ganz bewußt in einem eigenen Prüfungsbeiheft zusammengefaßt. Somit können Buch und Beiheft getrennt werden und ermöglichen eine sinnvolle Vorbereitung: zuerst Beiheft weglegen und sich mit dem Stoff im Buch befassen, dann Buch weglegen und mit Hilfe des Beiheftes das Wissen kontrollieren. Ein eigenes Beiheft ermöglicht dem Verlag auch, bei Änderungen von Prüfungsfragen durch Heftaustausch aktuell zu bleiben.
Mit dem Buch selbst und seiner systematischen und übersichtlichen Gliederung müßten alle Arten von Prüflingen gut zurechtkommen. Zumindest kamen die vielen Segelschulen gut zurecht, die das Buch als grundlegende Lektüre für ihre Kurse eingeführt haben.
Zu Beginn der großen Hauptabschnitte (z. B. Navigation, Gesetzeskunde) ist der allgemeine Prüfungsstoff für beide Führerscheine aufgezeigt. Zusätzlich sind vor jedem Hauptkapitel die Nummern der amtlichen Prüfungsfragen angegeben; sind keine Prüfungsfragen vorgesehen, so ist dies ebenfalls vermerkt. Der Sportbootführerschein-Prüfling erkennt auf diese Weise deutlich, wie intensiv er das betreffende Kapitel durchstudieren sollte, oder ob er sich die Lektüre – wie in einigen Fällen – sogar sparen kann.
Das Buch wurde im Verlauf der verschiedenen Auflagen grundlegend neu bearbeitet und verbessert. Dabei wurden Fehler, Schwächen und Problemfälle beseitigt, viele Passagen genauer und verständlicher formuliert, viele Neuerungen eingearbeitet und Abbildungen aktualisiert. Ganz neu sind auch die immer wieder und in dieser Art erstmals eingefügten Anmerkungen, die Richtigstellungen, Begründungen, Stellungnahmen oder spezielle Problematikhinweise bzw. Informationen geben. Nachdem in der einschlägigen Fachliteratur eine doch auffällige Sammlung von Uneinheitlichkeiten, Meinungsvielfalt, Großzügigkeit und Unkonsequenz gegenwärtig ist, hielten wir, qualifizierte Arbeit schätzend, ein genaues Nachforschen in Zweifelsfällen für angebracht.
Die grundlegende Verbesserung dieses Buches war einerseits nur möglich durch die eigene Fortbildung des Autors im Laufe der Zeit, andererseits durch die wertvollen Hinweise und Verbesserungsvorschläge, die Autor und Verlag erhalten haben. So soll an dieser Stelle auch nicht versäumt werden, Dank folgenden Herren zu sagen: Toni Bäurle, Walter Brand, Karl-H. Hammermüller, Hubert Harter, Friedrich

Helmke, Werner Kurth, Heinrich Schmitz, Reinhold Schüßler, Eberhard Schuster, Martin Walter, Wolfgang Wegner und Dietrich Zeh.
Dank auch der Wasser- und Schiffahrtsdirektion Nordwest in Aurich und dem Bundesverkehrsministerium für Informationen, dem Deutschen Wetterdienst/Seewetteramt und dem Bundesamt für Seeschiffahrt und Hydrographie für Abdruckgenehmigungen.

Was gibt es zur Prüfung selbst für die beiden Führerscheine zu sagen?

Sie besteht jeweils aus einem Theorieteil (schriftlich, gegebenenfalls auch mündlich) und aus einem Praxisteil. Für die Theorie des Sportbootführerscheins See sind ausgewählte Fragen aus einem Katalog von 342 Fragen (siehe Beiheft) zu beantworten, ferner ist eine von 20 vorgegebenen Kartenaufgaben zu lösen. Für die BR-Schein-Theorie werden Fragen aus einem Katalog von 220 Fragen ausgewählt, dazu sind nicht vorgegebene Karten- und Gezeitenaufgaben zu lösen, wofür nur ein Muster veröffentlicht ist. Bei der Praxisprüfung für den Sportbootführerschein See sind Manöver (in der Regel An- und Ablegen, Boje-über-Bord-Manöver und Wenden auf engem Raum) mit einem Sportboot mit Motor über 3,68 kW zu fahren. Die Praxisprüfung für den BR-Schein findet natürlich auf einer Segelyacht statt, normalerweise auf einem Küstenrevier, z. B. im Rahmen eines Segeltörns.
Als Mindestalter ist jeweils die Vollendung des 16. Lebensjahres vorgeschrieben. Eine Anmeldung zur Prüfung geschieht in der Regel und sinnvollerweise über eine Sportboot- bzw. Segelschule. Oft organisieren auch Segelclubs für ihre Mitglieder Führerscheinkurse und -prüfungen. Zuständig für die Abnahme der Prüfung sind spezielle Prüfungsausschüsse. Folgende Unterlagen müssen – neben einer gar nicht so bescheidenen Prüfungsgebühr – zur Prüfungsanmeldung bzw. vor Prüfungsbeginn beigebracht werden:

Für Sportbootführerschein See:
- Antrag auf Zulassung zur Prüfung und Erteilung des Führerscheins auf einem Formblatt.
- Ärztliches Zeugnis über ausreichendes Hör-, Seh- und Farbunterscheidungsvermögen.
- Nachweis, daß die Erteilung eines Führungszeugnisses nach § 28 Abs. 5 des Bundeszentralregistergesetzes beantragt worden ist.
- Eine Erklärung, ob dem Bewerber die Fahrerlaubnis für Sportboote bereits einmal entzogen worden ist.
- Ein Lichtbild (38 × 45 mm, Halbprofil ohne Kopfbedeckung in Zivil).
- Bei 16- und 17jährigen Bewerbern die Zustimmung durch den gesetzlichen Vertreter gemäß Vordruck.

Für BR-Schein:
- Antrag auf Prüfungszulassung auf einem Vordruck für Verbandsführerscheine.
- Tauglichkeitsnachweis durch ärztliches Zeugnis (in erster Linie Hör-, Seh- und Farbunterscheidungsvermögen) auf Verbandsvordruck oder auf Vordruck für den Sportbootführerschein See.
- Nachweis über Kenntnisse in Erster Hilfe (Umfang »Sofortmaßnahmen am Unfallort«).
- Erfahrungsnachweis.
- Ein Lichtbild.
- Zustimmung des Erziehungsberechtigten bei Bewerbern unter 18 Jahren.

In unserem Beiheft zu diesem Buch finden Sie auch noch Prüfungsfragen über Seenotsignalmittel. Es geht in diesem Zusammenhang um die Möglichkeit einer freiwilligen Zusatzprüfung. Nach dem Sprengstoffgesetz unterliegen der Erwerb, die Aufbewahrung, die Beförderung und die Verwendung bestimmter pyrotechnischer Seenotsignalmittel der Unterklasse T_2 der Erlaubnispflicht. Wassersportler bedürfen keiner Erlaubnis, wenn sie ein Zertifikat besitzen, aus dem ihre Sachkunde hervorgeht. Diese Sachkunde kann durch die freiwillige Zusatzprüfung erworben werden. Nach bestandener Prüfung wird dann im Führerschein folgender Vermerk eingetragen: »Befreit nach § 1 Abs. 3 Erste SprengV, für Signalwaffen sachkundig nach § 31 Abs. 1 WaffenG.«

Und nun viel Erfolg für Ihre Prüfung(en)!

Roland Denk

Navigation

Prüfungsstoff laut DSV-Führerscheinvorschrift und SpbootFüV

BR-Schein:

Kompaß, Peilscheibe, Logge, Lot;
Arbeiten mit Seekarte und nautischen Veröffentlichungen: Kurs- und Peilungsverwandlungen, Koppelnavigation einschließlich 1. Stromaufgabe (Bestimmung von KüG und FüG) und 2. Stromaufgabe (Bestimmung von FüG und KdW), Schiffsortsbestimmung O_k und O_b (alle gebräuchlichen Peilungen, außer Horizontal- und Vertikalmessung), Ablenkungskontrolle, Grundkenntnisse elektronischer Navigation;
Gezeiten: Umgang mit Tidenkalender, Bestimmung von HW- und NW-Zeiten für Anschlußorte, Bestimmung des Stromes mittels Tidenkalender und Seekarte;
Handbücher: Hafen- und Seehandbücher, Leuchtfeuerverzeichnisse, NfS, BfS.

Sportbootführerschein:

Nautische Grundkenntnisse:
- Terrestrische Navigation.
- Kompaßlehre.
- Gebrauch der Seekarten und Seebücher.
- Auswertung nautischer Nachrichten und Bekanntmachungen.
- Kenntnis der Schiffahrtszeichen, soweit sie nicht in der Seeschiffahrtsstraßen-Ordnung geregelt sind.
- Gezeitenkunde.

Die für den BR- und Sportbootführerschein erforderliche Navigation wird »terrestrische Navigation« genannt. Sie spielt sich ab im Küstenbereich und wird mit Hilfe von Landmarken und Seezeichen (nachts Leuchtfeuern) betrieben. Neben Kompaß, Seekarte, Kursdreieck und Zeichengerät benötigt man noch weitere Hilfsmittel: diverse Handbücher, Winkelmeßgerät, Log, Lot, Uhr, Stoppuhr und Fernglas.

1. Die Voraussetzungen und Hilfsmittel der Navigation

Nautische Veröffentlichungen

Prüfungsfragen für den Sportbootführerschein: 223–226.

Neben der noch ausführlich zu besprechenden **Seekarte** gibt es noch weitere nautische Veröffentlichungen, die als Navigationshilfe bzw. Informationsquelle dienen. Die meisten dieser Veröffentlichungen werden vom Bundesamt für Seeschiffahrt und Hydrographie (BSH) herausgegeben. (In anderen Ländern gibt es vergleichbare Institutionen.)

Das Bundesamt für Seeschiffahrt und Hydrographie (BSH) – vor der Umbennenung 1990 bekannt als Deutsches Hydrographisches Institut (DHI) – ist eine Bundesoberbehörde im Geschäftsbereich des Bundesministers für Verkehr. Adresse: Bernhard-Nocht-Straße 78, 20359 Hamburg.
Nach dem Gesetz über die Aufgaben des Bundes auf dem Gebiet der Seeschiffahrt von 1965 ist das BSH beauftragt,
- Seeschiffahrt und Seefischerei durch naturwissenschaftliche und nautisch-technische Forschungen zu fördern, meeresbiologische Forschungen sind ausgenommen;
- die nautischen Instrumente und Geräte der Schiffsausrüstung auf ihre Eignung für den Schiffsbetrieb und ihre sichere Funktion an Bord zu prüfen und die Magnetkompasse zu regulieren;
- die nautischen und hydrographischen Dienste wahrzunehmen, insbesondere den Seevermessungsdienst, den Gezeiten-, Windstau- und Sturmflutwarndienst, den Eisnachrichtendienst, den erdmagnetischen Dienst und den Zeitdienst;

- amtliche Seekarten und amtliche nautische Veröffentlichungen herzustellen und herauszugeben sowie nautische Warnnachrichten zu verbreiten;
- das Meerwasser auf Radioaktivität und sonstige schädliche Beimengungen zu überwachen.

Mit den genannten Aufgaben sind dann noch verschiedene Forschungsarbeiten verbunden.

Um folgende Veröffentlichungen handelt es sich (Bereich BR-Schein/Sportbootführerschein):

Seehandbücher

Aus ihnen kann man über die Seekarten hinausgehend Angaben entnehmen, z.B. über Fahrwasser, Strömungen, Ansteuerungen, Wetterverhältnisse, Schiffahrtsbehörden, Ankerplätze, Lotsen, Untiefen, Zoll- und Hafenvorschriften. In diesen Seehandbüchern, z.B. des Bundesamtes für Seeschiffahrt und Hydrographie, sind immer die Nachträge bzw. Ergänzungen, die alle Änderungen berücksichtigen, zu beachten. Im Teil A der BSH-Seehandbücher sind jeweils »Schiffahrtsangelegenheiten« wie Vorschriften, Seezeichen oder Signalwesen dargestellt. Im Teil B geht es um »Naturverhältnisse« (Klima, Seegang, Gezeiten usw.) und im Teil C um die eigentliche »Küstenkunde und Segelanweisungen«.

Hafenhandbücher

Das BSH gibt solche Bücher zwar nicht heraus, aber es existieren solche Bücher, herausgegeben von anderen Organisationen oder Privatautoren, z.B. das »Hafenhandbuch für die Ost- und Nordsee« von der Kreuzerabteilung des Deutschen Segler-Verbandes.

Leuchtfeuerverzeichnisse

Ursprünglich erschienen Leuchtfeuerverzeichnisse in 14 Bänden, die für die ganze Welt den Standort, die Trag- und Sichtweite, die Kennung und Wiederkehr und die Sektoren aller Leuchtfeuer enthielten. Inzwischen gibt das BSH nur noch drei Bände heraus, und zwar Teil I: Mittlere und östliche Ostsee, Teil II: Westliche Ostsee und Ostseezufahrten, Teil III: Östliche Nordsee. Dazu gibt es Deckblätter zum Leuchtfeuerverzeichnis, die zusätzlich zu den Nachrichten für Seefahrer bezogen werden können.

Gezeitentafeln

Sofern man in einem Gezeitengewässer segelt, benötigt man Gezeitentafeln und evtl. einen Atlas der Gezeitenströme, den das BSH für die Nordsee herausgibt. Die Gezeitentafeln erscheinen jährlich für europäische Gewässer. Daneben gibt das BSH noch für ein kleineres Gebiet (Deutsche Bucht) den Gezeitenkalender heraus, welcher die Hoch- und Niedrigwasserzeiten der jeweiligen Bezugs- und Anschlußorte enthält.

Nachrichten für Seefahrer (NfS)

Zu erwähnen im Zusammenhang mit der nautischen Literatur sind auch noch die »Nachrichten für Seefahrer«, ein vom BSH wöchentlich herausgegebenes Mitteilungsblatt, das Berichtigungen und Korrekturen enthält hinsichtlich Betonnung, Befeuerung, Gefahrenzonen, Verordnungen usw. Die nautische Literatur ist entsprechend diesen Angaben zu korrigieren.

Bekanntmachungen für Seefahrer (BfS)

Die BfS werden von den Wasser- und Schiffahrtsämtern herausgegeben und in der Regel in den NfS verbreitet. Sie enthalten alle Veränderungen betreff Betonnung, Befeuerung, Wracks und Untiefen im Bereich der Seeschiffahrtstraßen. Kenntnis erlangen kann man davon auch an den dafür eingerichteten Aushangstellen (i. allg. in Hafenämtern, bei Schleusen, bei Wasserschutzpolizei).

Nautischer Funkdienst (NF)

Der dreibändige Nautische Funkdienst des Bundesamtes für Seeschiffahrt und Hydrographie enthält

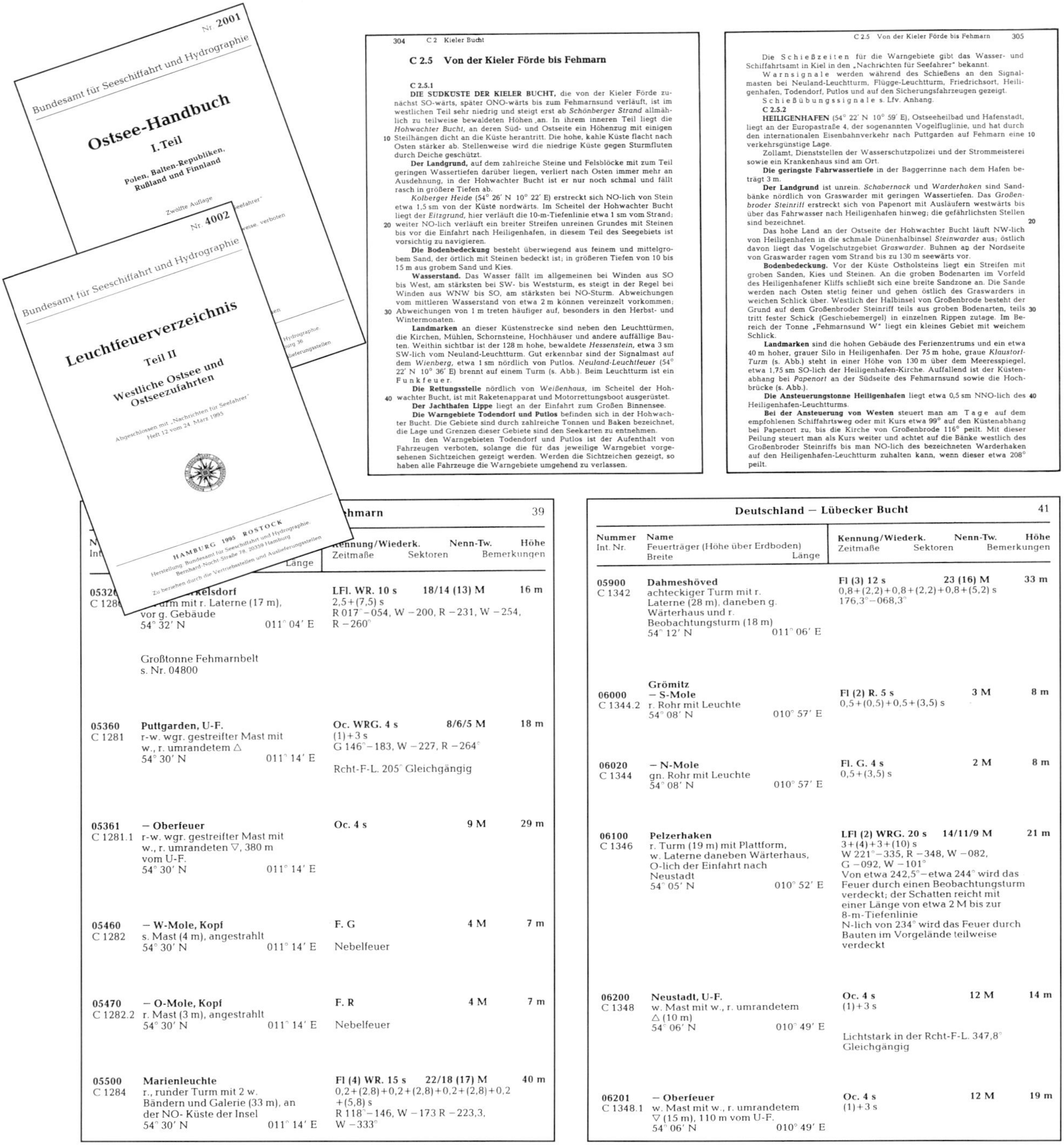

Nr. 2001

Bundesamt für Seeschiffahrt und Hydrographie

Ostsee-Handbuch

I. Teil

Polen, Balten-Republiken, Rußland und Finnland

Zwölfte Auflage

Nr. 4002

Bundesamt für Seeschiffahrt und Hydrographie

Leuchtfeuerverzeichnis

Teil II

Westliche Ostsee und Ostseezufahrten

Abgeschlossen mit „Nachrichten für Seefahrer" Heft 12 vom 24. März 1995

HAMBURG 1995 ROSTOCK

Herstellung: Bundesamt für Seeschiffahrt und Hydrographie Bernhard-Nocht-Straße 78, 20359 Hamburg

Zu beziehen durch die Vertriebsstellen und Auslieferungsstellen

C 2.5 Von der Kieler Förde bis Fehmarn

C 2.5.1

DIE SÜDKÜSTE DER KIELER BUCHT, die von der Kieler Förde zunächst SO-wärts, später ONO-wärts bis zum Fehmarnsund verläuft, ist im westlichen Teil sehr niedrig und steigt erst ab *Schönberger Strand* allmählich zu teilweise bewaldeten Höhen an. In ihrem inneren Teil liegt die *Hohwachter Bucht,* an deren Süd- und Ostseite ein Höhenzug mit einigen Steilhängen dicht an die Küste herantritt. Die hohe, kahle Küste flacht nach Osten stärker ab. Stellenweise wird die niedrige Küste gegen Sturmfluten durch Deiche geschützt.

Der Landgrund, auf dem zahlreiche Steine und Felsblöcke mit zum Teil geringen Wassertiefen darüber liegen, verliert nach Osten immer mehr an Ausdehnung, in der Hohwachter Bucht ist er nur noch schmal und fällt rasch in größere Tiefen ab.

Kolberger Heide (54° 26′ N 10° 22′ E) erstreckt sich NO-lich von Stein etwa 1,5 sm von der Küste nordwärts. Im Scheitel der Hohwachter Bucht liegt der *Eitzgrund,* hier verläuft die 10-m-Tiefenlinie etwa 1 sm vom Strand; weiter NO-lich verläuft ein breiter Streifen unreinen Grundes mit Steinen bis vor die Einfahrt nach Heiligenhafen, in diesem Teil des Seegebiets ist vorsichtig zu navigieren.

Die Bodenbedeckung besteht überwiegend aus feinem und mittelgrobem Sand, der örtlich mit Steinen bedeckt ist; in größeren Tiefen von 10 bis 15 m aus grobem Sand und Kies.

Wasserstand. Das Wasser fällt im allgemeinen bei Winden aus SO bis West, am stärksten bei SW- bis Weststurm, es steigt in der Regel bei Winden aus WNW bis SO, am stärksten bei NO-Sturm. Abweichungen vom mittleren Wasserstand von etwa 2 m können vereinzelt vorkommen; Abweichungen von 1 m treten häufiger auf, besonders in den Herbst- und Wintermonaten.

Landmarken an dieser Küstenstrecke sind neben den Leuchttürmen, die Kirchen, Mühlen, Schornsteine, Hochhäuser und andere auffällige Bauten. Weithin sichtbar ist der 128 m hohe, bewaldete *Hessenstein,* etwa 3 sm SW-lich vom Neuland-Leuchtturm. Gut erkennbar sind der Signalmast auf dem *Wienberg,* etwa 1 sm nördlich von Putlos. *Neuland-Leuchtfeuer* (54° 22′ N 10° 36′ E) brennt auf einem Turm (s. Abb.). Beim Leuchtturm ist ein Funkfeuer.

Die Rettungsstelle nördlich von *Weißenhaus,* im Scheitel der Hohwachter Bucht, ist mit Raketenapparat und Motorrettungsboot ausgerüstet.

Der Jachthafen Lippe liegt an der Einfahrt zum Großen Binnensee.

Die Warngebiete Todendorf und Putlos befinden sich in der Hohwachter Bucht. Die Gebiete sind durch zahlreiche Tonnen und Baken bezeichnet, die Lage und Grenzen dieser Gebiete sind den Seekarten zu entnehmen.

In den Warngebieten Todendorf und Putlos ist der Aufenthalt von Fahrzeugen verboten, solange die für das jeweilige Warngebiet vorgesehenen Sichtzeichen gezeigt werden. Werden die Sichtzeichen gezeigt, so haben alle Fahrzeuge die Warngebiete umgehend zu verlassen.

Die Schießzeiten für die Warngebiete gibt das Wasser- und Schiffahrtsamt in Kiel in den „Nachrichten für Seefahrer" bekannt.

Warnsignale werden während des Schießens an den Signalmasten bei Neuland-Leuchtturm, Flügge-Leuchtturm, Friedrichsort, Heiligenhafen, Todendorf, Putlos und auf den Sicherungsfahrzeugen gezeigt.

Schießübungssignale s. Lfv. Anhang.

C 2.5.2

HEILIGENHAFEN (54° 22′ N 10° 59′ E), Ostseeheilbad und Hafenstadt, liegt an der Europastraße 4, der sogenannten Vogelfluglinie, und hat durch den internationalen Eisenbahnverkehr nach Puttgarden auf Fehmarn eine verkehrsgünstige Lage.

Zollamt, Dienststellen der Wasserschutzpolizei und der Strommeisterei sowie ein Krankenhaus sind am Ort.

Die geringste Fahrwassertiefe in der Baggerrinne nach dem Hafen beträgt 3 m.

Der Landgrund ist unrein. *Schabernack* und *Warderhaken* sind Sandbänke nördlich von Graswarder mit geringen Wassertiefen. Das *Großenbroder Steinriff* erstreckt sich von Papenort mit Ausläufern westwärts bis über das Fahrwasser nach Heiligenhafen hinweg; die gefährlichsten Stellen sind bezeichnet.

Das hohe Land an der Ostseite der Hohwachter Bucht läuft NW-lich von Heiligenhafen in die schmale Dünenhalbinsel *Steinwarder* aus; östlich davon liegt das Vogelschutzgebiet *Graswarder*. Buhnen an der Nordseite von Graswarder ragen vom Strand bis zu 130 m seewärts vor.

Bodenbedeckung. Vor der Küste Ostholsteins liegt ein Streifen mit groben Sanden, Kies und Steinen. An die groben Bodenarten im Vorfeld des Heiligenhafener Kliffs schließt sich eine breite Sandzone an. Die Sande werden nach Osten stetig feiner und gehen östlich des Graswarders in weichen Schlick über. Westlich der Halbinsel von Großenbrode besteht der Grund auf dem Großenbroder Steinriff teils aus groben Bodenarten, teils tritt fester Schick (Geschiebemergel) in einzelnen Rippen zutage. Im Bereich der Tonne „Fehmarnsund W" liegt ein kleines Gebiet mit weichem Schlick.

Landmarken sind die hohen Gebäude des Ferienzentrums und ein etwa 40 m hoher, grauer Silo in Heiligenhafen. Der 75 m hohe, graue *Klaustorf-Turm* (s. Abb.) steht in einer Höhe von 130 m über dem Meeresspiegel, etwa 1,75 sm SO-lich der Heiligenhafen-Kirche. Auffallend ist der Küstenabhang bei *Papenort* an der Südseite des Fehmarnsund sowie die Hochbrücke (s. Abb.).

Die Ansteuerungstonne Heiligenhafen liegt etwa 0,5 sm NNO-lich des Heiligenhafen-Leuchtturms.

Bei der Ansteuerung von Westen steuert man am Tage auf dem empfohlenen Schiffahrtsweg oder mit Kurs etwa 99° auf den Küstenabhang bei Papenort zu, bis die Kirche von Großenbrode 116° peilt. Mit dieser Peilung steuert man als Kurs weiter und achtet auf die Bänke westlich des Großenbroder Steinriffs bis man NO-lich des bezeichneten Warderhaken auf den Heiligenhafen-Leuchtturm zuhalten kann, wenn dieser etwa 208° peilt.

N… Int…	… Länge	Kennung/Wiederk. Zeitmaße	Nenn-Tw. Sektoren	Höhe Bemerkungen
0532… C 128…	…kelsdorf …urm mit r. Laterne (17 m), vor g. Gebäude 54° 32′ N 011° 04′ E	**LFl. WR. 10 s** 2,5+(7,5) s R 017°–054, W –200, R –231, W –254, R –260°	**18/14 (13) M**	**16 m**
	Großtonne Fehmarnbelt s. Nr. 04800			
05360 C 1281	**Puttgarden, U-F.** r-w. wgr. gestreifter Mast mit w., r. umrandetem △ 54° 30′ N 011° 14′ E	**Oc. WRG. 4 s** (1)+3 s G 146°–183, W –227, R –264° Rcht-F-L. 205° Gleichgängig	**8/6/5 M**	**18 m**
05361 C 1281.1	**– Oberfeuer** r-w. wgr. gestreifter Mast mit w., r. umrandeten ▽, 380 m vom U-F. 54° 30′ N 011° 14′ E	**Oc. 4 s**	**9 M**	**29 m**
05460 C 1282	**– W-Mole, Kopf** s. Mast (4 m), angestrahlt 54° 30′ N 011° 14′ E	**F. G** Nebelfeuer	**4 M**	**7 m**
05470 C 1282.2	**– O-Mole, Kopf** r. Mast (3 m), angestrahlt 54° 30′ N 011° 14′ E	**F. R** Nebelfeuer	**4 M**	**7 m**
05500 C 1284	**Marienleuchte** r., runder Turm mit 2 w. Bändern und Galerie (33 m), an der NO- Küste der Insel 54° 30′ N 011° 14′ E	**Fl (4) WR. 15 s** 0,2+(2,8)+0,2+(2,8)+0,2+(2,8)+0,2 +(5,8) s R 118°–146, W –173 R –223,3, W –333°	**22/18 (17) M**	**40 m**

Nummer Int. Nr.	Name Feuerträger (Höhe über Erdboden) Breite Länge	Kennung/Wiederk. Zeitmaße	Nenn-Tw. Sektoren	Höhe Bemerkungen
05900 C 1342	**Dahmeshöved** achteckiger Turm mit r. Laterne (28 m), daneben g. Wärterhaus und r. Beobachtungsturm (18 m) 54° 12′ N 011° 06′ E	**Fl (3) 12 s** 0,8+(2,2)+0,8+(2,2)+0,8+(5,2) s 176,3°–068,3°	**23 (16) M**	**33 m**
06000 C 1344.2	**Grömitz** **– S-Mole** r. Rohr mit Leuchte 54° 08′ N 010° 57′ E	**Fl (2) R. 5 s** 0,5+(0,5)+0,5+(3,5) s	**3 M**	**8 m**
06020 C 1344	**– N-Mole** gn. Rohr mit Leuchte 54° 08′ N 010° 57′ E	**Fl. G. 4 s** 0,5+(3,5) s	**2 M**	**8 m**
06100 C 1346	**Pelzerhaken** r. Turm (19 m) mit Plattform, w. Laterne daneben Wärterhaus, O-lich der Einfahrt nach Neustadt 54° 05′ N 010° 52′ E	**LFl (2) WRG. 20 s** 3+(4)+3+(10) s W 221°–335, R –348, W –082, G –092, W –101° Von etwa 242,5°–etwa 244° wird das Feuer durch einen Beobachtungsturm verdeckt; der Schatten reicht mit einer Länge von etwa 2 M bis zur 8-m-Tiefenlinie N-lich von 234° wird das Feuer durch Bauten im Vorgelände teilweise verdeckt	**14/11/9 M**	**21 m**
06200 C 1348	**Neustadt, U-F.** w. Mast mit w., r. umrandetem △ (10 m) 54° 06′ N 010° 49′ E	**Oc. 4 s** (1)+3 s Lichtstark in der Rcht-F-L. 347,8° Gleichgängig	**12 M**	**14 m**
06201 C 1348.1	**– Oberfeuer** w. Mast mit w., r. umrandetem ▽ (15 m), 110 m vom U-F. 54° 06′ N 010° 49′ E	**Oc. 4 s** (1)+3 s	**12 M**	**19 m**

alle für die Funknavigation für die ganze Welt (kein Prüfungsstoff für Sportbootführerschein See oder BR-Schein!) erforderlichen Angaben. Monatlich erscheinen zu den Bänden I–III Nachträge. Band I befaßt sich mit Funkverkehr, Band II mit Funkortung, Wetter- und Eisfunk und Band III mit Revierfunk. Im Nautischen Funkdienst werden auch alle Wetterdienste der Welt genannt, man findet genauere Angaben über die Seewetterberichte und erhält u.a. auch eine Anleitung zum Zeichnen von Wetterkarten. Ein speziell für den Yachtsport herausgegebener Auszug aus den NF ist der jährlich erscheinende **»Jachtfunkdienst Nord- und Ostsee«** und **»Jachtfunkdienst Mittelmeer«**. Zu nennen wäre noch als Sonderausgabe des BSH die jährlich erscheinende Tafel »Wetter- und Warnfunk«.

Steuerkompaß, Mißweisung, Deviation

Prüfungsfragen für den Sportbootführerschein: 237–245, 254.

Steuerkompaß

Verbindlicher Ausrüstungsgegenstand jeder seegehenden Yacht und wichtigstes Navigationsinstrument ist der Steuerkompaß. Es handelt sich immer um einen Magnetkompaß, dessen Rose im Kompaßkessel durch eine Flüssigkeit (Kompaßöl = gefriersicheres hochraffiniertes Petroleum) gedämpft und damit vor unkontrolliertem Schwingen bei Wellengang geschützt wird. Diese Kompaßart nennt man Schwimm- oder Fluidkompaß.

Damit sich aber die flüssigkeitsgedämpfte Kompaßrose bei Krängung nicht verklemmen kann, muß der Kompaß kardanisch (außen- oder innenkardanisch) aufgehängt sein. Die modernen Yachtkompasse sind innenkardanisch aufgehängt und als Kugelkompaß konstruiert, wobei die Glasscheibe so kugelförmig gewölbt ist, daß die Rose mit dem Schwimmer bis zu etwa 75° ausschwingen kann. Gute Kompasse sind

Moderner Yacht-Kugelkompaß mit innenkardanischer Aufhängung. Oben der Steuerstrich, der am Schiff immer exakt voraus zeigen muß. Hier sind gerade zwischen 340° und 345° angezeigt (die Kompaßrose hat eine 5°-Teilung).

auch mit einer Beleuchtung ausgerüstet, die möglichst dunkelrot sein soll, damit die Augen geschont bleiben und keine Anpassungsprobleme an die Dunkelheit haben.

Die heute fast ausschließlich in Schwarz mit weißen Zahlen hergestellte Kompaßrose war früher in 32 Striche eingeteilt. Heute benützt man die vorteilhaftere Gradeinteilung von 0°–360°. Hierbei gilt: (Rechtsherum = im Uhrzeigersinn abgelesen)

0° bzw. 360° = Nord	180° = Süd
090° = Ost	270° = West

Einbau an Bord

Der Steuerkompaß soll möglichst in der Mittschiffslinie, z.B. auf einer Steuersäule so eingebaut werden (Steuerstrich parallel zur Kiellinie), daß der Rudergänger ohne Schwierigkeiten den jeweiligen Kurs ablesen kann. Der Kompaß sollte auch nicht zwischenzeitlich abmontiert werden, damit im Hinblick auf die Kompensierung (siehe bei Deviation) keine Veränderung eintritt. Ferner gilt:

1. Kompaß so weit wie möglich vom Eisenkiel und mindestens 1 Meter von jedem Eisengegenstand bzw. -teil entfernt aufstellen. In der Nähe weder Fotoapparat noch Kofferradio, Messer oder Kocher usw. lagern.
2. Bei Stahlschiffen Kompaß immer in der Mittschiffs linie einbauen, wegen symmetrischer Verteilung der Eisenmassen.
3. Stromführende Kabel in der Nähe so verlegen, daß die Hin- und Rückleitung unmittelbar nebeneinander liegen. Die Zuleitungsdrähte zur Kompaß-Beleuchtung müssen verdrillt sein.
4. Die elektrischen Geräte, wie Funkpeiler und Echolot, so weit vom Kompaß entfernt aufstellen, daß sie ein- oder ausgeschaltet keine Ablenkung hervorrufen.

In Zusammenhang mit dem Kompaß muß von zwei Ablenkungserscheinungen gesprochen werden: der Mißweisung (Mw) und der Deviation bzw. Ablenkung (Dev bzw. Abl). Beide zusammen bezeichnet man auch als Fehlweisung (Fw).

Formel: Fw = Mw + Dev

Mißweisung

Die Kompaßrose zeigt in Richtung des Erdmagnetfeldes, dessen Pole (magnetische Pole) nicht mit den geographischen Polen zusammenfallen. Es ist also mit zwei verschiedenen Nordrichtungen umzugehen: mit dem von den Meridianen in der Seekarte vorgegebenen »rechtweisenden Nord« (abgekürzt: rwN) und dem vom Kompaß angezeigten »mißweisenden Nord« (abgekürzt: mwN). Der Winkelunterschied zwischen rechtweisend und mißweisend Nord wird Mißweisung (abgekürzt Mw) genannt. Mit anderen Worten: Die Abweichung = der Winkel zwischen geographisch und magnetisch Nord ist die Mißweisung. Diese Mißweisung ist auf den verschiedenen Punkten der Erde unterschiedlich groß, auch ändert sie sich mit der Zeit. Die Mißweisungswerte und die jährlichen Änderungen entnimmt man jeweils aus der in der Seekarte eingedruckten Kompaßrose. Wird die Kompaßrose in westlicher Richtung abgelenkt (Mißweisung West), erhält sie ein Minuszeichen (−), wird sie in östlicher Richtung abgelenkt (Mißweisung Ost), erhält sie ein Pluszeichen (+). Ein auf dem Kompaß abgelesener Kurswert muß also, bevor er in die Seekarte übertragen wird, um die Mißweisung berichtigt werden (siehe bei Kursberechnung). Umgekehrt muß ein in der Karte abgesteckter Kurs erst mit der Mißweisung beschickt werden (siehe bei Kursberechnung), bevor man ihn am Kompaß steuern kann. Der Winkel zwischen Kiellinie und rechtweisend Nord ist der rechtweisende Kurs (abgekürzt rwK), der Winkel zwischen Kiellinie und mißweisend Nord ist der mißweisende Kurs (abgekürzt mwK).

Deviation

Bei der Deviation (abgekürzt Dev, aus lat. devius = vom Wege abgehend oder Abl aus Kompaßablenkung) handelt es sich um eine Ablenkung bzw. um einen Kompaßfehler, bedingt durch die Eisen- und Stahlteile auf der Yacht. Durch den Einfluß eines schiffsmagnetischen Feldes zeigt die Kompaßnadel bzw. -rose nicht nach mißweisend Nord, sondern nach Kompaß-Nord. Die Deviation ist also der Winkel zwischen mißweisend Nord und Kompaß-Nord. Liegt Kompaß-Nord westlich von mißweisend Nord, so versieht man den Deviationswert mit einem Minuszeichen (−), liegt Kompaß-Nord östlich von mißweisend Nord, so arbeitet man mit einem Pluszeichen (+). Im Gegensatz zur Mißweisung, die immer aus der Seekarte (eingedruckte Mißweisungsrose) direkt entnommen werden kann, und die am betreffenden Ort für jedes Schiff und für jeden Kurs gleich groß ist,

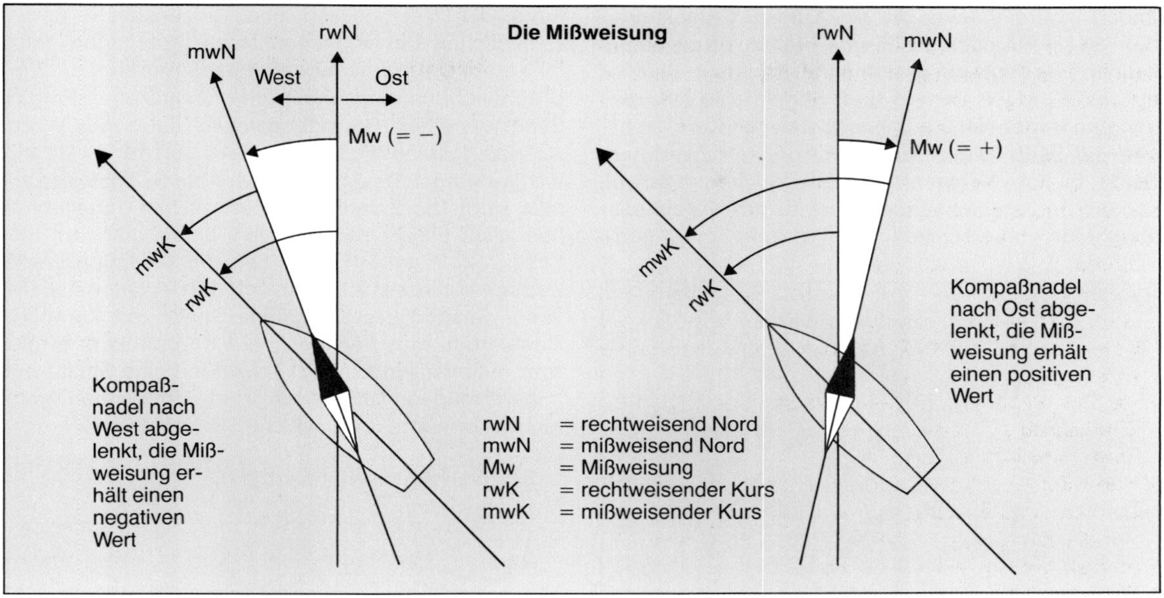
Die Mißweisung
rwN
mwN
West
Ost
Mw (= −)
mwK
rwK
Kompaß-
nadel nach
West abge-
lenkt, die Miß-
weisung er-
hält einen
negativen
Wert
rwN = rechtweisend Nord
mwN = mißweisend Nord
Mw = Mißweisung
rwK = rechtweisender Kurs
mwK = mißweisender Kurs
rwN
mwN
Mw (= +)
mwK
rwK
Kompaßnadel
nach Ost abge-
lenkt, die Miß-
weisung erhält
einen positiven
Wert

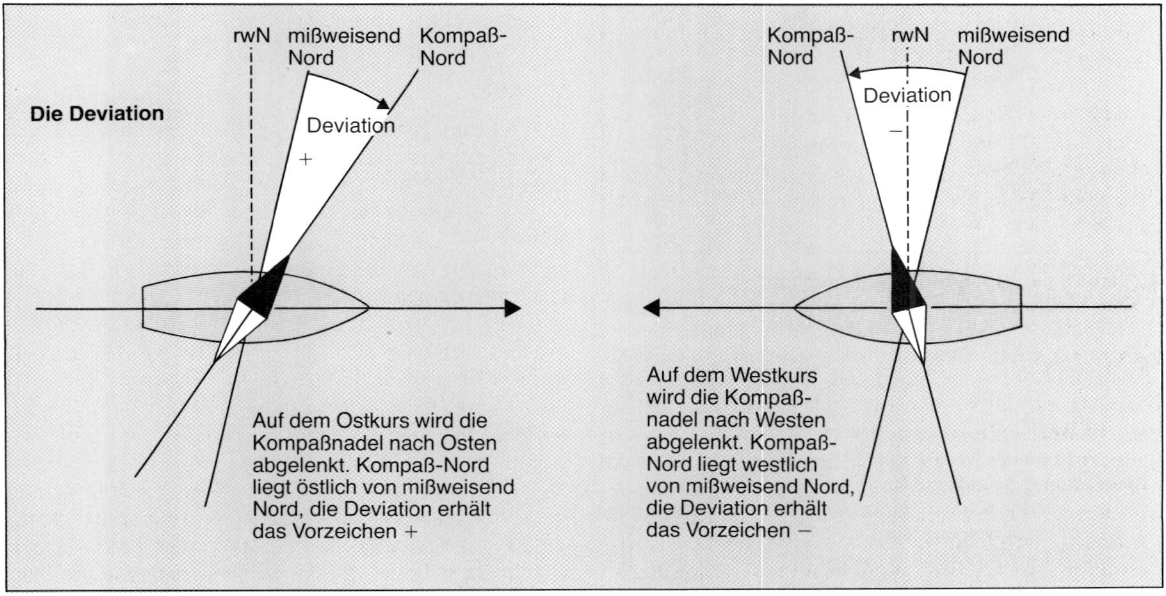
Die Deviation
rwN
mißweisend
Nord
Kompaß-
Nord
Deviation
+
Auf dem Ostkurs wird die
Kompaßnadel nach Osten
abgelenkt. Kompaß-Nord
liegt östlich von mißweisend
Nord, die Deviation erhält
das Vorzeichen +
Kompaß-
Nord
rwN
mißweisend
Nord
Deviation
−
Auf dem Westkurs
wird die Kompaß-
nadel nach Westen
abgelenkt. Kompaß-
Nord liegt westlich
von mißweisend Nord,
die Deviation erhält
das Vorzeichen −

ändert sich die Deviation von Kurs zu Kurs. Außerdem ist sie für jedes Schiff verschieden, da die ablenkenden Eisenteile auf jedem Schiff anders in Hinblick auf den Kompaß verteilt sind. Segeln also z.B. zwei Yachten in der Nähe auf einem gleichen Kurs, so haben sie beide dieselbe Mißweisung einzurechnen. Beide Yachten haben es mit dem gleichen rechtweisenden und mißweisenden Kurs zu tun. Da sie aber wegen der unterschiedlichen Häufung und Anordnung der Eisenmassen und -gegenstände unterschiedlichen Deviationseinflüssen unterliegen, zeigt ihr Kompaß verschiedene Kompaßkurse an.

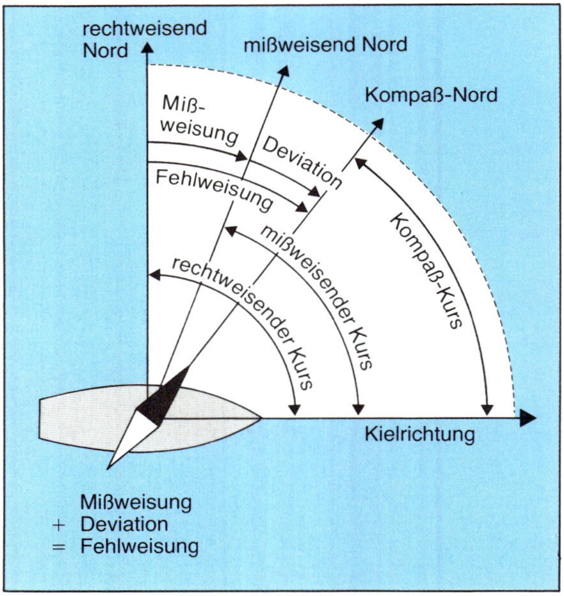

Für den Segler gelten drei Nordrichtungen:

1. Rechtweisend Nord = Meridianrichtung zum Erd-Nordpol.
2. Mißweisend Nord = vom Magnetfeld der Erde bestimmte Richtung, die ein Kompaß ohne Deviationseinfluß anzeigt.
3. Kompaß-Nord = Richtung, die der Kompaß an Bord anzeigt.

Dazu kommen die drei Kursarten:

1. Rechtweisender Kurs = Winkel zwischen Kielrichtung der Yacht und rechtweisend Nord.
2. Mißweisender Kurs = Winkel zwischen Kielrichtung der Yacht und mißweisend Nord.
3. Kompaß-Kurs = Winkel zwischen Kielrichtung der Yacht und Kompaß-Nord. Nach diesem Kurs steuert die Yacht.

Die Deviationswerte entnimmt man aus einer für das Schiff erstellten *Deviationstabelle* (deutsches Wort: *Ablenkungstabelle*), in der jeweils von 10° zu 10° die dazugehörigen Deviations- bzw. Ablenkungswerte erfaßt sind. Die Erstellung einer solchen Tabelle soll hier nicht beschrieben werden, da sie erst zum BK-Schein-Stoff gehört! Erreichen die Deviationswerte Beträge von mehr als 5°, so soll die Deviationstabelle aus 2 Spalten bestehen: Eine Spalte mit Kompaßkurswerten zum Rechnen vom Kompaßkurs (MgK) zum rechtweisenden Kurs (rwK) und eine Spalte mit mißweisenden Kurswerten zum Umrechnen vom rechtweisenden Kurs (rwK) zum Kompaßkurs.

Beispiel einer Deviationstabelle

Mgk	Dev (Abl)	MgK	Dev (Abl)
000	−1	190	±0
010	±0	200	−1
020	+1	210	−2
030	+2	220	−2
040	+2	230	−3
050	+3	240	−4
060	+3	250	−5
070	+4	260	−5
080	+5	270	−6
090	+5	280	−6
100	+5	290	−5
110	+4	300	−4
120	+4	310	−4
130	+3	320	−3
140	+3	330	−3
150	+2	340	−2
160	+2	350	−2
170	+1	360	−1
180	+1		

Anmerkung: Bei der Benennung der Deviationstabelle herrschen eine große Meinungsvielfalt und Ungenauigkeit. Von 22 untersuchten einschlägigen Büchern gebrauchen 7 das Wort *Deviationstabelle,* 6 *Steuertafel,* 4 *Ablenkungstabelle,* 1 *Ablenkungstafel,* 1 das Wort *Steuertabelle* und 3 wechseln ihre Bezeichnungen. Bei 13 Büchern besteht die Tabelle aus 1 Spalte, bei 7 aus 2 Spalten, 2 lassen alles unklar. Die Benennung bei 2 Spalten ist auch unterschiedlich: Bei 4 Büchern ist von *Ablenkungstafel* (für MgK) und von *Steuertafel* (für mwK) die Rede, 1 Buch spricht von *Deviationstafel* (für MgK) und 4 Bücher benennen die beiden Spalten nicht speziell.

Für die BR-Schein-Prüfung ist nur eine einspaltige Deviationstabelle mit den Werten für den MgK vorgesehen. Das Beispiel auf Seite 16 ist nach einer DSV-Prüfungsaufgabe zitiert, die Werte wurden auch für unsere Muster-Kartenaufgabe verwendet. Wie der Deviationswert jeweils eingearbeitet werden muß, erfahren Sie im Kapitel über die Kursverwandlung.

Anmerkung zur Schreibweise der Gradzahlen:
In den verschiedenen Lehrbüchern ist immer wieder eine sehr unterschiedliche, uneinheitliche und teilweise unkonsequente Schreibweise der Gradzahlen zu finden (z. B. 6° oder 06° oder 006°). Nach dem DIN-Normblatt 13312 *(Navigation: Benennungen, Abkürzungen, Formelzeichen, graphische Symbole)* werden *Kurse* und *Peilungen* immer *dreistellig* geschrieben (006°, 016°, 116°)!

Das Kompensieren

Wenn eine Deviationstabelle zu große Werte aufweist, so muß der Kompaß kompensiert werden, d. h. das schiffseigene Magnetfeld wird teilweise neutralisiert. Immer notwendig wird das Kompensieren bei einer Stahlyacht sein. Dabei werden meist im bzw. unter dem Kompaßhaus unterhalb der Rose einzelne Magnetstäbe angebracht, die den störenden Kräften entgegenwirken. Die Lage dieser Magnete darf nicht verändert werden! Das Kompensieren setzt genaue Kenntnisse voraus und soll nur von Fachleuten durchgeführt werden. In größeren deutschen Häfen sind solche Kompensierungen durch spezielle Fachleute möglich (Anschriften vom DHI erhältlich), wobei die Yacht in seeklarem Zustand sein muß mit allen Ausrüstungsgegenständen auf ihrem richtigen Platz. Die nach dem Kompensieren verbliebenen Restablenkungen werden jeweils auf einer Deviationstabelle erfaßt.

Zusammengefaßt

1. Der typische Kompaß einer Sportyacht ist ein Schwimm- oder *Fluidkompaß,* in der Regel heute kugelförmig gebaut. Die flüssigkeitsgedämpfte Kompaßrose ist in Grad (0°–360°) eingeteilt.
2. Für Nachtfahrten benötigt man einen beleuchteten Kompaß.
3. Aufstellung: Steuerstrich parallel zur Kiellinie, gut sichtbar und damit ablesbar, entfernt von ablenkenden Eisenteilen, elektrischen und magnetischen Geräten und stromführenden Kabeln.
4. Die Kompaßrose pendelt sich nicht auf die Nordrichtung der Karte ein (= rechtweisend Nord), sondern parallel zu den zwischen den magnetischen Polen verlaufenden magnetischen Kraftlinien am entsprechenden Ort. Der Winkelunterschied ist die *Mißweisung,* die ortsabhängig ist und sich jährlich ändert (zu entnehmen aus Angaben bzw. aus der Kompaßrose in der Seekarte) und berücksichtigt werden muß. Winkel zwischen mißweisend Nord und Kiellinie der Yacht: *mißweisender Kurs.* Winkel zwischen rechtweisend Nord und Kiellinie: *rechtweisender Kurs.*
5. Eine Ablenkung des Kompasses ergibt sich durch den schiffseigenen Magnetismus, genannt *Deviation.* Es ist der Winkel zwischen mißweisend Nord und Kompaßnord. Die Deviation ändert sich von Kurs zu Kurs.

Peilgeräte

Keine Prüfungsfragen für den Sportbootführerschein!

Bei der Navigation in Küstennähe sind meist markante Landmarken, die auch in der Seekarte verzeichnet sind, in Sicht, z.B. Leuchttürme oder Schornsteine. Zur Kontrolle von Kurs und Standort kann man diese Punkte anpeilen, d.h. man stellt die Richtung fest, in der das Peilobjekt vom Schiff aus gesehen wird. Die wichtigsten Winkelmeßgeräte zum Peilen sind Handpeilkompaß, Peilaufsatz und Peilscheibe. Welche Peilungsarten es gibt und wie man sie ausrechnet, erfahren Sie im Kapitel »Schiffsortbestimmung«.

Handpeilkompaß

Es handelt sich hier um ein bei Sportbooten sehr gebräuchliches Peilgerät, bestehend bei bestimmten Modellen aus einem kleineren Kompaß meist mit Handgriff (oft als Stablampe ausgearbeitet zur Beleuchtung) und Peilvisier. Zum Peilen stellt man hierbei ein mittels Handschrauben drehbares, unter einer Kimme gelagertes Prisma so ein, daß im Spiegel auf dessen Rückseite die Gradzahlen abgelesen werden können. Von jeder Stelle der Yacht aus kann gepeilt werden, man sollte sich aber möglichst weit von ablenkenden Eisenteilen fernhalten. Um beim Ablesen der Gradzahl einen Kippfehler zu vermeiden, achte man darauf, daß der im Prisma eingefügte Ablesestrich jeweils in Verlängerung der Kimme liegt.
Für das Peilen bei Nacht benötigt man einen beleuchteten Peilkompaß.
Problematisch ist der Gebrauch eines Handpeilkompasses auf Stahlschiffen. Ein von verschiedenen Stellen des Bootes aus angepeiltes Objekt könnte hierbei die verschiedensten Ergebnisse erbringen.
Eine brauchbare Möglichkeit für Stahlschiffe wäre die Erstellung einer Deviationstabelle für den Handpeilkompaß von einer festgelegten Stelle aus.
Bei Nicht-Stahlyachten kann die Deviation beim Handpeilkompaß vernachlässigt werden, wenn man sich beim Peilen möglichst weit weg von allen wesentlichen Eisenteilen hinstellt. Aber Achtung: Brillengestell und Armbanduhr können den Peilkompaß ablenken. Übrigens gibt es auch mit Peilkompaß kombinierte Ferngläser, wobei bei Ferngläsern an Bord insgesamt zu beachten ist, daß sie einerseits eine hohe Lichtstärke aufweisen, andererseits nicht zu stark vergrößern. Bei Dämmerung könnte man sonst nicht mehr ausreichend sehen, außerdem wären die Schwankungen zu ausgeprägt. Bewährt hat sich die Größe 7 × 50.

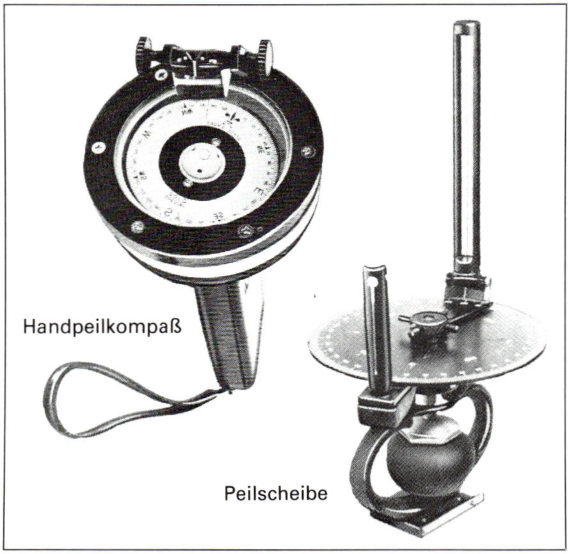

Links: Kippfehler beim Ablesen am Peilkompaß! Ablesestrich muß – wie rechts – in Verlängerung der Kimme liegen.

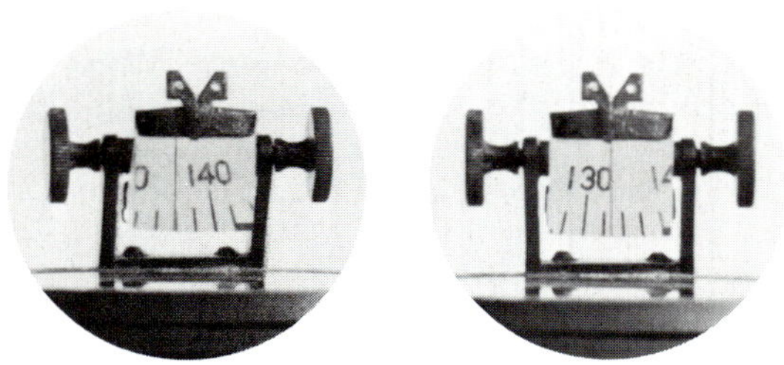

Peilaufsatz und Peilscheibe

Eine andere Peilmöglichkeit ist die mit einem Kompaß, der mit einem **Peilaufsatz,** auch **Peildiopter** genannt, versehen ist. Bei diesem Peilaufsatz handelt es sich um eine drehbare Visiereinrichtung. Voraussetzung zur Benützung eines Kompasses mit Peilaufsatz ist die günstige, nach allen Seiten freie Aufstellung dieses Kompasses, wie sie bei größeren Yachten möglich ist. Bei der **Peilscheibe** handelt es sich um einen kardanisch aufgehängten Vollkreis-Winkelmesser mit Peilvorrichtung. Die Nullrichtung der Peilscheibe muß genau in Kielrichtung ausgerichtet sein, man mißt dann den Winkel zwischen der Kiellinie und dem Peilobjekt. Die erhaltene Seitenpeilung muß dann erst in eine rechtweisende Peilung verwandelt werden.
Bei kleinen Yachten kann man auch mit dem ganzen Schiff peilen. Man dreht dabei mit dem Bug zum Peilobjekt und liest die Kompaßpeilung vom Steuerkompaß ab, sobald das Objekt recht voraus liegt.

Peilaufsatz auf einem Steuerkompaß.

Zusammengefaßt

Peilungen werden entweder mit dem Kompaß durchgeführt oder mit einer speziellen Peilscheibe. Beim Peilen mit dem Kompaß benötigt man entweder einen Peilaufsatz für den Steuerkompaß (nur bei größeren Schiffen üblich) oder einen speziellen Handpeilkompaß (beim Yachtsport allgemein üblich). Bei kleinen Yachten kann auch mit dem ganzen Schiff gepeilt werden, wobei man vom Steuerkompaß abliest, sobald das Objekt recht voraus liegt.

Log, Fahrt, Distanz

Prüfungsfragen für den Sportbootführerschein: 232–236.

Fahrt und Distanz

Zur Geschwindigkeitsmessung bzw. zur Feststellung der zurückgelegten Distanz dient das Log. Den Vorgang des Messens selbst bezeichnet man als *loggen.* Bei diesem Loggen ist zu beachten, daß nur die Fahrt gemessen werden kann, die das Boot als Eigenfahrt im Wasser besitzt – genannt *Fahrt durchs Wasser.* Segelt eine Yacht durch ein Gewässer, das sich selbst – z.B. durch Stromeinfluß – bewegt, so ist sie auch noch der Wirkung dieses Stromes ausgesetzt, der die Fahrt steigern oder verringern kann. Die genaue Fahrt des Bootes – genannt *Fahrt über Grund* – kann man nur festhalten, wenn geeignete Landmarken zwecks Peilung in Sicht sind. Die Entfernung zwischen zwei Orten wird in der Seefahrt nicht in Metern gemessen, sondern in »Seemeilen«. Eine *Seemeile* (abgekürzt: sm) ist 1852 m lang. Dieses Maß hat mit der Erdkugel seinen Zusammenhang: 1 sm ist als Länge einer Bogenminute auf einem größten Kreis der Erdkugel definiert. Anders ausgedrückt: sie ist der 21600. Teil des Erdumfanges. Da jede Breitenminute genau 1 sm lang ist, eine Längenminute aber nur am Äquator dieses Maß umfaßt (siehe auch bei »Die Adresse des Schiffsortes mit Hilfe von Breite und Länge«, Seite 40 ff.), ist es beim Arbeiten in der Seekarte sehr wichtig, daß die Seemeilen als Breitenminuten, also am linken oder rechten Kartenrand abgegriffen werden und keinesfalls als Längenminuten am unteren oder oberen Rand. $^1/_{10}$ Seemeile (185,2 m) bezeichnet man übrigens seemännisch als *Kabellänge*. Legt eine Yacht nun in einer Stunde eine Seemeile zurück, so beträgt ihre *Fahrt* einen *Knoten* (abgekürzt: kn).

Sind nun die zurückgelegte Distanz und die dafür benötigte Zeitspanne bekannt, so kann man die Fahrt nach einer einfachen Formel ermitteln:

$$\text{Fahrt F (in kn)} = \frac{\text{Distanz D (in sm)}}{\text{Zeit t (in h)}}$$

bzw.

$$\text{Fahrt F (in kn)} = \frac{\text{Distanz D (in sm)} \times 60}{\text{Zeit t (in min)}}$$

Beispiel:

Eine Yacht hat von 10.00 bis 10.42 (= 42 min) die Distanz von 5 sm zurückgelegt. Wie schnell war sie?

$$F = \frac{5 \times 60}{42} = \underline{\underline{7\ \text{kn}}}$$

Umgekehrt kann man auch eine *Zeitspanne* errechnen (z. B. um zu erfahren, wie lange man noch zum Erreichen des nächsten Zieles brauchen wird), wenn man die Distanz vom Schiffsort zum Ziel kennt (sie entnimmt man aus der Seekarte) und die Schiffsgeschwindigkeit gemessen hat.

Formel:

$$\text{Zeitspanne t (in h)} = \frac{\text{Distanz D (in sm)}}{\text{Fahrt F (in kn)}}$$

bzw.

$$\text{Zeitspanne t (in min)} = \frac{\text{Distanz D (in sm)} \times 60}{\text{Fahrt F (in kn)}}$$

Beispiel:

Eine Yacht läuft 6 kn und hat noch eine Strecke von 19 sm vor sich. Wie lange wird sie noch brauchen?

$$t\ (\text{min}) = \frac{19 \times 60}{6} = \underline{\underline{3\,\text{h}\ 10\,\text{min}}}$$

Will man die zurückgelegte *Distanz* errechnen, so ist dies möglich, sofern die Fahrt und die Zeit bekannt sind.

Formel:

$$\text{Distanz D (in sm)} = \text{Fahrt F (in kn)} \times \text{Zeit t (in h)}$$

bzw.

$$\text{Distanz D (in sm)} = \frac{\text{Fahrt F (in kn)} \times \text{Zeit t (in min)}}{60}$$

Beispiel:

Eine Yacht läuft seit $2^1/_2$ Stunden (= 150 min) mit 5 kn. Wieviele Seemeilen hat sie zurückgelegt?

$$D\ (\text{sm}) = \frac{5\ \text{kn} \times 150\ \text{min}}{60} = \underline{\underline{12{,}5\ \text{sm}}}$$

Bei einem Log (auch Logge) unterscheidet man: *Patentlog (Schlepplog), Relingslog* und *Yachtlogs*.

Patentlog (auch Schlepplog genannt)

Dieses technisch unkomplizierte und damit zuverlässige Gerät besteht aus einer sehr langen (ca. 30 m) geflochtenen Leine, an deren Ende ein Propeller angebracht ist. Der im Wasser weit nachgeschleppte Propeller überträgt seine Umdrehung über die Leine auf eine am Heck angebrachte Zähluhr, woran die zurückgelegten Seemeilen abgelesen werden können. Das Patentlog zeigt also nicht die Geschwindigkeit an, sondern die zurückgelegte Distanz. Die Ge-

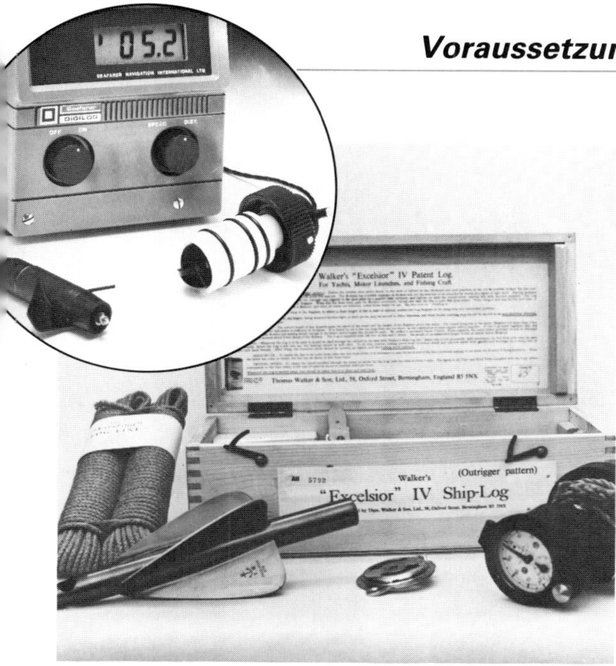

Traditionelles mechanisches Schlepplog (von »Walker«) – beim Kauf in solcher Kiste verpackt. Im Kreis ein modernes elektronisches Log mit Digitalanzeige.

schwindigkeit ist allerdings nach einer der zuvor erläuterten Formel leicht zu errechnen. Ungenau ist das Patentlog bei langsamen Geschwindigkeiten.
Zu achten ist bei diesem Patentlog darauf, daß die Leine z.B. bei Hafeneinfahrten rechtzeitig eingeholt wird, und daß sie nicht in die Schraube des Motors gerät.

Yachtlogs

Das System des Patentlogs mit der nachgeschleppten langen Leine ist etwas hinderlich, deshalb benützt man heute gerne ein Log, das direkt am Bootsrumpf befestigt ist. Es gibt mehrere Arten solcher Yachtlogs, die allgemein häufig auch *Speedometer* genannt werden, und die nicht die zurückgelegte Distanz (wie beim Patentlog) angeben, sondern die Fahrt in Knoten. Oft geben sie aber auch beides an.
Die Messung am Bootsrumpf geschieht entweder durch einen Propeller bzw. Impeller, ein Rohr (Düse) oder eine Sonde (Meßfühler) und wird mechanisch, elektronisch oder hydraulisch (Staudruckmessung) auf das Anzeigegerät übertragen.

Relingslog

Befindet sich kein solch genanntes Log an Bord, so kann man sich auch notdürftig behelfen, indem man die Fahrt mißt mit dem Verfahren des *Relingslogs,* das besonders gut auch bei langsamen Geschwindigkeiten wirkt. Man benötigt zu diesem recht einfachen Verfahren eine Stoppuhr, ein Stückchen Holz oder einen anderen geeigneten Gegenstand zum Überbordwerfen und dazu eine an der Reling des Schiffes beidseitig abgemessene Strecke. Diese Strecke – an der Reling wird beim Vor- und Achterschiff jeweils eine Markierung angebracht – wird in *Meridiantertien* verwandelt. Bei einer Meridiantertie handelt es sich um die Strecke, die bei einer Fahrt von 1 Knoten in 1 Sekunde zurückgelegt wird. Da eine Stunde aus 3600 Sekunden besteht, wird die Meridiantertie folgendermaßen errechnet: 1852 m (1 Seemeile also): 3600 = 0,514 m.

Eine Meridiantertie ist also 0,514 m lang, minimal länger als ein halber Meter. Um nun bei der Geschwindigkeitsmessung brauchbare Ergebnisse zu erhalten, sollte die an Bord markierte Strecke mindestens 10 Meridiantertien umfassen, also 5,14 m. Zur Ermittlung der Geschwindigkeit wirft man bereits erwähntes Stückchen Holz oder ähnliches auf der Leeseite frei von der Yacht und gut voraus ins Wasser, setzt die Stoppuhr in Bewegung, wenn das Holzstückchen die vordere Markierung passiert und stoppt bei der achteren Markierung. Die Fahrt in kn wird dann nach folgender Formel berechnet:

$$\text{Fahrt F (kn)} = \frac{\text{Anzahl der Meridiantertien}}{\text{Durchlaufzeit (s)}}$$

Beispiel:

Anzahl der Meridiantertien = 12;
Durchlaufzeit = 3 s;

$$F = \frac{12}{3} = \underline{\underline{4\,\text{kn}}}$$

Da aber 1 Meridiantertie ungefähr einem halben Meter und 2 Meridiantertien etwa einem Meter entsprechen, kann man einfacher auch so rechnen:

$$F = \frac{\text{abgemessene Strecke in m} \times 2}{\text{Durchlaufzeit}}$$

Beispiel:

Abgemessene Strecke = 6 m;
Durchlaufzeit = 3 s;

$$F = \frac{6\,\text{m} \times 2}{3} = \underline{\underline{4\,\text{kn}}}$$

Zusammengefaßt

1. Die Schiffsgeschwindigkeit nennt man Fahrt, die in Knoten (kn) gemessen wird. 1 kn = 1 Seemeile (sm) pro Stunde. 1 sm = 1852 Meter.
2. Zum Messen der Fahrt bzw. der zurückgelegten Distanz dient ein Log, wobei nur die sog. Fahrt durchs Wasser ermittelt werden kann. Es gibt drei Logarten: Patentlog, Yachtlog und Relingslog. Das nachgeschleppte Patentlog mißt die Distanz, die moderneren Yachtlogs messen die Geschwindigkeit bzw. Distanz und Geschwindigkeit. Beim Relingslog arbeitet man ohne Gerät: man markiert an Bord eine Strecke (z.B. 10 Meridiantertien) und stoppt dann die Passierzeit z.B. eines Holzklötzchens. Die Fahrt ergibt sich dann:

$$\text{Fahrt} = \frac{\text{Anzahl der Meridiantertien}}{\text{Durchlaufzeit (s)}}$$

3. Zur Ermittlung der Zeit bei bekannter Distanz und Fahrt rechnet man:

$$\text{Zeit (min)} = \frac{\text{Distanz (sm)} \times 60}{\text{Fahrt (kn)}}$$

4. Zur Ermittlung der Fahrt bei bekannter Distanz und Zeit rechnet man:

$$\text{Fahrt (kn)} = \frac{\text{Distanz (sm)} \times 60}{\text{Zeit (min)}}$$

5. Zur Ermittlung der Distanz bei bekannter Fahrt und Zeit rechnet man:

$$\text{Distanz (sm)} = \frac{\text{Fahrt (kn)} \times \text{Zeit (min)}}{60}$$

Das Lot

Keine Prüfungsfragen für den Sportbootführerschein!

Ein wichtiges Hilfsmittel zum Messen der Wassertiefe ist das Lot. Zum Ankern ist es fast unentbehrlich, dazu erhöht es durch regelmäßigen Gebrauch die Sicherheit im näheren Küstenbereich. Es dient aber auch speziell der Navigation, z.B. als Kontrolle für einen ermittelten Schiffsort.
Man unterscheidet beim Lot zwischen zwei Arten, dem Handlot und dem modernen Echolot. Obwohl eine Yacht, die auf große Fahrt geht, sicher über ein Echolot verfügt, sollte als Ersatz auch noch ein Handlot an Bord sein.
Das **Handlot** besteht aus einem 3–5 kg schweren länglichen Bleikörper, der unten oft mit einer Aushöhlung versehen ist zur Aufnahme der »Lotspeise«. Lotspeise ist weicher Talg, der zur Aufnahme von Bodensubstanzen dient. Nach einer Lotung wird die Lotspeise herausgeschnitten und getrocknet, damit man die Grundbeschaffenheit besser erkennen kann.

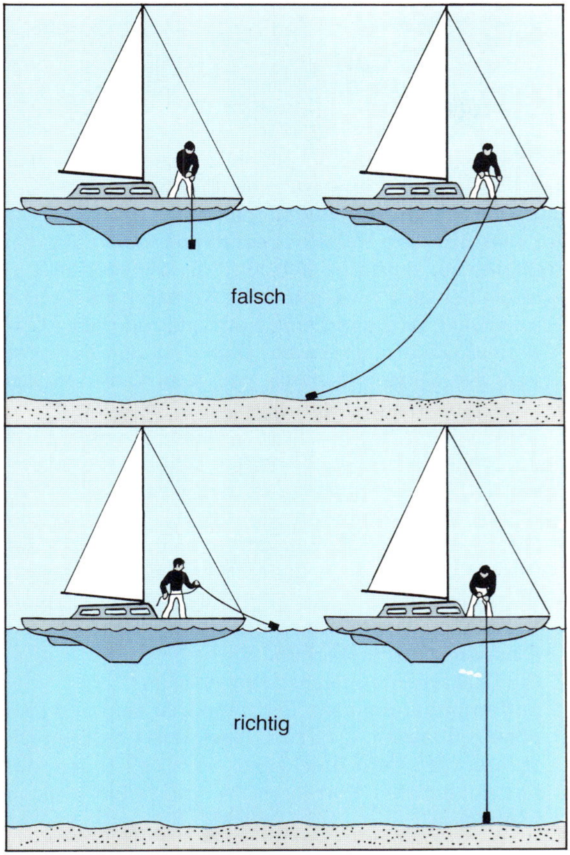

Loten mit dem Handlot.

Sie kann einen Hinweis geben für die Schiffsortbestimmung bzw. den Ankergrund.

Der Bleikörper wird an einer ca. 25–40 m langen Lotleine auf den Grund hinabgelassen. Steht die Leine senkrecht, kann man an der entsprechenden Marke die Tiefe ablesen. Die Leine ist in der Regel mit farbigen Tuchstreifen in folgender Weise gemarkt: 2, 12, 22,32 m = schwarz/4, 14, 24, 34 m = weiß/6, 16, 26, 36 m = rot/8, 18, 28, 38 m = gelb. Alle 10 m ist ein gelochter Lederstreifen eingefügt. 1 Loch = 10 m, 2 Löcher = 20 m, 3 Löcher = 30 m, 4 Löcher = 40 m. Vor der Markierung müssen neue Lotleinen erst naß gemacht und gereckt werden. Hat das Boot beim Loten Fahrt, muß das Handlot entsprechend weit vorausgeworfen werden, wobei die Markierung dann bei senkrechtstehender Leine abgelesen wird. Ansonsten wird vom Vorschiff der Yacht aus und auf der Luvseite gelotet, damit man nicht über die Leine treibt! Den Tampen der Leine belegt man an Bord, damit man das Handlot nicht verliert, sodann schwingt man das Lotblei an der Leine in einem Abstand von rund 1,50 m, während man in der anderen Hand die übrige locker aufgeschossene Leine hält.

Beim **Echolot** handelt es sich um ein Sende- und Empfangsgerät, das ein Ultraschallsignal in Richtung Meeresboden aussendet und die Zeit mißt, bis der Impuls als Echo zurückkehrt. Der Schall breitet sich im Wasser mit einer Geschwindigkeit von rund 1500 m/sek. aus. Auf einer Skala kann man dann die Wassertiefe direkt ablesen. Die meisten für Yachten geeigneten Echolote haben 2 umschaltbare Meßbereiche, für größere und geringere Wassertiefen.

Der Schwinger, der bei einem Echolot die Sende- und Empfangsfunktion ausübt, muß sorgfältig in den Boden des Schiffsrumpfes eingebaut werden, und zwar so, daß kein mit Luft vermischtes Wasser vorbeiströmt – da Luftblasen die Schallwellen stark reflek-

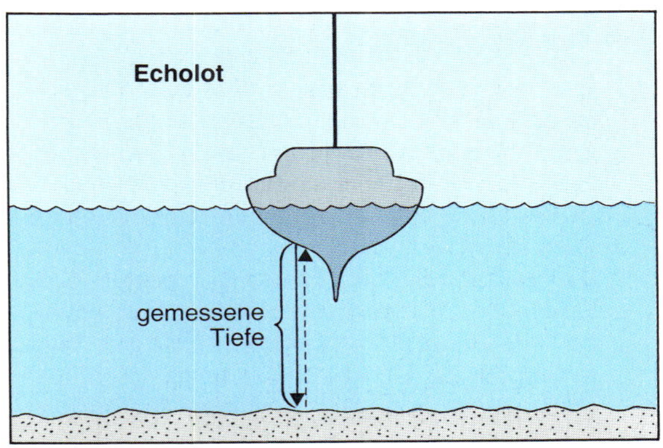

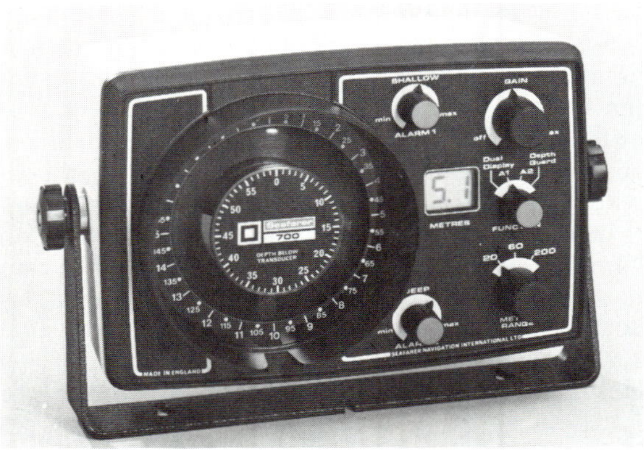

Ein Echolot mit moderner Mikroelektronik. Hier 3 Anzeigenbereiche (Leuchtdiode) 0–20, 0–60, 0–200 m, dazu digitale Anzeige bis 99 m. Anschließbar sind auch Tochteranzeigen.

tieren. Die modernen Echolote sind voll transistorisiert, meist können sie bei geringerem Stromverbrauch mit Trockenbatterien betrieben werden.

In der Art der Anzeige unterscheidet man beim Echolot zwischen drei Systemen: Neon-Leuchtanzeige, Zeigeranzeige und Digitalanzeige. Zeigergeräte sind etwas ungünstiger, da sie sich oft in der Anzeige unruhig verhalten.

Zusammengefaßt

1. Das Handlot besteht aus der markierten Lotleine und dem daran befestigten Senkblei. Man lotet auf dem Vorschiff und in Luv bei wenig Fahrt. Bei Fahrt Lot entsprechend weit vorauswerfen und Tiefe ablesen, wenn Leine senkrecht steht.
2. Das aus Sender und Empfänger bestehende Echolot sendet Schallimpulse zum Meeresboden aus und mißt die Zeitspanne bis zum Eintreffen des Echos; aus ihr ergibt sich die Wassertiefe.

Die Seekarte

Prüfungsfragen für den Sportbootführerschein: 227–232.

Zusammen mit dem Kompaß ist die Seekarte (genauer: der Satz von Seekarten für das betreffende Gebiet) das wichtigste Navigationsmittel.
An eine Seekarte müssen bestimmte Ansprüche gestellt werden, damit sie sich zum Navigieren eignet:

1. In die Seekarte muß man eine Kurslinie als Gerade und nicht als Bogen eintragen und mit dem Kursdreieck absetzen können. Dabei ist der Kurs der von der Mittschiffsachse und dem Ortsmeridian gebildete Winkel, der bei gleichem Kurs gleich bleibt. Damit nun bei einem gleichbleibenden Kurs an jedem Meridian dieselben Winkel gemessen werden können, müssen in der Seekarte die Meridiane parallel verlaufen.
2. Die Seekarte muß winkeltreu sein, damit jeder Winkel auf der Erde gleich dem entsprechenden Bildwinkel in der Karte ist. Auf der Yacht gesteuerte Kurse müssen den in der Karte eingetragenen Kurswinkeln entsprechen.
3. Die Seekarte muß flächenähnlich sein.
4. Entfernungen müssen leicht meßbar sein und sich absetzen lassen, d.h. zum Navigieren müssen Distanzen mit dem Stechzirkel unmittelbar aus der Karte (seitlicher Kartenrand) entnommen werden können.

Das Prinzip der Mercatorkarte

Die Abbildung der runden Erdoberfläche auf einer ebenen Karte ist problematisch, da entsprechende Verzerrungen entstehen. Die Kartographen haben zwar verschiedene Abbildungsverfahren entwickelt, aber Fehler waren nicht auszuschließen. Ein Verfahren, das die zuvor genannten Bedingungen erfüllt und deshalb für Seekarten geeignet ist, hat der Geograph und zu seiner Zeit (1512–1594) größte Kartenzeichner Gerhard Kremer – mit damaligem latinisiertem Namen »Mercator« genannt – erfunden. Das Prinzip dieser *Mercatorkarte* ist sehr einleuchtend:

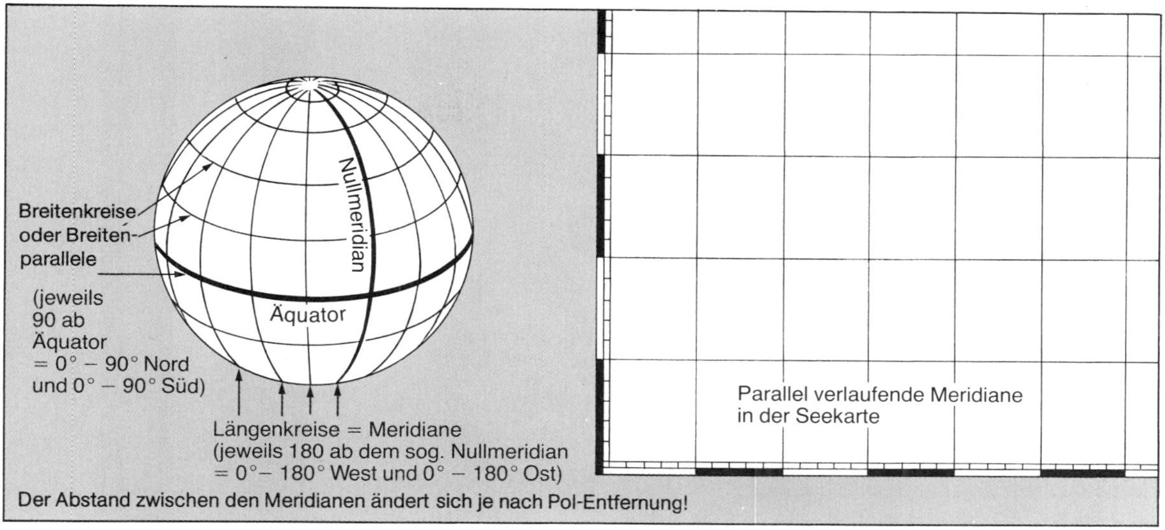

Die Linien, die als kürzeste Verbindungen vom Nordpol über den Südpol und wieder zurück zum Nordpol verlaufen, außerdem die Äquatorlinie als größte Breitenparallele, nennt man auch Großkreise. Meridiane sind also halbe Großkreise. (Siehe auch bei »Die Adresse des Schiffsortes mit Hilfe von Länge und Breite«, Seite 40f.)

Man stelle sich auf einem Globus das Kartenbild längs der Meridiane (»Längenkreise«) eingeschlitzt vor.

Schält man nun den Globus wie eine Orange und breitet die Schalen auf einer Ebene aus, so erhält man lauter sphärische Zweiecke. Natürlich ist die somit entstandene »Schalensammlung« noch nicht brauchbar, da die einzelnen Meridiane noch nicht parallel verlaufen. Also zerrt man die oberen und unteren Teile dieses Zweiecks so lange auseinander, bis eine Parallelität der Meridiane gegeben und eine ebene Karte entstanden ist.

Dabei hat sich aber jetzt ein großer Fehler eingeschlichen. Je mehr man sich in die höheren Breiten begibt, um so mehr sind die Flächen in Ost-West-Richtung gedehnt. (In unserer Abbildung ist diese Dehnung deutlich an der zunächst kreisförmigen, dann ovalen Insel zu erkennen). Durch diese Dehnung ist aber noch keine winkeltreue Abbildung gegeben, deshalb ist nochmal eine Verzerrung notwendig, und zwar diesmal in Nord-Süd-Richtung – so lange, bis alle Winkel wieder stimmen. Bei diesem Nord-Süd-Verzerrungsvorgang ist in Äquatornähe wenig zu ziehen, in höheren Breiten aber stärker, weshalb Inseln in Äquatornähe ihren Umfang mehr behalten als solche in höheren Breiten, die größer werden und ihre Flächentreue verlieren. Bedingt durch dieses Verzerrungsprinzip ist folgendes zu beachten: Der Abstand der Teilstriche am unteren Kartenrand ist immer gleich im Gegensatz zum Abstand der Teilstriche am Seitenrand, der um so größer wird, je weiter man sich vom Äquator entfernt. Eine Bogenminute ist am Äquator auf Breitenkreis und Meridian gleich lang. Je mehr man sich höheren Breiten nähert, um so länger wird eine Bogenminute am Seitenrand der Karte. Da nun eine Seemeile einer Bogenminute eines Meridians (auch des Äquators) entspricht, nicht aber eines beliebigen Breitenparallels, entnimmt man beim Absetzen von Distanzen die Seemeilen mit dem Stechzirkel immer an der rechten oder linken Kartenseite –

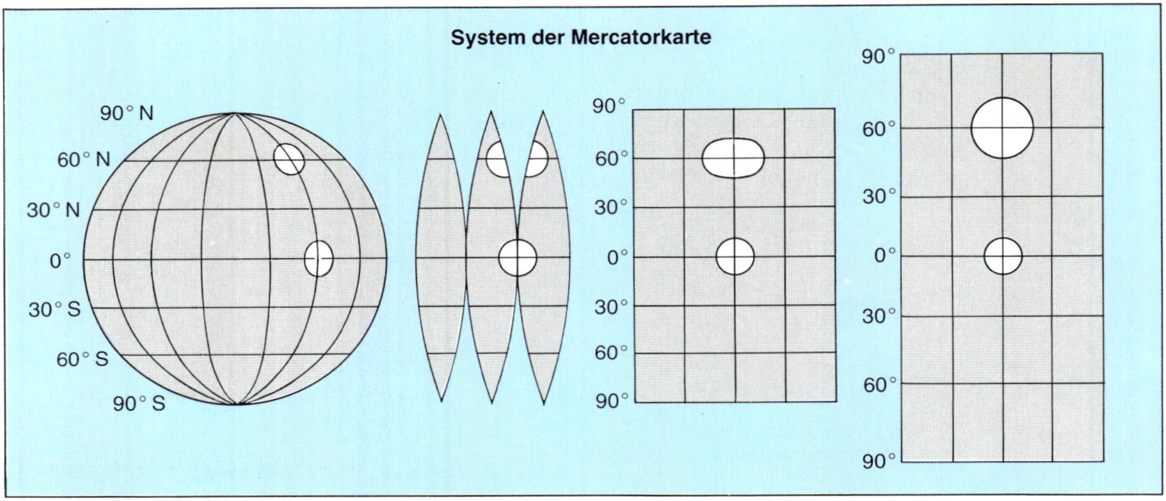

1. »Einschneiden« bei den einzelnen Meridianen und Schälen wie eine Orange

2. Ausbreiten der »Schalen«

3. Seitlich (= in Ost- und Westrichtung), besonders oben und unten, so lange verzerren, bis Meridiane parallel

4. Verzerrung in Nord-Süd-Richtung, bis die Winkel wieder stimmen

und zwar immer ungefähr auf der betreffenden Höhe – und niemals am unteren (oder oberen) Kartenrand. Wegen der starken Verzerrung im äußeren nördlichen und südlichen Bereich ist das Mercatorprinzip für die Darstellung arktischer und antarktischer Gebiete höher als jeweils 70° nicht brauchbar.

Die verschiedenen Seekarten

Bei den Seekarten gibt es verschiedene Arten in unterschiedlichem Maßstab. (Es handelt sich hierbei allerdings nicht um eine echte Maßstäblichkeit, da das Maßstabsverhältnis nördlich und südlich der Bezugsbreite von dem angegebenen abweicht – weshalb auch die Distanzen am seitlichen Kartenrand etwa auf der gleichen Breite gemessen werden müssen, auf der man sie der Karte entnommen hat.) Was heißt Maßstab? Ist z.B. eine Karte im Maßstab 1:1000000 hergestellt, so verhält sich jede Entfernung in der Karte zur wirklichen Entfernung wie 1:1000000; d.h. die wirkliche Entfernung ist 1 Million mal so groß. 1 cm in der Karte ist in Wirklichkeit 1000000 cm bzw. 10000 m oder 10 km.

Je nach Maßstab sind die Seekarten wie folgt eingeteilt:

1. **Ozeankarten in den Maßstäben 1:5000000 und kleiner:** Sie stellen ein ganzes Meer als Gesamtübersicht dar.
2. **Übersichtskarten (Übersegler) in den Maßstäben 1:1600000 bis 1:5000000:** Ebenso wie die Ozeankarten sind diese Übersichtskarten nur zum Entwurf einer Schiffsreise brauchbar und nicht zur genauen Navigation, da die Küsteneinzelheiten zu ungenau sind.
3. **Segelkarten in den Maßstäben 1:300000 bis 1:600000:** Die einzelnen Küstenlinien und Meeresteile sind bereits genauer dargestellt, weshalb diese Karten der eigentlichen Schiffsführung über See dienen.

4. **Küstenkarten in den Maßstäben 1:30000 bis 1:300000:** Kleinere Teile der Küsten und einzelne Reviere sind hier genau dargestellt, und selbstverständlich sind solche Karten für den Küstenbereich obligatorisch.
5. **Pläne in den Maßstäben 1:30000 und größer:** Solche Pläne (über Häfen, Buchten oder enge Fahrwasserstrecken) sind in der Regel auf einer eigenen Karte zusammengefaßt (Plankarten) oder auch bei manchen Seekarten eingedruckt, deren Maßstab an den betreffenden Stellen nicht ausreichend Einzelheiten erkennen lassen.

Herausgeber der Seekarten sind in erster Linie die Hydrographischen Ämter der einzelnen Staaten, wobei die von ihnen herausgegebenen Seekarten der eigenen Gewässer besonders detailliert und zuverlässig sind. Bei der Bundesrepublik Deutschland handelt es sich um das Bundesamt für Seeschiffahrt und Hydrographie (BSH), über dessen Kartenausgaben man sich informieren kann im **Verzeichnis der nautischen Karten und Bücher** (hrsg. vom BSH), in welchem auch die Vertriebsstellen angegeben sind. Für Segler und Motorbootfahrer sind deutsche Seekarten folgender Seegebiete ohne Einschränkung brauchbar: Westliche und mittlere Ostsee (ohne Årland-Inseln), Kattegatt, Skagerrak, norwegische Küste bis Bergen, dänische, deutsche und niederländische Nordseeküste. In den anderen Seegebieten ist die Mitbenutzung der Karten der Anliegerstaaten in vielen Fällen eine nautische Notwendigkeit. Manchmal sogar sind die landeseigenen Karten alleine zu empfehlen, z.B. für Kroatien.

Seekartenberichtigung

Die benützten Seekarten sollen sich unbedingt auf dem neuesten Stand befinden. Da sich Tiefenangaben, Befeuerungen, Betonnungen usw. ändern können, müssen die Karten jeweils berichtigt sein. Die erforderlichen Berichtigungen werden in den wöchentlich erscheinenden **Nachrichten für Seefahrer (NfS)** angezeigt. Wir unterscheiden:

- Noch beim Druck berücksichtigte **Kleine Berichtigungen,** deren Zeitpunkt links unten am Kartenrand angegeben ist.
- **Handschriftliche Berichtigungen,** die auf bereits gedruckten Karten vom BSH oder einer der vom BSH anerkannten Vertriebsstellen vorgenommen wurden. Eine solche Berichtigung zeigt ein Stempel mit Nennung der letzten berücksichtigten Ausgabe der NfS am linken unteren Kartenrand an.
- **Neu-Ausgaben,** die nicht regelmäßig, sondern nur aus gegebenem Anlaß (zahlreiche Nachträge oder umfangreiche Änderungen) erscheinen.
  Den Vermerk über die Neu-Ausgabe finden wir am rechten unteren Kartenrand.

Auch nach dem Erwerb einer Karte sollten wir uns um weitere Berichtigungen kümmern, die wir entweder nach dem NfS selbst vornehmen, besser aber durch das BSH (bzw. eine Vertriebsstelle) ausführen lassen. Karten, die durch eine Neu-Ausgabe ersetzt sind, werden nicht mehr berichtigt. Übrigens ist die Berufsschiffahrt zum Kauf der Neu-Ausgaben verpflichtet.

Legende, Zeichen, Abkürzungen

Jede Seekarte ist mit einer genauen Benennung des betreffenden Seegebietes und einer Kartennummer versehen, außerdem mit einer »Legende«, die allge-

Berichtigungsstempel am unteren Kartenrand. Hier noch ein Stempel, als das BSH noch DHI hieß.

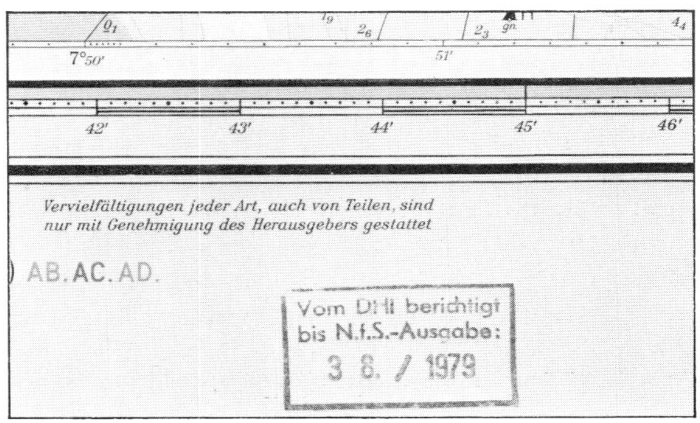

meine Angaben über den Maßstab, die Projektionsart, Höhen und Tiefen und ihre Bezugspunkte und sonstige wichtige Hinweise enthält. Die Land- und Wasserflächen der Karte sind durch die Küstenlinie getrennt und angefüllt mit einer Vielzahl verschiedener Abkürzungen und Zeichen, mit deren Hilfe wir genaue Informationen erhalten über Grundbeschaffenheit, Untiefen, Tonnen, Wracks, Warngebiete oder Leuchtfeuer mit ihren typischen farbigen Markierungen. Wir können die genauere Küstengestaltung ablesen und alle wichtigen Landmarken erkennen, wie Funkmasten, Leuchttürme, Mühlen, Kirchtürme, Hügel und Berge, wichtige Ortschaften, spezielle Gebäude usw. Typisch für die Seekarte ist auch die eingedruckte Mißweisungsrose (siehe unsere Abb.), aus der die für dieses Gebiet geltende und für jeweils ein bestimmtes Bezugsjahr (einschließlich der jährlichen Änderung) angegebene Mißweisung abzulesen ist.
Die genannten Zeichen und Abkürzungen finden Sie zusammengestellt in der vom BSH herausgegebenen **Karte 1** *(Zeichen, Abkürzungen, Begriffe in deutschen Seekarten),* woraus wir nebenstehend einige Beispiele geben.

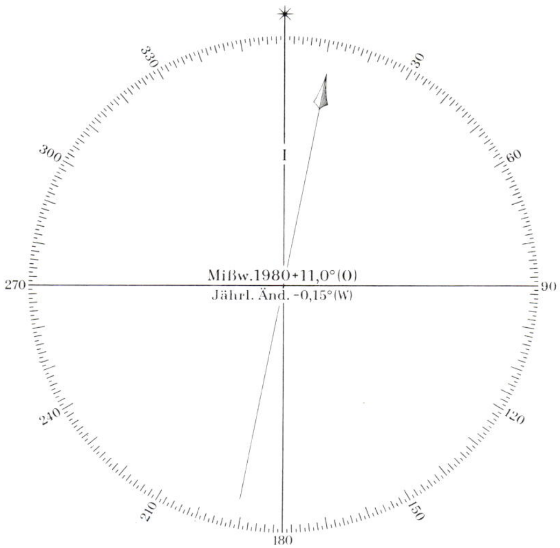

Beispiel für eine in die Seekarte eingedruckte Mißweisungsrose.

	Küstenlinie, vermessen *Coastlinie, surveyed*
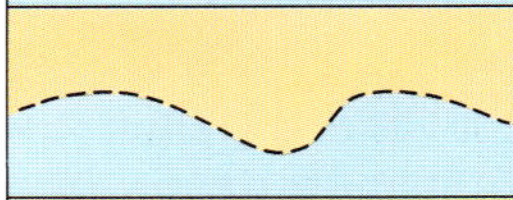	Küstenlinie, nicht vermessen *Coastlinie, unsurveyed*
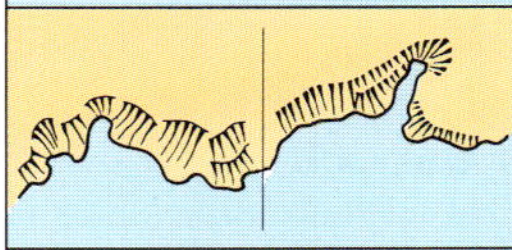	Steilküste, felsige Steilküste, Felsen *Steep coast, Steep coast with rock cliffs, Cliffs*
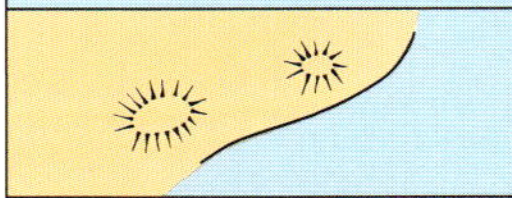	Hügel *Coastal hillocks*
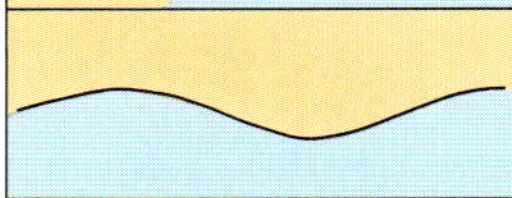	Flachküste *Flat coast*
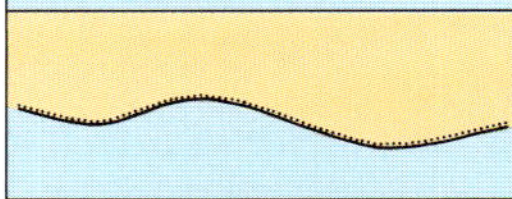	Sandküste *Sandy shore*
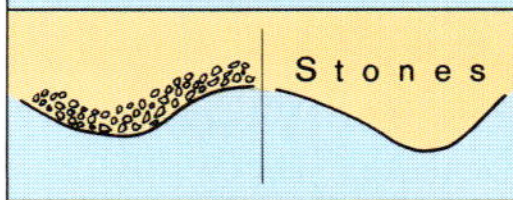	Steinküste, Kiesküste *Stony shore, Shingly shore*
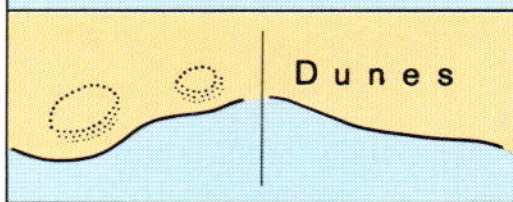	Sandhügel, Dünen *Sandhills, Dunes*
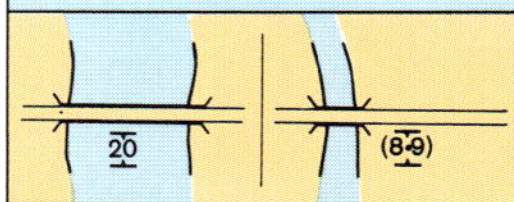	Durchfahrtshöhe bei Hochwasser *Vertical clearance above High Water*
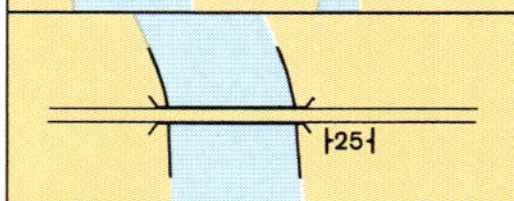	Durchfahrtsbreite *Horizontal clearance*
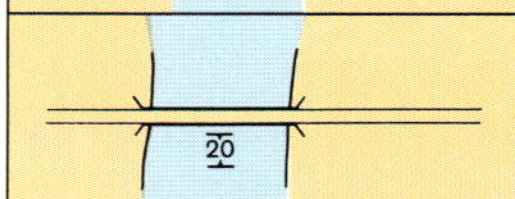	Feste Brücke mit Durchfahrtshöhe *Fixed bridge with vertical clearance*
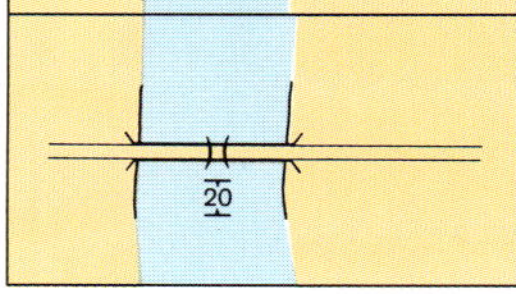	Bewegliche Brücke (allgemein) mit Durchfahrtshöhe *Opening bridge (in general) with vertical clearance*

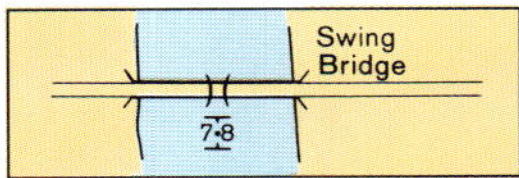	Drehbrücke mit Durchfahrtshöhe *Swing bridge with vertical clearance*
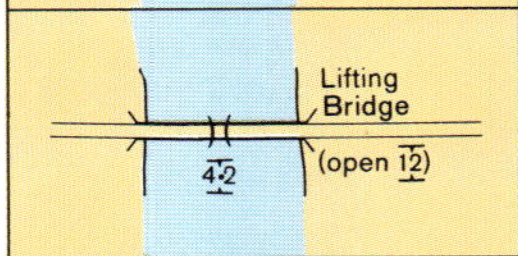	Hebebrücke, Hubbrücke mit Durchfahrtshöhen (geschlossen und geöffnet) *Lifting bridge with vertical clearance closed and open*
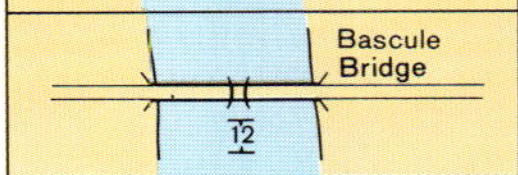	Klappbrücke mit Durchfahrtshöhe *Bascule bridge with vertical clearance*
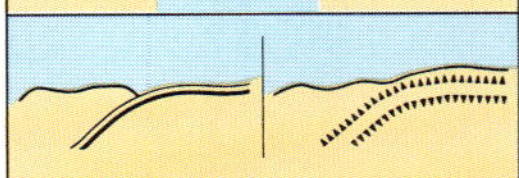	Deich *Dyke, Levee*
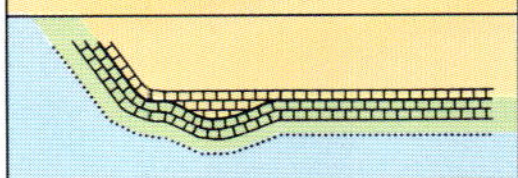	Uferdamm (in großmaßstäbigen Karten) *Seawall (on large-scale charts)*
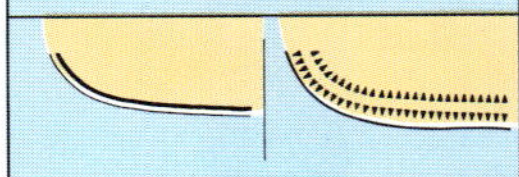	Uferdamm (in kleinmaßstäbigen Karten) *Seawall (on smaller-scale charts)*
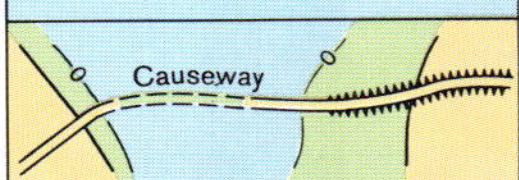	Damm (im Watt oder feuchten Gelände) *Causeway*
	Wellenbrecher (allgemein) *Breakwater (in general)*
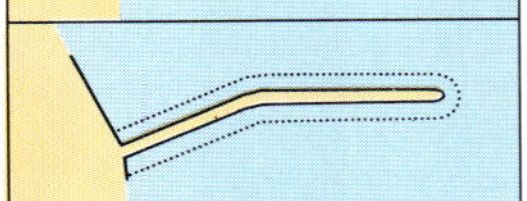	

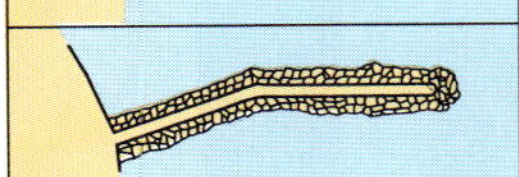	Wellenbrecher (Steinschüttung) *Breakwater (loose boulders, tetrapods, etc.)*
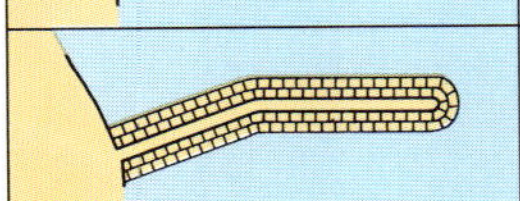	Wellenbrecher (Beton oder Mauerwerk) *Breakwater* *(slope of concrete or masonry)*
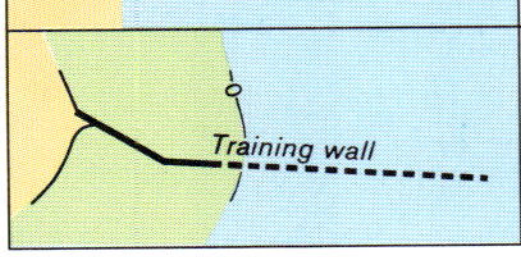	Leitdamm (bei Hochwasser teilweise unter Wasser) *Training wall* *(partly submerged at high water)*

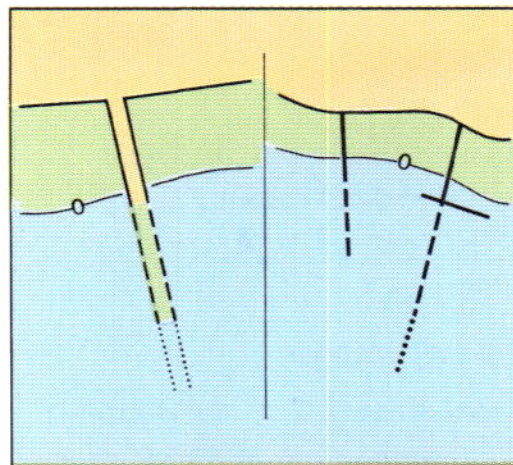	Buhne, Stack (ständig über Wasser) *Groyne (always dry)*
	Buhne, Stack (im Gezeitenbereich) *Groyne (intertidal)*
	Buhne, Stack (ständig unter Wasser) *Groyne (always under water)*
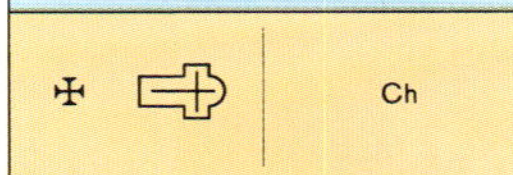	Kirche *Church*
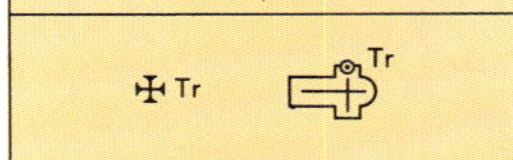	Kirchturm *Church tower*
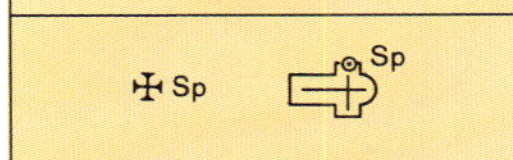	Spitzer Kirchturm *Church spire*
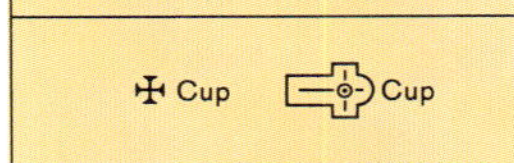	Kirchenkuppel *Church cupola*
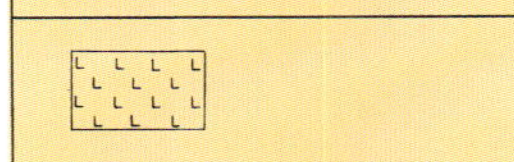	Friedhof (für alle Religionen) *Cemetery (for all religious denominations)*
	Turm *Tower*
	Wasserturm, Wassertank auf einem Turm *Water tower, Water tank on a tower*
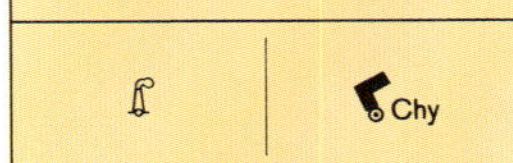	Schornstein *Chimney*
	Flamme (an Land) *Flare stack (on land)*
	Denkmal, Monument *Monument*
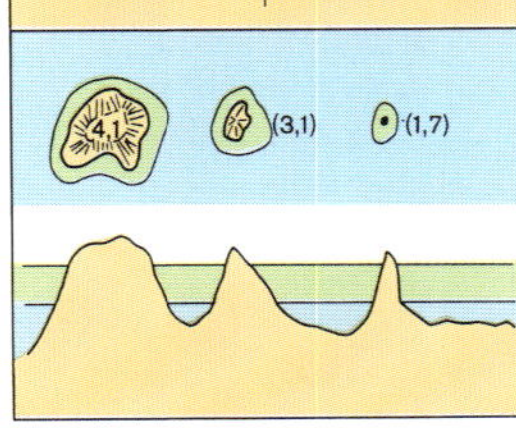	Fels ständig über Wasser, Höhe über Höhennull *Rock (islet) which does not cover, height above height datum*

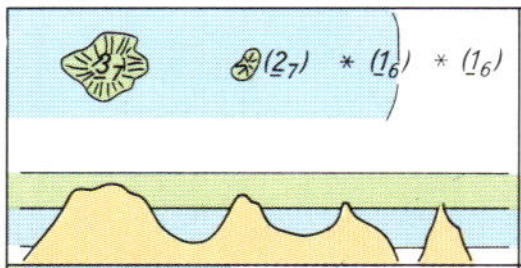

Fels trockenfallend,
Höhe über Kartennull
Rock which covers and uncovers, height above chart datum

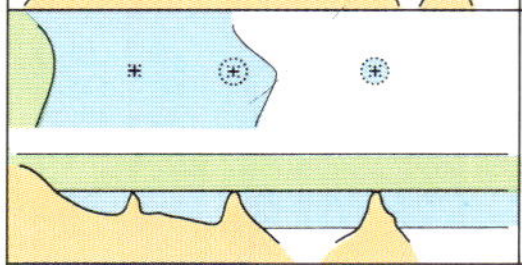

Fels in Höhe des Kartennulls
Rock awash at the level of chart datum

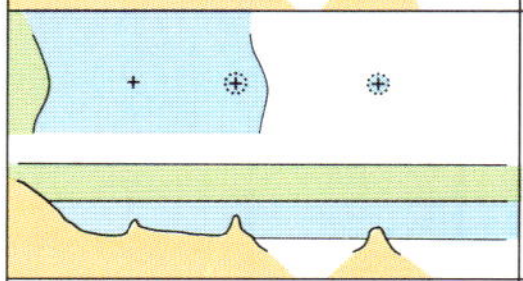

Gefährliche Unterwasserklippe, Tiefe unbekannt
Dangerous underwater rock of uncertain depth

Gefährliche Unterwasserklippe, Tiefe bekannt
Dangerous underwater rock of known depth

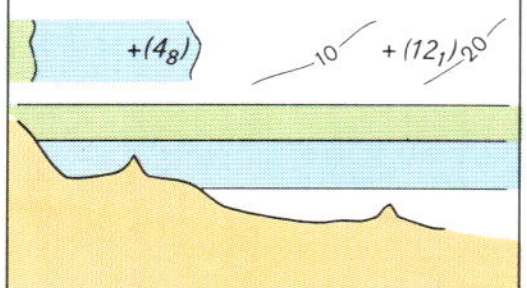

innerhalb des entsprechenden Tiefenbereichs
inside the corresponding depth area

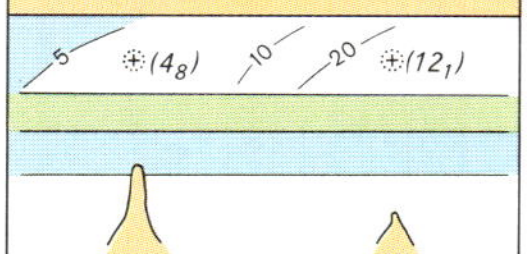

außerhalb des entsprechenden Tiefenbereichs
outside the corresponding depth area

Tiefenangabe auf geographischem Ort
Sounding in true position

Tiefenangabe nicht auf geographischem Ort
Sounding out of position

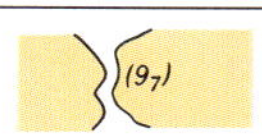

Geringste Tiefe in engem Fahrwasser
Least depth in narrow channel

Tiefenangabe, Grund bei Lotung nicht erreicht
No bottom found at depth shown

Unzuverlässige Tiefenangabe, oder aus einer Karte kleineren Maßstabs übernommen
Soundings which are unreliable or taken from a smaller-scale source

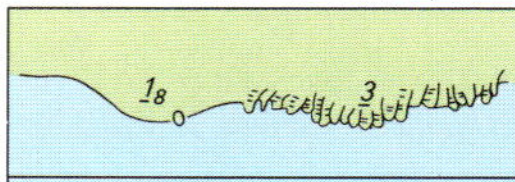

Trockenfallende Höhen über Kartennull
Drying heights above chart datum

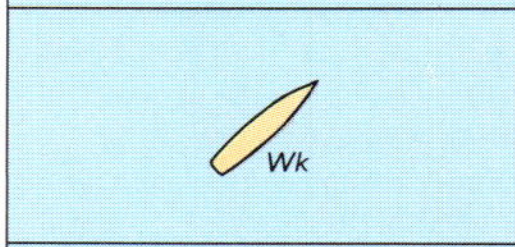

Wrack, Rumpf ständig über Wasser, Darstellung in großmaßstäbigen Karten
Wreck, hull always dry, on large-scale charts

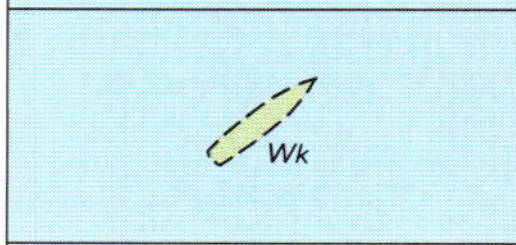

Wrack, trockenfallend bei Niedrigwasser, Darstellung in großmaßstäbigen Karten
Wreck, covers and uncovers, on large-scale charts

Wrack, ständig unter Wasser, Tiefe bekannt, Darstellung in großmaßstäbigen Karten
Submerged wreck, depth known, on large-scale charts

Wrack, ständig unter Wasser, Tiefe unbekannt, Darstellung in großmaßstäbigen Karten
Submerged wreck, depth unknown, on large-scale charts

Wrack mit sichtbaren Rumpfteilen oder Decksaufbauten über Kartennull
Wreck showing any portion of hull or superstructure at level of chart datum

Wrack, von dem nur ein Mast oder Masten über Kartennull sichtbar sind
Wreck showing mast or masts above chart datum only

Wrack, geringste Tiefe bekannt
Wreck, least depth known, by sounding only

Wrack, geringste Tiefe bekannt, abgesucht mit Schleppgerät oder durch Taucher
Wreck, least depth known, swept by wire drag or diver

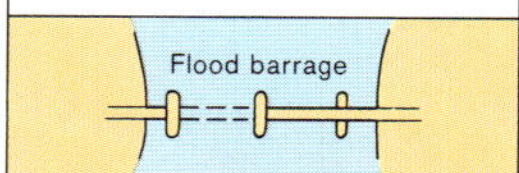

Sperrwerk, Sperrtor
Flood barrage

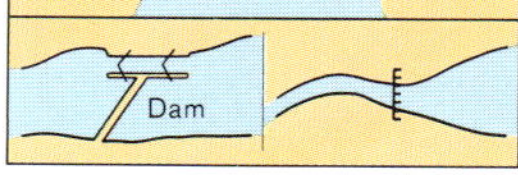

Damm, Wehr
Dam

Tiefen- und Höhenangaben

Besonders typisch für die Seekarten sind die auf den Wasserflächen überall verteilten Zahlen für die Tiefenangaben und die Tiefenlinien, die Orte gleicher Wassertiefe verbinden.
Bei den Tiefenangaben gilt:

- Sie werden durch rechtsliegende Zahlen dargestellt, und zwar von *0,1–20,9* in Meter und Dezimeter und von *21–31* auf Meter und halbe Meter angegeben.
- Der geographische Ort einer Tiefenangabe ist die Mitte der Tiefenzahl.
- Nicht auf ihrem geographischen Ort, sondern in unmittelbarer Nähe davon stehende Tiefenzahlen, sind in runde Klammern gesetzt.

Auf welches Niveau beziehen sich nun die Wassertiefenangaben in der Karte? Es handelt sich um **Kartennull (KN),** das nicht nur in den einzelnen Ländern, sondern auch bei uns zwischen Nord- und Ostsee unterschiedlich festgelegt ist. In Gewässern ohne bemerkenswerte Gezeiten – z.B. Mittelmeer oder Ostsee – geht man von einem Durchschnittswert aus, dem **mittleren Wasserstand.** Anders bei einem Gezeitenrevier, bei dem der Wasserstand im Tagesverlauf beträchtlich wechselt. Hier wird z.B. für die Nordsee als Kartennull das **mittlere Springniedrigwasser** gewählt, ein aus Sicherheitsgründen sehr niedriger Wasserstand, der bei Springzeiten (siehe bei »Gezeiten«) entsteht, wenn Sonne und Mond zusammenwirken. In Großbritannien, Frankreich, Norwegen, Spanien, Portugal und in der Sowjetunion (Nordküste) ist das KN auf das noch tiefer liegende *niedrigstmögliche Niedrigwasser* bezogen (Vermerke auf der Karte beachten!).
Flächen, die bei Gezeitenrevieren nicht ständig unter Wasser liegen, sondern nur bei Hochwasser überflutet sind, kennzeichnen deutsche Karten mit olivgrüner Farbe.

- Diese Höhenangaben über Kartennull für trockenfallende Gebiete werden dabei in Meter und Dezimeter durch unterstrichene rechtsliegende Zahlen dargestellt.

Die Höhenangaben im Landgebiet sind meistens nicht auf das Kartennull bezogen, sondern zählen von einer anderen Bezugsfläche aus, in Deutschland vom *Normalnull* der Landesvermessung. Dabei gilt:

- Die Höhenangaben werden mit stehenden Zahlen dargestellt.

Zusammengefaßt

1. Die für die »normalen« Breiten verwendeten Seekarten sind nach dem *Mercatorprinzip* erstellt, wobei durch Verzerrungen eine Parallelität der Meridiane erreicht ist. Die Karte ist winkeltreu, und die Kurslinie wird als Gerade eingetragen. Die Seemeilen entnimmt man vom seitlichen Kartenrand.
2. Je nach Maßstab gibt es folgende Arten von Seekarten: *Ozeankarten, Übersichtskarten, Segelkarten, Küstenkarten* und *Pläne.*
3. Alle deutschen Karten werden vom BSH (ehemals DHI) herausgegeben.
4. Typisch für eine Seekarte sind neben den Zahlen für die Tiefenangaben (gemessen in Metern und Dezimetern) die vielen Zeichen und Abkürzungen, die in der *Karte 1* des BSH zusammengestellt sind.
   Eingedruckt in die Karte ist auch jeweils eine *Mißweisungsrose,* von der man den Wert für die Mißweisung ablesen kann.
5. Die Bezugshöhe für die angegebenen Tiefen = das *Kartennull* liegt bei deutschen Seekarten auf Höhe des Mittelwassers (gezeitenfreie Reviere) bzw. auf Höhe des mittleren Springniedrigwassers (Gezeitenreviere).
6. Die Seekarten müssen jeweils berichtigt (= auf dem neuesten Korrekturstand) sein. Das Datum der letzten Korrektur kann man am Stempel unten links sehen. Angaben über Veränderungen, die für die Schiffahrt bedeutend sind, kann man aus den wöchentlich erscheinenden *Nachrichten für Seefahrer (NfS)* erfahren.

Seezeichen und Landmarken als Navigationshilfe

Keine Prüfungsfragen für den Sportbootführerschein – erst im Rahmen der Fahrwasserbezeichnung im Teil Gesetzeskunde!

Seezeichen und Landmarken sind für einen Yachtskipper im Küstenbereich die beste Navigationshilfe bei Tage. Natürlich sind sie auch in der passenden Seekarte dargestellt und ermöglichen somit die Orientierung und Ortsbestimmung.
Man unterscheidet.

1. *Natürliche Landmarken* (z.B. markante Hügel, alleinstehende Bäume, Kirchtürme, Mühlen, Funkmasten).
2. *Feste Seezeichen* (Leuchttürme, Dalben = mehrere Pfähle, Baken = Gitter- oder Gerüstkonstruktion, Stangen = in den Boden gerammte und oft mit einem Besen versehene Stangen, Pricken = junge Bäume mit Ästen).
3. *Schwimmende Seezeichen* (Tonnen und Feuerschiffe).

Bei den Tonnen unterscheidet man je nach Form verschiedene Arten, wie Sie aus unserer Abbildung ersehen können.
Zur Unterscheidung gleichartiger Seezeichen bzw. zu ihrer speziellen Kennzeichnung dienen *Toppzeichen*.
Es handelt sich hierbei um aus jeder Richtung erkennbare Signalkörper, die einzeln oder in Form von Bällen, Zylindern, Kegeln, Doppelkegeln, Kreuzen auch zusammengesetzt verwendet werden. Toppzeichen dürfen die typische Form des betreffenden Seezeichens nicht beeinträchtigen und sind deutlich sichtbar an einer Stange oben angebracht. In der Regel dienen Seezeichen mit Toppzeichen der Fahrwasserbezeichnung, von der im Teil »Gesetzeskunde« noch ausführlich die Rede sein wird.

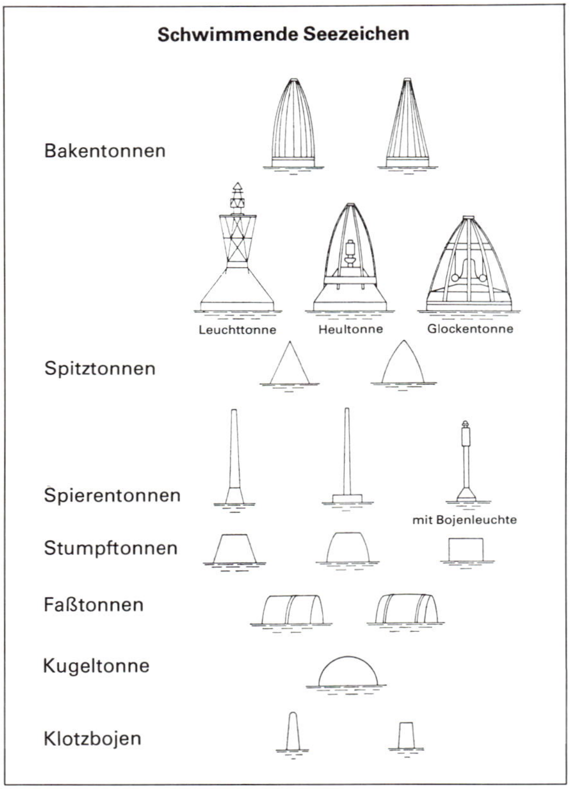

Abbildung rechts oben: Verschiedene Arten von Tonnen.

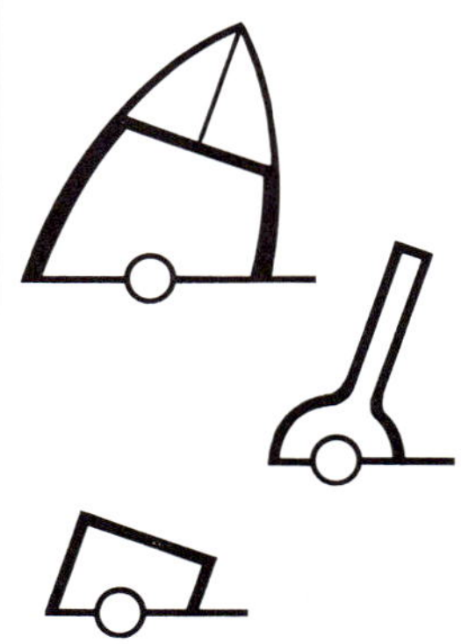

Die überdimensional in der Seekarte dargestellten Zeichen tragen in ihrer Basislinie einen kleinen Kreis, der die genaue geographische Position angibt. Das Kursdreieck, von dem noch gesprochen wird, legt man im Mittelpunkt dieses Kreises an.

	Spitztonne *Conical buoy, nun buoy*
	Stumpftonne *Can or cylindrical buoy*
	Kugeltonne *Spherical buoy*
	Bakentonne *Pillar buoy*
	Spierentonne, Spiere, Spindeltonne, (Treibbake) *Spar buoy, spindle buoy*
	Faßtonne *Barrel buoy*
	Großtonne *Super-buoy*

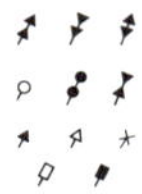	Toppzeichen von Tonnen im IALA-System (Toppzeichen von Baken werden aufrecht dargestellt) *IALA System buoy topmarks (beacon topmarks shown upright)*
	Bake mit Toppzeichen, Farbangabe, Radarreflektor und Beschriftung *Beacon with topmark, colour, radar reflector and designation*
	Tonne mit Toppzeichen, Farbangabe, Radarreflektor und Beschriftung *Buoy with topmark, colour, radar reflector and designation*
	Bake, allgemein, Farbe und Toppzeichen unbekannt oder Bake in einer kleinmaßstäbigen Karte *Beacon in general, characteristics unknown or chart scale too small to show*
	Bake mit farbigem Anstrich, kein Toppzeichen *Beacon with colour, no distinctive topmark*

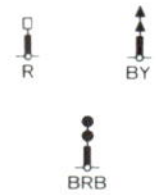	Baken mit Farbangaben und Toppzeichen (Beispiele) *Beacons with colours and topmarks (examples)*
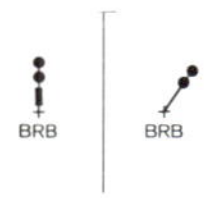	Bake auf Unterwasserfelsen (Toppzeichen wenn erforderlich) *Beacon on submerged rock (topmark as appropriate)*
	Pfahl, Stange *Stake, pole*
Port Hand / Starboard Hand 	Pfahl, Stange mit Toppzeichen (Beispiel) *Perch, stake*
	Pricke *Withy*

So sind Tonnen und Toppzeichen in Seekarten dargestellt. Beispiele aus der »Karte 1« des BSH.

Zusammengefaßt

Man unterscheidet als Navigationshilfe bei Tage die *natürlichen Landmarken* (z.B. Kirchtürme), die *festen Seezeichen* (z.B. Baken, Dalben) und die *schwimmenden Seezeichen.* Schwimmende Seezeichen sind Feuerschiffe, dazu Baken-, Spitz-, Spieren-, Stumpf-, Faß- und Kugeltonnen. Zur speziellen Kennzeichnung dienen *Toppzeichen* in Form von Zylinder, Stundenglas, Ball, Kegel, Doppelkegel, Kreuz, Doppelkreuz und Spindel.

Leuchtfeuer als Navigationshilfe

Prüfungsfragen für den Sportbootführerschein:
188–191, 203–217.

Die Leuchtfeuer gehören zu den wichtigsten Navigationshilfen für die Nachtfahrt im Küsten- und Revierbereich, wobei sie nicht nur als Warnung vor Gefahren und Untiefen dienen, sondern zuverlässige Ortsbestimmungen ermöglichen – zumal die europäischen Reviere in der Regel gut befeuert sind. Leuchtfeuer werden auch in besonderer Anordnung zur Bezeichnung der Fahrwasser verwendet, worauf wir im Teil »Gesetzeskunde« noch speziell eingehen müssen.

Kennung

Jedes Leuchtfeuer hat eine eigene **Kennung,** d.h. eine typische Art, wie es brennt. Sie ergibt sich durch die verschiedenen Arten von Lichterscheinungen und

Lichtfarben, zu ersehen jeweils aus dem Leuchtfeuerverzeichnis und den Seekarten. Wir unterscheiden:
Festfeuer (abgekürzt **F.**): Es leuchtet ununterbrochen, d.h. es zeigt ein weißes oder farbiges Licht von gleichbleibender Stärke und Farbe.
Unterbrochens Feuer (abgekürzt **Oc**): Es zeigt weiße oder farbige *Scheine* zwischen Verdunkelungen (= Unterbrechungen). Dabei dauert der *Schein* länger als die Dunkelphase. Bei diesem Feuer gibt es solche mit Einzelunterbrechungen und solche mit Gruppen von 2, 3 oder 4 Unterbrechungen.
Gleichtaktfeuer (abgekürzt **ISO**): Es zeigt weiße oder farbige *Scheine* mit Unterbrechung (Verdunkelung) von gleicher Zeitdauer.
Blinkfeuer (abgekürzt **LFl**): Es zeigt weiße oder farbige *Blinke* (Einzelblinke oder Gruppen von 2, 3, 4 Blinken). Ein Blink dauert mindestens 2 Sekunden, die Verdunkelung grundsätzlich länger.
Blitzfeuer (abgekürzt **Fl**): Es zeigt weiße oder farbige *Blitze* (Einzelblitze oder Gruppen von 2, 3, 4 Blitzen). Ein *Blitz* dauert weniger als 2 Sekunden.
Funkelfeuer (abgekürzt **Q**): Es besteht aus schnell aufeinanderfolgenden weißen oder farbigen Lichterscheinungen. Dabei gibt es Funkelfeuer mit dauerndem Funkeln (60/Minute), unterbrochenes Funkelfeuer (IQ) und Funkelfeuer mit Gruppen von 3 oder 9 Funkeln (Q [3] oder Q [9]) oder von 6 Funkeln mit 1 Blink (Q [6] + LFl).

Kennung	Beispiel	Abkürzung Nat.	Intern.[1]
Festfeuer Weißes bzw. farbiges Licht ohne Unterbrechung in gleicher Stärke. Immer bei Hafeneinfahrten.	F. rot  (Stb = grün, Bb = rot)	F.r	F.R
Unterbrochenes Feuer Wechsel zwischen Schein (länger) und Verdunklung (kürzer), evtl. in Gruppen von 2,3 oder mehr Unterbrechungen.	Ubr. mit Einzelunterbrechungen grün 	Ubr.gn.	Oc.G
Gleichtaktfeuer Ein unterbrochenes F. mit gleicher Dauer von Schein und Verdunkelung.	Glt. weiß 	Glt.w	Iso.W
Blinkfeuer Blinke einzeln oder in Gruppen. Blinkdauer mindestens 2 Sekunden.	Blk. mit Gruppen von 3 Blinken rot 	Blk. (3)r.	LFl. (3) R
Blitzfeuer Blitze einzeln oder in Gruppen. Blitzdauer weniger als 2 Sekunden.	Blz. mit Gruppen von 2 Blitzen grün 	Blz. (2)gn.	Fl. (2) G
Funkelfeuer Schnell folgende Blitze (mindestens 60/Minute), auch als unterbrochenes Funkelfeuer (Fkl. unt.) bzw. in Gruppen.	unterbrochenes Fkl. rot 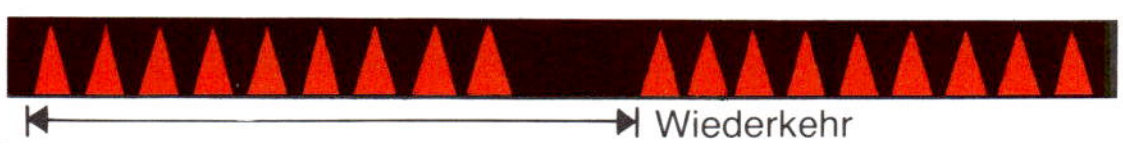	Fkl.unt.r	IQ.R
Schnelles Funkelfeuer Sehr schnell folgende Blitze (100 – 120/Minute), auch als SFkl. unt. bzw. in Gruppen.	SFkl. rot 	SFkl.r.	VQ.R

[1] Int. Abkürzungen: F.R = Fixed White, Oc.G = Occulting Green, ISO = Isophase, LFl. (3) R = Long-flashing Red, Fl. (2) G = Flashing Green, IQ.R = Interrupted quick Red, VQ.R = Continuous very quick Red.

Schnelles Funkelfeuer (abgekürzt **VQ**): Hier folgen die weißen oder farbigen Lichterscheinungen sehr schnell aufeinander, und zwar gibt es schnelles Funkelfeuer mit dauernden schnellen Funkeln (100 bis 120/Minute), schnelles Funkelfeuer mit Gruppen von 3 oder 9 schnellen Funkeln (VQ [3] oder VQ [9]) oder von 6 schnellen Funkeln mit 1 Blink (VQ [6] + LFl).

In unserer Übersicht (Seite 34) sind die Kennungen dargestellt von Festfeuer, Unterbrochenem Feuer, Gleichtaktfeuer, Blitz-, Blink-, Funkel- und schnellem Funkelfeuer. Dazu gibt es noch einige selten gebrauchte Kennungen:

Mischfeuer mit gemischter Kennung aus den genannten Lichterscheinungen, *Wechselfeuer* (Wchs.) mit Wechsel von weißen oder farbigen Scheinen mit einer anderen Farbe und *Morsefeuer* mit Lichterscheinungen, die Buchstaben und Zahlen des Morsealphabets entsprechen.

Man verwendet bei den Leuchtfeuern auch verschiedene Farben, und zwar weiß, rot, grün und gelb, wobei die Farben im allgemeinen nicht gleich weit sichtbar sind. Bei gleicher Lichtquelle ist die Tragweite für rot kleiner als für weiß und für grün meistens sogar noch kleiner als für rot. Bei diesigem Wetter oder bei großer Entfernung können die Farben auch verändert erscheinen, dabei können besonders die weißen und auch manchmal die grünen Feuer rötlich wirken. Bei speziellen atmosphärischen Verhältnissen ist es auch schon vorgekommen, daß grüne Feuer als weiß angesehen wurden. Manchmal verwendet man in Leuchtfeuern Quecksilberdampflampen (gekennzeichnet im Leuchtfeuerverzeichnis mit QD), die weiße Feuer in grünlicher Färbung erscheinen lassen können.

Wiederkehr

Um die Kennung eines Feuers ausmachen zu können, muß durch Auszählen oder besser mit Hilfe einer Stoppuhr die *Wiederkehr* (in Sekunden) festgestellt werden. Bei dieser Wiederkehr handelt es sich um die Dauer des ganzen Signals vom Eintritt einer bestimmten Taktkennung bis (einschließlich der Verkunkelung) zum Wiedereintritt der nächsten gleichen Taktkennung.

Tragweite und Sichtweite

Bei der *Tragweite* handelt es sich um den Abstand, in dem das Leuchtfeuer bei gutem Sichtigkeitsgrad der Luft gerade noch sichtbar ist. Sie hängt von der Lichtstärke des Leuchtfeuers ab. Die Tragweite, die für einen mittleren Sichtigkeitsgrad der Luft ermittelt und angegeben wird, heißt *Nenntragweite.*

Als *Sichtweite* bezeichnet man den Abstand , in dem das Leuchtfeuer für einen Beobachter aus einer bestimmten Augenhöhe gerade noch »in der Kimm« sichtbar ist. Im Leuchtfeuerverzeichnis wird die Sichtweite angegeben für eine Augenhöhe von 5 m, wobei sie von der Höhe des Leuchtfeuers abhängig ist. In jedem Band des Leuchtfeuerverzeichnisses ist eine

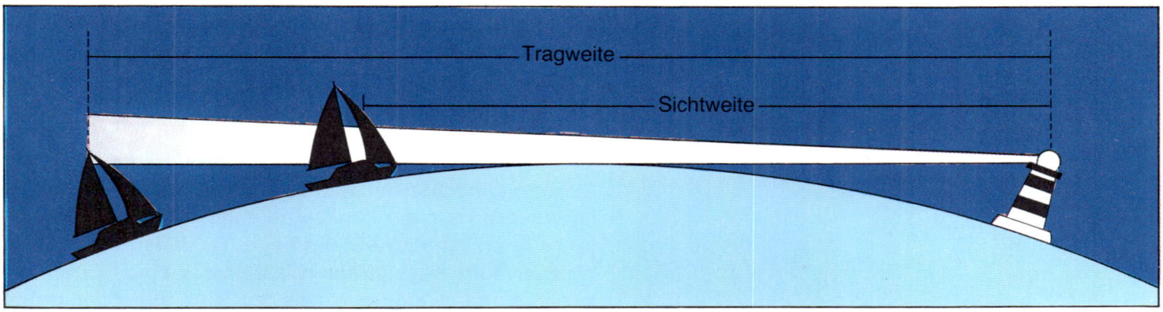

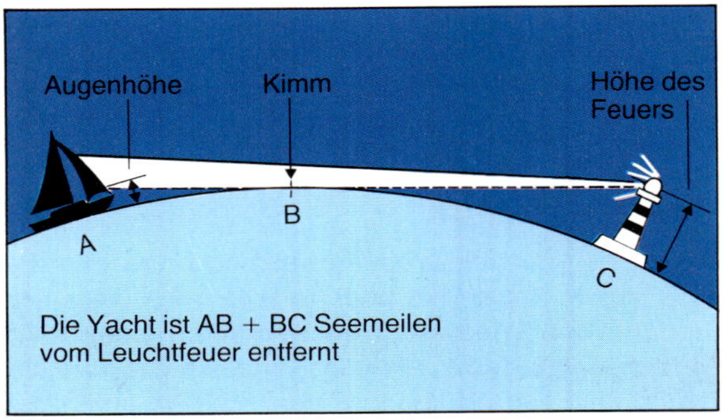

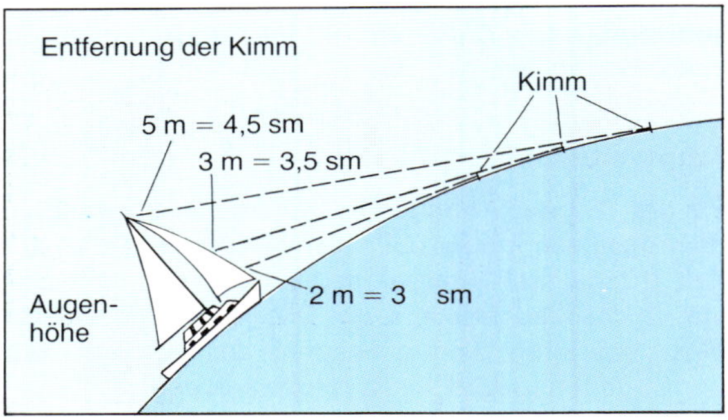

Tabelle enthalten, aus der man die Sichtweite für verschiedene Augen- und Feuerhöhen entnehmen kann. Auch wenn in den Seekarten die Leuchtfeuer mit Kennung, Wiederkehr und Nenntragweite näher angegeben sind, so ist doch das Mitführen eines Leuchtfeuerverzeichnisses (siehe auch S. 11/12) an Bord notwendig, da wir dort genauere Informationen (Aussehen des Feuerträgers bei Tage mit Höhenangabe, evtl. mögliche Nebelschallsignale) außerdem im Anhang noch ein Verzeichnis der Signalstellen finden.

Spezielle Leuchtfeuer

Leitfeuer (Lt-F./Dir = Direktion light)

Diese Art dient dazu, die Einfahrt in enge Fahrwasser zu erleichtern. Es besteht i. allg. aus 3 verschieden leuchtenden Sektoren. Der Leitsektor ist vorzugsweise ein weißes Festfeuer. An dessen beiden Seiten befinden sich Warnsektoren, entweder ein grünes (Steuerbordseite von See kommend) und rotes (Backbordseite) Festfeuer oder ungerade Zahl (Stb-Sektor) und gerade Zahl (Bb-Sektor) weißer Blitze. Steuert man mit Hilfe eines Lt-F., muß man weißes Festlicht im Blick haben. Wird es farbig bzw. blitzt es, so ist man aus dem Leitsektor = Fahrrinne heraus. Ist man z. B. beim Zufahren auf ein Lt-F. in den roten Warnsektor geraten, so muß man den Kurs nach Steuerbord ändern.

Prinzipiell fahren wir im Leitsektor wegen evtl. Gegenverkehrs auf der rechten Seite!

Richtfeuer (Rcht-F./Ldg = Leading light

Hier handelt es sich um zwei in bestimmtem Abstand und in verschiedener Höhe hintereinander aufgestellte Leuchtfeuer (Ober- und Unterfeuer), die in Dekkung gebracht, die Fahrwassermitte bei engen Fahrwassern kennzeichnen. Bei einer Deckpeilung der beiden Feuer erhält man den meist in der Seekarte angegebenen Kurs *Feuer in Linie.* In der Regel sind beide Feuer gleichgängig, und zwar als unterbrochenes Feuer mit Einzelunterbrechungen oder als Gleichtaktfeuer. Jede Kursabweichung nach einer Seite ist sofort am »Öffnen« der Feuer erkennbar. Wegen einer Kollisionsgefahr (Gegenverkehr!) sollte man möglichst nicht ganz genau auf der Linie fahren, sondern etwas nach Stb »offen« (Oberfeuer etwas nach Stb ausgewandert).

Quermarkenfeuer (Qm-F.)

Bei gekrümmten und engen Fahrwassern, bei dem man zunächst mit Hilfe eines Leit- oder Richtfeuers steuert, kann der Punkt einer notwendigen Kursänderung im Hinblick auf ein neues Leitfeuer durch einen quer zum Kurs strahlenden Sektor eines Quermarkenfeuers angegeben werden. Der rote oder grüne

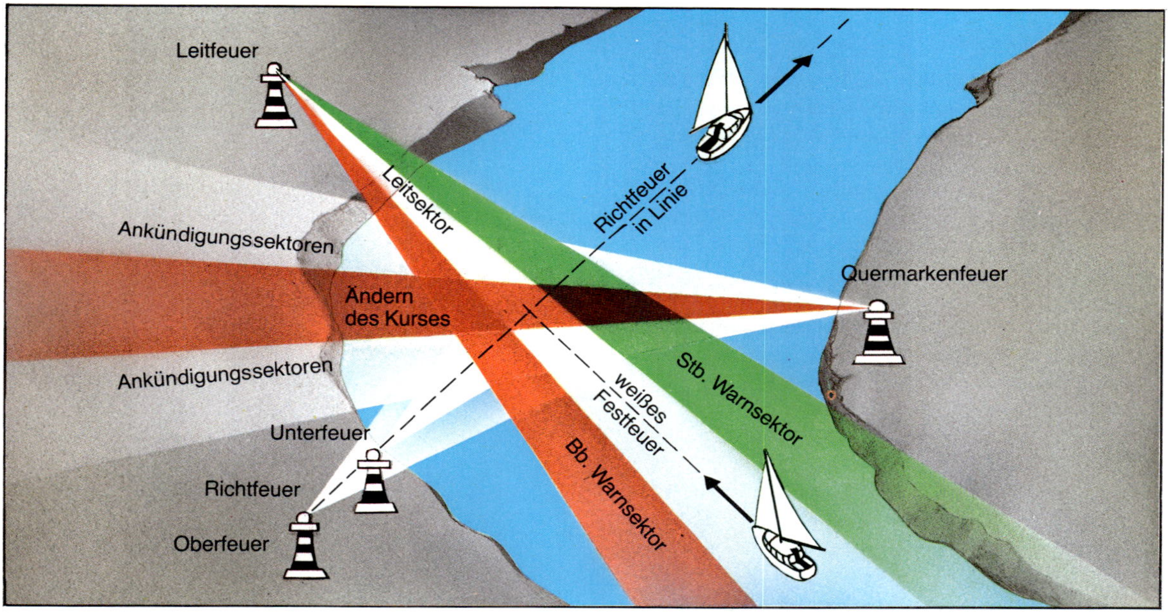

Kursänderungssektor wird meist durch zwei weiße Ankündigungssektoren flankiert.

Torfeuer
Zwei Feuer in gleicher Höhe, Lichtstärke und Kennung, die sich an beiden Fahrwasserseiten gegenüberliegen, und zwar als seitliche Begrenzung eines zu passierenden Tores. Sie sind meist mit anderen Feuern kombiniert oder als Torkettenrichtfeuer mehrmals hintereinander in gleichem Abstand aufgestellt.

Hafenfeuer
Man findet sie meist direkt an Hafeneinfahrten als farbiges Festfeuer. Die Farbe auf der Steuerbordseite (von einem einlaufenden Schiff aus gesehen) ist grün, die auf der Backbordseite rot.

Die spezielle Befeuerung der Fahrwasser nach dem Betonnungssystem A wird im Teil »Gesetzeskunde« behandelt!

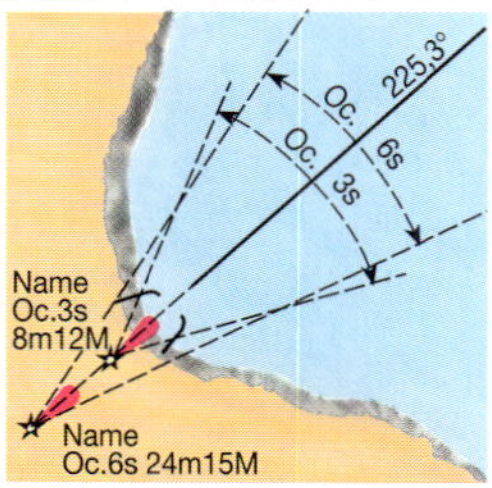

Richtfeuer mit Richtlinie (feste Linie = Fahrwasser) und dazugehörigen Sektoren Richtungsangabe in Grad und Zehntelgrad

Leading lights with leading line (firm line is fairway) and arcs of visibility Bearing given in degrees and tenths of a degree

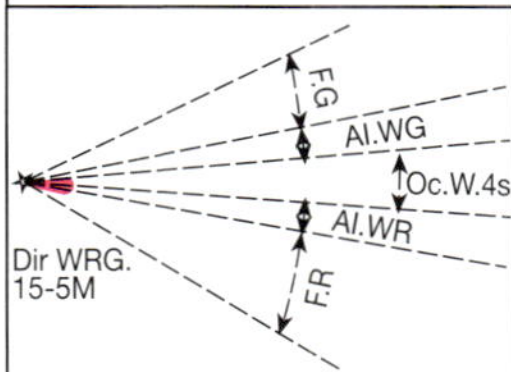

Leitfeuer mit schmalem Leitsektor, begrenzt von Sektoren verschiedener Kennung

Direction light with narrow fairway sector flanked by light sectors of different character

Beispiele aus »Karte 1« für Darstellung von Feuern (hier in der internationalen Version)

Zusammengefaßt

1. Die *Kennung* eines Leuchtfeuers ist der typische Verlauf von Lichterscheinungen und Verdunklung. Man unterscheidet als Lichterscheinungen dabei *Festfeuer, Schein, Blink, Blitz* und dazu folgende wichtige Kennungen: *Festfeuer, Unterbrochenes Feuer, Gleichtakt-, Blink-, Blitz-, Funkel-* und *schnelles Funkelfeuer.*
2. Unter *Wiederkehr* versteht man die in Sekunden gemessene Zeitspanne vom Eintritt einer bestimmten Taktkennung bis zum Wiedereintritt der nächsten gleichen Taktkennung.
3. Die *Sichtweite* ist der Abstand, in dem man ein Feuer aus einer bestimmten Augenhöhe noch »in der Kimm« sieht.
4. Die *Tragweite* ist die Entfernung, in der man das Leuchtfeuer bei guter Sichtigkeit noch wahrnehmen kann. Sie hängt von Lichtstärke und Lufttrübung ab.
5. Spezielle Feuer sind: *Leitfeuer* (aus 3 Sektoren bestehend), *Richtfeuer* (Ober- und Unterfeuer), *Quermarkenfeuer* (meist zwei weiße Ankündigungssektoren und andersfarbiger Kursänderungssektor), *Hafenfeuer* (an Hafeneinfahrten) und *Torfeuer.*
6. Bei Hafeneinfahrten trifft man einlaufend an Stb ein grünes, an Bb ein rotes Licht an. Bei einem Leitfeuer muß an der rechten Seite des durch den weißen Leitsektor gekennzeichneten Fahrwassers gefahren werden. Kommt man in den grünen Warnsektor, so muß nach Bb gesteuert werden, kommt man in den roten Sektor, dann nach Stb.

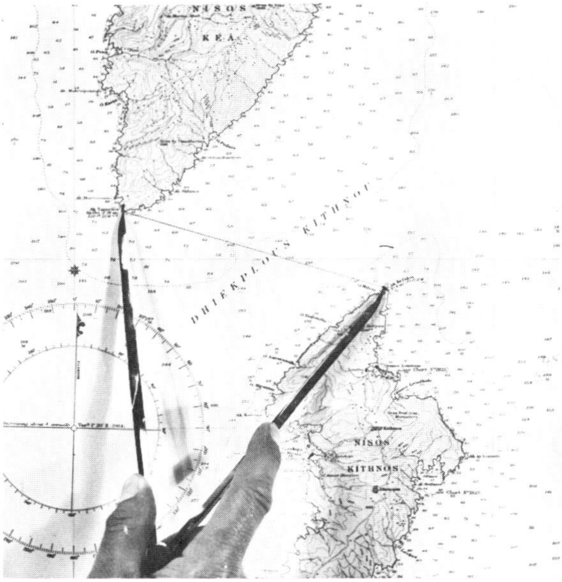

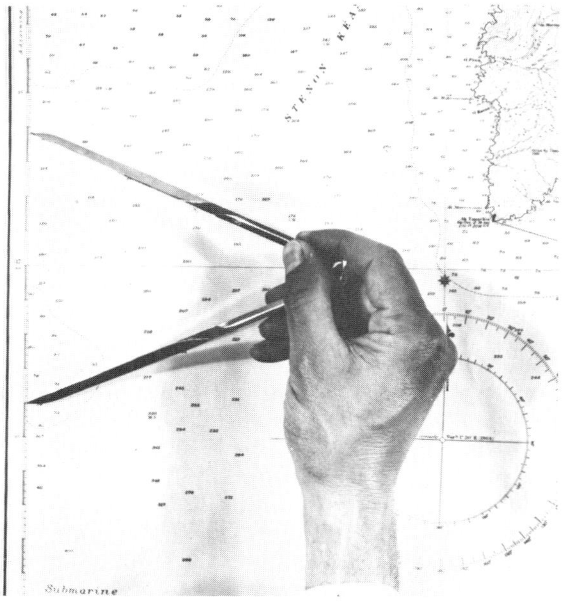

Mit Hilfe des Zirkels werden Distanzen in der Karte abgemessen (oben) und am seitlichen Kartenrand in sm abgelesen (siehe auch S. 42).

Kursdreieck und Zirkel

Keine Prüfungsfragen für den Sportbootführerschein – erst im Rahmen des Kapitels »Umgang mit Kursdreieck, Zirkel und Seekarte«!

Damit nun die eigentliche Navigationsarbeit in der Seekarte beginnen kann, wird noch folgendes Handwerkszeug benötigt:

- Ein Kursdreieck (gleichschenklig, rechtwinklig).
- Ein Anlegedreieck zum Parallelverschieben des Kursdreieckes.
- Ein Kartenzirkel.
- Ein weicher Bleistift und ein Radiergummi.

Das Kursdreieck verwendet man zum Absetzen von Kursen und Eintragen von Peilungen in der Seekarte. Es ist durchsichtig, trägt zwecks besserer Handhabung einen kleinen Holzgriff und ist mit einer Gradeinteilung von 0°–180° und 180°–360°. Zum Abgreifen von Entfernungen dient der Zirkel. Am besten benützt man einen etwas abgestumpften sog. Marinezirkel oder einen englischen Einhandzirkel. Ein reiner Stechzirkel würde die Karte zu sehr aufreißen.
Zum Einzeichnen der Kurse und Peilungen in die Karte wird der weiche Bleistift verwendet, der keinesfalls durch einen Kugelschreiber ersetzt werden darf.

Das Handwerkszeug für die Navigationsarbeit: 1 = Kursdreieck, 2 = Anlegedreieck, 3 = Bleistift, 4 = Radiergummi, 5 und 6 = Kartenzirkel (man benutzt einen von beiden: entweder 5 = englischer Einhandzirkel oder 6 = Marinezirkel). Hier liegt der Anlegepunkt des Kursdreiecks gerade auf einem Meridian (7), die bei 8 abzulesende Gradzahl ist 064° bzw. 244°.

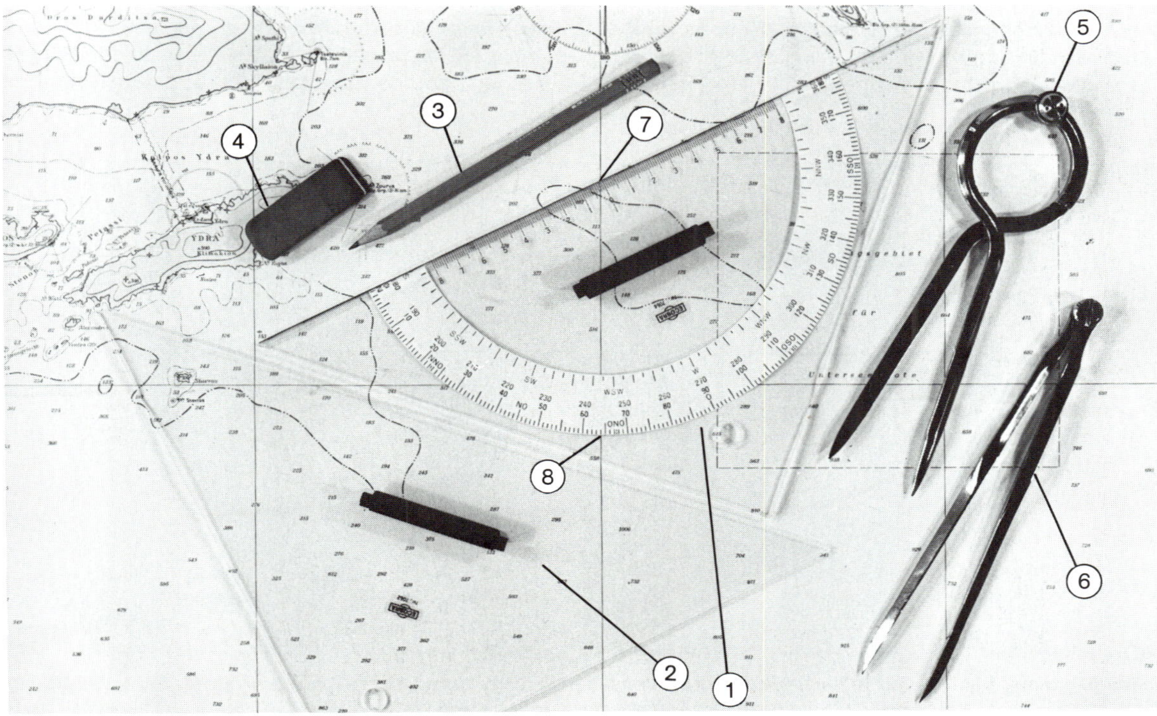

2. Die eigentliche Navigation

Die »Adresse« des Schiffsortes mit Hilfe von Breite und Länge

Keine speziellen Prüfungsfragen für den Sportbootführerschein – aber im Rahmen von Prüfungs-Kartenaufgaben muß mit Positionen nach Länge und Breite gearbeitet werden!

Wesentlicher Bestandteil der Navigation ist die Bestimmung des Schiffsortes. Das Auffinden einer angegebenen Position bzw. das Mitteilen des eigenen Ortes geschieht mit Hilfe des allgemein eingeführten Koordinatensystems. Durch Nord- und Südpol – die durch die Drehachse der Erdkugel gegeben sind – denkt man sich Kreise gelegt, die Hälften davon von Pol zu Pol nennt man Meridiane. Der Meridian, der durch die Sternwarte Greenwich in London geht, trägt die Nummer Null. Insgesamt ist die Erde in 360 Meridiane geteilt, die vom Nullmeridian aus nach Ost und West bis je 180° durchnumeriert werden. Senkrecht zu den Meridianen hat man ebenfalls eine Kreiseinteilung gelegt, die Breitenkreise. Der von Nord- und Südpol gleichweit entfernte größte Kreis ist der Äquator mit der Nummer Null. Zwischen Äquator und den Polen sind in gleichen Abständen jeweils 90 immer kleiner werdende Breitenkreise gezogen, und zwar von 0° bis 90° N und 0° bis 90° S.

Nördlich des Äquators finden wir also Orte nördlicher Breite, südlich des Äquators Orte südlicher Breite.

Jeder Standort der Erde ist nun durch die 2 Koordinaten Länge und Breite genau festlegbar. Die geographische Länge (bezeichnet mit griech. Lambda = λ) eines Ortes wird durch die Nummer des Meridians durch den Ort angegeben (bzw. sie ist der Winkel zwischen dem Meridian des Ortes und dem Nullmeri-

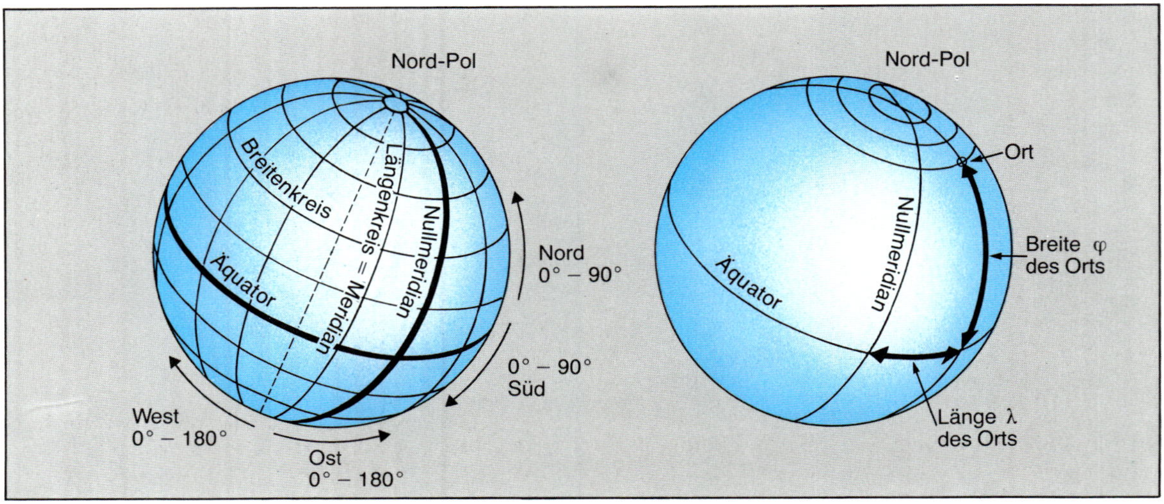

Die Erde ist in Meridiane geteilt, durchnumeriert vom Nullmeridian aus nach Ost und West bis je 180°. Senkrecht zu den Meridianen liegen die Breitenkreise, und zwar vom Äquator aus jeweils 90 (von 0°–90° Nord und 0°–90° Süd).

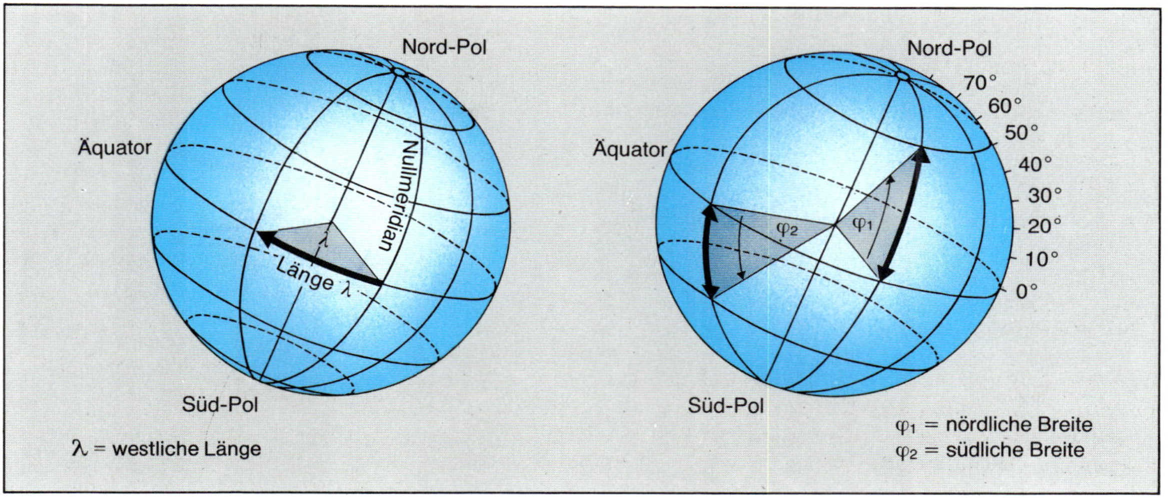

Die geographische Länge λ ist der Winkel zwischen dem Nullmeridian und dem Meridian des betreffenden Ortes. Die geographische Breite φ ist der am Erdmittelpunkt gemessene Winkel, der sich aus der Äquatorebene und der Verbindung zum betreffenden Breitenkreis ergibt. (Die Breite wird jeweils zweistellig, die Länge dreistellig angegeben!)

dian). Die geographische Breite (bezeichnet mit griech. Phi = φ) ist der Abstand des Ortes vom Äquator auf dem Meridian des Ortes gemessen. Ein Ort wird also bezeichnet durch die Angaben:

z. B. φ = 54° 17,0′ N
λ = 010° 19,0′ E (E = Abkürzung für Ost*)

*) *Anmerkung:* Ein O als Abkürzung verwendet man nicht wegen der Verwechslungsgefahr mit einer Null!

Die Länge λ findet man jeweils am oberen und unteren Kartenrand, die Breite φ am seitlichen Rand.

Zur genaueren Angabe ist es notwendig, daß jeder Grad in 60 Bogenminuten (′) und jede Minute in 60 Bogensekunden (″) eingeteilt ist. Der Nautiker verwendet aber nicht die Bogensekunden, sondern unterteilt die Minute im Dezimalsystem. Statt z. B. 54° 17′ 30″ N sagt man dann: 54° 17,5′ N.

Zusammengefaßt

Die durch Nord- und Südpol gelegten Kreise nennt man *Meridiane,* vom Nullmeridian aus je bis 180° nach Ost und West. Senkrecht dazu liegen die *Breitenkreise,* nördlich und südlich vom Äquator je 90. Jeder Standort ist durch die Koordinaten *Länge* und *Breite* festlegbar. Die Länge λ liest man am oberen bzw. unteren Kartenrand ab, die Breite φ am seitlichen Rand.

Umgang mit Kursdreieck, Zirkel und Seekarte

Prüfungsfragen für den Sportbootführerschein: 232, 238. Dazu praktische Anwendung in den Prüfungs-Kartenaufgaben.

Mit Seekarte, Kursdreieck und Zirkel (dazu noch mit Anlegedreieck bzw. Lineal und Zeichengerät) sind folgende grundlegenden Aufgaben beim Navigieren zu leisten:

1. Feststellen der Breite und Länge eines gegebenen Ortes.
2. Eintrag eines durch Breite und Länge gegebenen Ortes.
3. Festlegen eines Kurses zu einem bestimmten Ziel hin (Kurs absetzen).
4. Übertragen eines gesteuerten Kompaßkurses in die Seekarte.
5. Eintragen von Standlinien.
6. Entnehmen von Distanzen.

1. Feststellen der Breite und Länge eines gegebenen Ortes

Die Breite und Länge entnimmt man – wie zuvor bereits erläutert – am seitlichen und oberen bzw. unteren Kartenrand. Zum Ablesen der Position eines Ortes muß jeweils vom seitlichen bzw. oberen oder unteren Kartenrand die Senkrechte gezogen werden, der Schnittpunkt ist der gesuchte Ort. In Nähe des Kartenrandes ist diese Senkrechte sofort mit dem Kursdreieck zu ziehen, bei weiterer Entfernung behilft man sich dazu noch mit dem Anlegedreieck zwecks paralleler Verlängerung. In der Praxis ist folgende einfachere Methode mit dem Zirkel ausreichend genau: Man mißt damit den Abstand zum nächstgelegenen Breitenkreis oder Meridian und trägt diesen Abstand dann am seitlichen bzw. oberen oder unteren Kartenrand ab.

2. Eintrag eines durch Breite und Länge gegebenen Ortes

Die Senkrechten vom seitlichen und oberen (bzw. unteren) Kartenrand werden gezogen, der Schnittpunkt beider Lote ist der gesuchte Ort. Oder: Auf dem dem Ort nächstgelegenen Meridian trägt man mit Hilfe des Zirkels die gegebene Breite ab und zeichnet senkrecht zum Meridian den Breitenkreis ein. Hier wird nun die vom oberen oder unteren Kartenrand mit

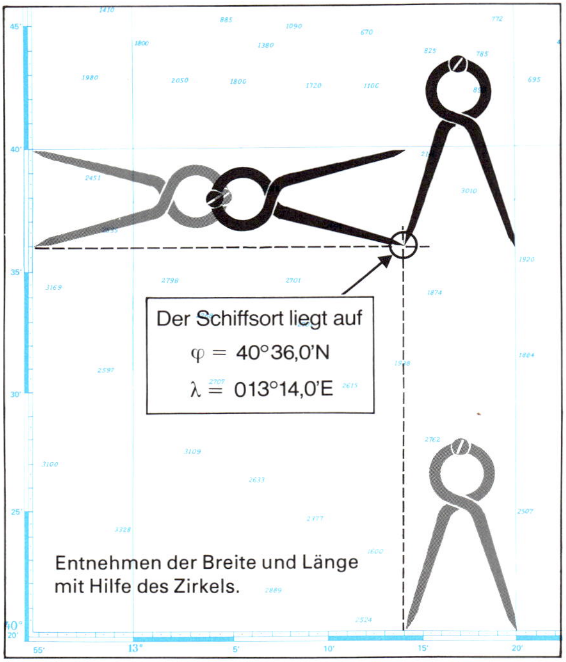

Entnehmen der Breite und Länge mit Hilfe des Zirkels.

dem Zirkel entnommene Länge abgetragen – und der Ort ist gefunden.

3. Festlegen eines Kurses zu einem bestimmten Ziel hin (Kurs absetzen)

Will man von einem Ausgangsort A zu einem Zielort B segeln, so ermittelt man den auf die Karte bezogenen rechtweisenden Kurs auf folgende Weise: Man legt das Kursdreieck mit seiner Hypotenuse an die beiden Punkte A und B an und verschiebt es sodann mit Hilfe eines Anlegedreiecks so weit zum nächsten Meridian, bis der Anlegepunkt in der Mitte der Hypotenuse des Kursdreiecks auf diesem Meridian liegt. Auf der Gradskala wird dann am Meridian der Kurs abgelesen. Beim Ablesen ist zu beachten, daß man je nachdem, in welche Richtung der Kurs läuft, den richtigen Wert abliest, weshalb das Kursdreieck zwei um jeweils 180° differierende Grad-Skalen besitzt.

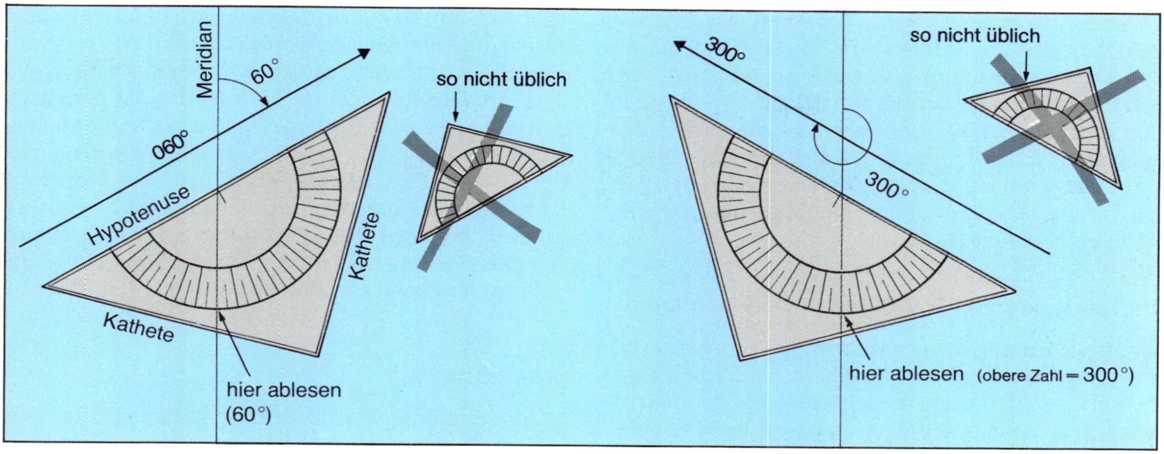

So wird jeweils das Kursdreieck angelegt, daß die Gradzahlen nicht auf dem Kopf stehen.

Links: Ermitteln des Kurses von einem Ausgangsort A zu einem Zielort B (Messen des rechtweisenden Kurses).
Rechts: Einzeichnen eines Kurses.

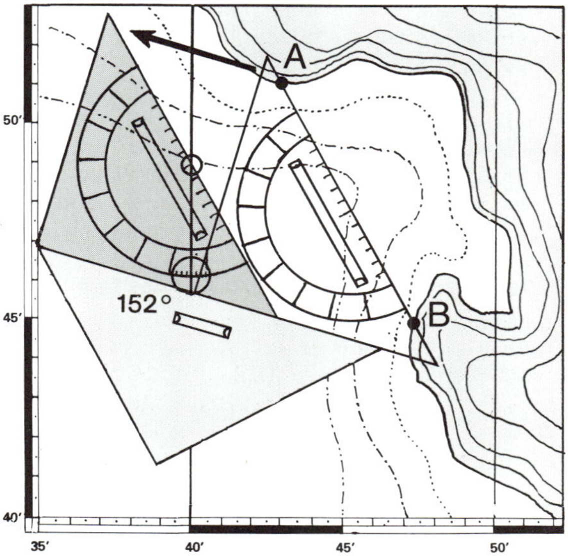

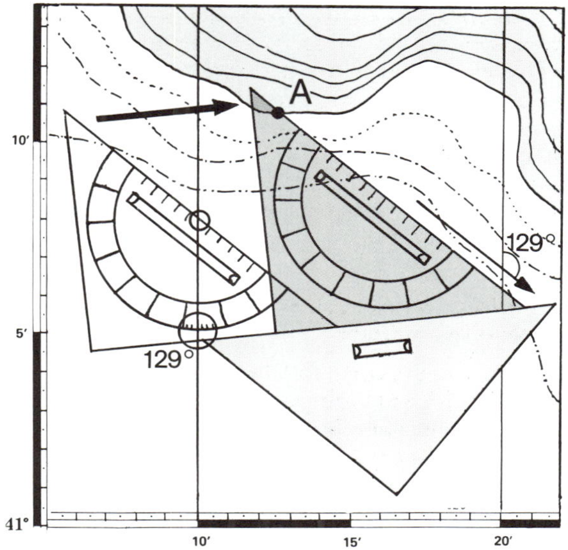

4. Ablesen, wohin ein auf dem Kompaß gesteuerter Kurs zielt

Segelt man ausgehend von einem Standort A einen bestimmten Kurs auf dem Kompaß, so kann man den Ort, wohin dieser Kurs führen würde, mit Hilfe des

Kursdreiecks in dieser Weise ermitteln: Man rechnet den Kompaßkurs zunächst um in den rechtweisenden Kurs (siehe ›Kursverwandlung‹) und legt dann das Kursdreieck so auf die Karte, daß sich Gradzahl und Anlegepunkt mit dem dem Ausgangsort nächstgelegenen Meridian decken. Dann wird das Dreieck so parallel verschoben, daß die Hypotenuse den Ausgangsort schneidet. Auf der Hypotenuse liegt die betreffende Kurslinie.

5. Eintragung von Peilungen bzw. Standlinien

Ermittelte Peilungen trägt man in gleicher Weise, wie im Punkt 4 beschrieben, mit Hilfe des Kursdreiecks in die Karte ein: Gradzahl an den nächsten Meridian anlegen, Hypotenuse durch den angepeilten Ort parallelverschieben. Der an der Hypotenuse gezogene Strich ist die Standlinie. (Siehe ›Peilungen‹).

6. Entnehmen von Distanzen

Wie bereits erläutert, werden die Distanzen immer in Seemeilen (siehe bei »Log, Fahrt, Distanz«) angegeben und am *seitlichen Kartenrand* (siehe bei ›Seekarte‹) mit Hilfe des Kartenzirkels entnommen.
Eine Distanzmessung muß auch vorgenommen werden zum Feststellen einer *Versegelung.* Ist man also von einem Punkt A aus auf Grund einer Logmessung z.B. 8 sm gesegelt, so zeichnet man zunächst die Kurslinie in die Karte ein, greift dann am seitlichen Kartenrand in Höhe der Kurslinie 8 sm mit dem Zirkel ab und überträgt diesen Abstand auf die Kurslinie. Auf diese Weise erhält man einen sog. *Koppelort,* von dem noch zu sprechen sein wird.

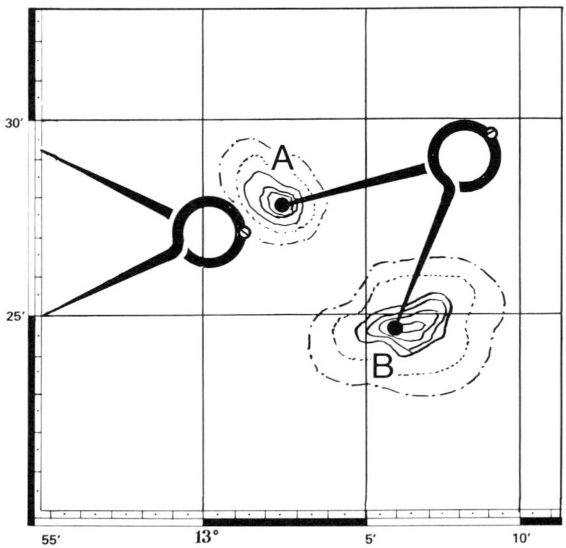

Praktische Tips

1. Zum Eintragen der Kurse in die Karte niemals Tinte oder Kugelschreiber benützen, sondern einen weichen, gut gespitzten Bleistift.
2. Die eingezeichneten Kurslinien müssen mit einem Radiergummi wieder leicht zu entfernen sein.
3. Der Kartenzirkel soll so leicht und etwas schräg angesetzt werden, daß kein Loch in die Karte gestochen wird.
4. Zum Verschieben des Dreiecks auf der Karte muß letztere auf einer ebenen Tischfläche liegen. Ein Verrutschen von Karte oder Kursdreieck muß vermieden werden.
5. Man zeichnet immer an der langen Seite, also der Hypotenuse, des Kursdreiecks.
6. Alle überholten Eintragungen müssen vor einer neuen Schiffsreise entfernt werden. Dabei prüft man am besten auch gleich nach (aber rechtzeitig vor der Abreise!), ob eine Kartenberichtigung fällig ist.
7. Wenn eine Karte naß ist, soll nicht radiert werden.

Zusammengefaßt

1. Zum Feststellen der geographischen Breite und Länge eines Ortes jeweils die Senkrechte zum Kartenrand ziehen oder mit dem Kartenzirkel die Abstände zum nächsten Breitenkreis bzw. Meridian messen und die Abstände am

Kartenrand abtragen: Länge oben oder unten, Breite an der Seite.
2. Zum Eintrag der Breite und Länge die Senkrechten vom seitlichen und oberen (unteren) Kartenrand ziehen.
3. Zum Festlegen eines Kurses Kursdreieck von A nach B anlegen und dann mit seinem Anlegepunkt zum nächsten Meridian parallelverschieben.
4. Zum Ermitteln eines Kurses das Dreieck in Nähe des Ausgangspunktes so anlegen, daß sich die betreffende Gradzahl mit dem nächsten Meridian deckt. Dann verschieben, bis Hypotenuse den Ausgangsort schneidet.
5. Eintrag von Peilungen: Gradzahl an Meridian anlegen, Hypotenuse durch angepeilten Ort parallelverschieben.
6. Distanzen mit Kartenzirkel am seitlichen Kartenrand entnehmen (gemessen in sm).

Die Kursverwandlung (Kursbeschickung)

Prüfungsfragen für den Sportbootführerschein: 246, 247. Dazu praktische Anwendung in den Prüfungs-Kartenaufgaben.

Haben wir in der Seekarte einen Kurs zu einem bestimmten Ziel hin abgesetzt, so können wir leider die abgelesene Kurs-Gradzahl noch nicht am Kompaß steuern: wir müssen erst noch eine kleine Rechenaufgabe meistern! Beim Besprechen des Steuerkompasses haben wir unter den Überschriften »Mißweisung« und »Deviation« (Seite 14) gelernt, daß der Kompaß zunächst von der geographischen Nordrichtung abweicht, sodann gegebenenfalls abgelenkt wird durch die Eisenmassen der Yacht. Der Segler hat es also mit drei Nordrichtungen zu tun:
1. Mit rechtweisend Nord = auf den geographischen Nordpol bezogene Richtung (Meridianrichtung).
2. Mit mißweisend Nord = vom Magnetfeld der Erde bestimmte Richtung, die ein Kompaß ohne Deviationseinfluß anzeigt.
3. Mit Kompaß-Nord (MgN) = Richtung, die der von Eisenteilen beeinflußte Kompaß an Bord anzeigt.

Demnach ergeben sich auch drei Kursarten:
1. Rechtweisender Kurs (rwK) = Winkel zwischen Kielrichtung der Yacht und rechtweisend Nord.
2. Mißweisender Kurs (mwK) = Winkel zwischen Kielrichtung der Yacht und mißweisend Nord.
3. Kompaß-Kurs (MgK – siehe Anm. S. 46!) = Winkel zwischen Kielrichtung der Yacht und MgN.

Merke: Sofern keine Driftfehler (durch Windabdrift und/oder Strom) berücksichtigt werden müssen, ist der Kurs in der Karte immer der rechtweisende Kurs. Bei Abdrift und Strom (s. S. 48) muß dann der rwK noch korrigiert werden zum Kartenkurs.

Auf Grund der »Kompaßfehler« Mißweisung und Deviation muß nun ein Kurs immer beschickt werden. Der am Kompaß abgelesene Kurs (= der Kompaßkurs) muß erst, bevor er in die Seekarte eingetragen wird, in den rechtweisenden Kurs der Karte umgewandelt werden. Umgekehrt muß ein in der Karte abgesteckter Kurs (= rechtweisender Kurs bzw. Kartenkurs) in den Kompaßkurs verwandelt werden, um diesen am Kompaß steuern zu können.
Das Beschicken (»beschicken« = berichtigen, Anbringen einer Verbesserung mit dem entsprechenden Vorzeichen) erfolgt mit den Werten der Mißweisung und Deviation. Folgende alte seemännische Verfahrensweise als Gedächtnisstütze:

Den rechtweisenden Kurs der Seekarte könnte man auch als »richtigen« Kurs bezeichnen, im Gegensatz zum »falschen« Kurs, der auf dem Kompaß gesteuert wird.
Rechnet man nun vom »richtigen« Kurs zum »falschen« Kurs, so versieht man die Mißweisung und Deviation mit einem falschen Vorzeichen. Rechnet man umgekehrt vom »falschen«

Kurs zum »richtigen« Kurs, so versieht man die Mißweisung und Deviation mit dem richtigen Vorzeichen.

Das Ganze sei in folgender Übersicht verdeutlicht:

Anmerkung zur Abkürzung MgK:
Für Kompaßkurs war in der Sportschiffahrt lange die Abkürzung KpK üblich und sinnvoll. Die nicht ganz überzeugende Abkürzung nach dem auf Seite 17 schon genannten DIN-Normblatt lautet nun MgK (für Magnetkompaßkurs).

Die Kursverwandlung

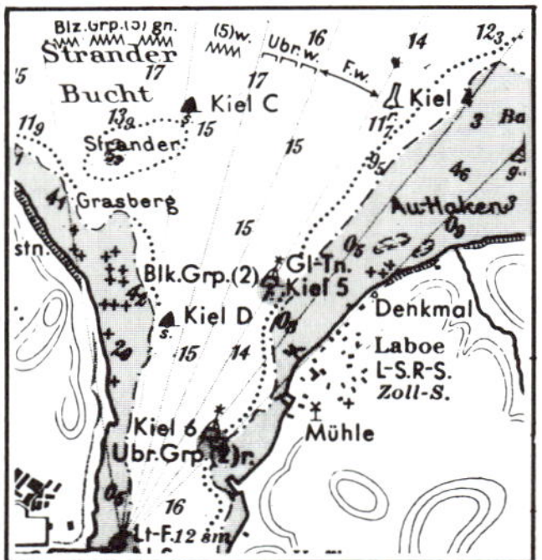

Seekarte
rechtweisender Kurs,
Kartenkurs
= »richtiger« Kurs

Vom »richtigen« Kurs zum »falschen« Kurs = Mißweisung und Deviation mit falschem Vorzeichen einrechnen

Vom »falschen« Kurs zum »richtigen« Kurs = Mißweisung und Deviation mit richtigem Vorzeichen einrechnen

Kompaß
Kompaßkurs (gesteuerter Kurs)
= »falscher« Kurs

Beispiel:

rechtweisender Kurs	045°
Mißweisung	– 3°
Deviation	+12°

Rechnen mit falschem Vorzeichen: –3 wird +3
+12 wird –12

045°
+ 3°

048° (mißweisender Kurs)
–12°

036° (Kompaßkurs)

Beispiel:

Kompaßkurs	036°
Mißweisung	– 3°
Deviation	+12°

Rechnen mit richtigem Vorzeichen: –3 bleibt –3
+12 bleibt +12

036°
– 3°

033° (mißweisender Kurs)
+12°

045° (rechtweisender Kurs)

Praktische Tips

1. Statt der Rechnungsweise bei der Kursverwandlung mit richtigem oder falschem Vorzeichen könnte man jeweils auch von oben nach unten bzw. von unten nach oben rechnen – eine Möglichkeit, die man sich wohl leichter merken kann, und die auch der Autor dieser Zeilen in der Praxis für sich selbst anwendet. Bei den nachfolgenden Beispielen werden wir ebenfalls auf diese Weise rechnen!
   Merken Sie sich dabei folgendes Prinzip:

> Beim Umrechnen vom Kompaßkurs (»falschen« Kurs) zum rechtweisenden Kurs (»richtigen« Kurs) wird immer von oben nach unten gerechnet, und zwar mit dem mathematischen Vorzeichen »plus« (+). Umgekehrt beim Umrechnen vom rechtweisenden Kurs zum Kompaßkurs wird von unten nach oben gerechnet, und zwar mit dem mathematischen Vorzeichen »minus« (–). Der Mgk wird dabei immer oben hingeschrieben, der rwK unten.

Dabei muß man die mathematischen Vorzeichenregeln beachten:

$+(+1) = +1$; $+(-1) = -1$; $-(+1) = -1$; $-(-1) = +1$;

z. B.: $(+8) + (-3) = +8 - 3 = +5$
$(+8) - (-3) = +8 + 3 = +11$
$(-8) - (-3) = -8 + 3 = -5$
$(+8) + (+3) = +8 + 3 = 11$.

Man rechnet also nach folgendem Schema, z. B.:

Kompaßkurs (MgK)	= 036°
Deviation (Dev oder Abl)	= +12°
mißweisender Kurs (mwK)	= 048°
Mißweisung (Mw)	= −3°
rechtweisender Kurs (rwK)	= 045°

»richtiges« Vorzeichen entspricht + (von oben nach unten)
»falsches« Vorzeichen entspricht – (von unten nach oben)

2. Man kann auch gleich die Mißweisung und Deviation zusammenzählen und erhält eine Fehlweisung. Die Rechnung mit obigen Zahlen geht dann so:

> Fehlweisung (Fw) = Mißweisung (Mw) + Deviation (Abl) = −3° + 12° = 9°
>
> MgK = 036°
> Fw = +9°
> rwK = 045°
>
> (+) von oben nach unten; (–) von unten nach oben

3. Segelt man auf nördlichen Kursen mit einer Gradzahl nahe bei 0 bzw. 360, so kann man evtl. Schwierigkeiten beim Rechnen, wenn die Fehlweisung die Kurszahl überschreitet (z. B. Kompaßkurs = 006°, Fehlweisung = 9°), in folgender Weise ausschalten: Sind also von 006° 9° abzuziehen (6 − 9 = −3), dann rechnet man: 360° + 6° = 366° − 9° = 357°. Sind umgekehrt zu 357° noch 9° dazuzuzählen, so rechnet man: 357° + 9° = 366°; davon werden 360° abgezogen: 366° − 360° = 6°.

Übungsbeispiele zur Kursverwandlung

1. Beispiel:
Eine Yacht steuert am Kompaß einen Kurs von 048°. Der Skipper entnimmt aus der Karte eine Mißweisung von −4° und aus der Deviationstabelle (Beispiel S. 16) für den betreffenden Kurs einen Wert von +3°. Welcher Kurs muß in die Karte eingetragen werden?
Lösung: (Rechnen von oben nach unten mit Pluszeichen)

MgK = 048°
Abl = +3°
mwK = 051°
Mw = −4°
rwK = 047°

(+)

Es muß also ein rechtweisender Kurs von 047° eingetragen werden.

2. Beispiel:
Der Skipper einer Yacht setzt in der Karte einen rechtweisenden Kurs von 357° ab. Die Mißweisung beträgt laut Karte −5°, und aus der Deviationstabelle (Beispiel S. 16) entnimmt er eine Deviation von −2°. Welcher Kurs muß am Kompaß gesteuert werden?
Lösung: (Rechnen von unten nach oben mit Minuszeichen)

MgK = 364°	
Abl = −2°	
mwK = 362°	(−) Es muß ein Kompaßkurs von 004° (364 − 360 = 4) gesteuert werden.
Mw = −5°	
rwK = 357°	

Abdrift und Strom

Prüfungsfragen für den Sportbootführerschein: 252, 264.

Abdrift

Eine Abdrift ergibt sich durch seitliche Einwirkungen des Windes, ganz besonders aber bei Amwindkursen. Man erkennt sie durch Peilen über das Heck als Winkel zwischen der Boots-Längsachse und dem ablaufenden Kielwasser. Der sich durch die Abdrift ergebende Winkel zwischen der Kielrichtung (gesteuerter Kurs) und dem Wege, den die Yacht unter dem Windeinfluß durch das Wasser (= Kurs durchs Wasser) zurücklegt, wird **Beschickung für Wind (BW)** genannt. Sobald man eine Abdrift erkennt, muß der zu verwandelnde Kurs neben Mißweisung und Deviation auch mit dieser BW als Vorhaltewinkel beschickt werden.
Wir beachten dabei:

Rechtsdrehender Einfluß, d. h. Windeinfall von Bb und Abdrift nach Stb = Kurs wird um Abdrift größer	= Vorzeichen +
Linksdrehender Einfluß, d. h. Windeinfall von Stb und Abdrift nach Bb = abzuziehende negative Abdrift	= Vorzeichen −

Bei gegebener Abdrift entspricht der rechtweisende Kurs nicht mehr dem wahren Kurs oder Kartenkurs. Als neue Größe ist deshalb der *Kurs durchs Wasser (KdW)* eingeführt. Soll dieser KdW berechnet werden, um ihn in der Karte abzustecken, so gilt:

rwK + BW = KdW

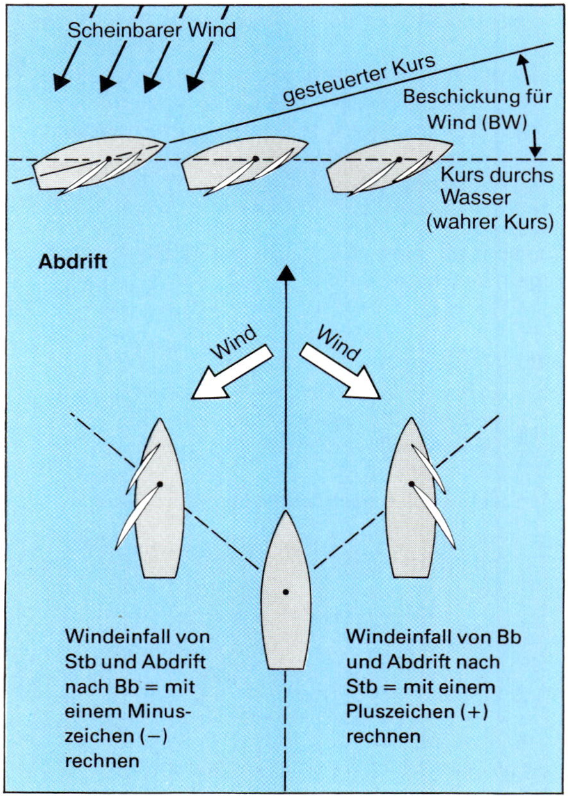

Das Additionsschema muß demnach erweitert werden, wie wir in folgenden Beispielen zeigen.

Übungsbeispiele

1. Beispiel:
Eine Yacht steuert einen Kompaßkurs von 036°; bei nordwestlichen Winden beträgt die Abdrift etwa 4°. Welcher Kurs durchs Wasser muß in die Karte eingetragen werden bei einer Deviation von +8° und einer Mißweisung von −3°?

Lösung: (Rechnen vom »falschen« zum »richtigen« Kurs mit »richtigem« Vorzeichen, entspricht unserem Rechenschema von oben nach unten mit Pluszeichen; Abdrift nach Stb = BW mit positivem Vorzeichen)

MgK = 036°
Abl = +8°
———
mwK = 044°
Mw = −3°   (+)
———
rwK = 041°
BW = +4°
———
KdW = 045°

In die Karte muß ein KdW von 045° eingetragen werden.

2. Beispiel:
In der Seekarte wurde ein Kurs durchs Wasser von 130° abgesetzt. Bei südlichem Wind ist mit einer Abdrift von 6° zu rechnen, weshalb man 6° vorhalten möchte. Welcher Kurs ist am Kompaß zu steuern bei einer Mißweisung von +7° und einer Deviation von +9°?

Lösung: (Rechnen vom »richtigen« zum »falschen« Kurs mit »falschem« = umgekehrtem Vorzeichen, entspricht unserem Rechenschema von unten nach oben mit Minuszeichen; Abdrift nach Bb = BW mit negativem Vorzeichen)

MgK = 120°
Abl = +9°
———
mwK = 129°
Mw = +7°   (−)
———
rwK = 136°
BW = −6°
———
KdW = 130°

Am Kompaß ist ein MgK von 120° zu steuern.

Strom

Eine Yacht kann nicht nur durch Windabdrift von ihrem Kartenkurs abgebracht werden, sondern auch durch Stromeinfluß.
Da ein Strom zu den typischen Gegebenheiten mancher Gewässer zählt, ist seine Erscheinung meist registriert, und man kann Angaben über seine Stärke aus Seehandbüchern und Stromatlanten entnehmen und berücksichtigen.
Bestimmt wird der Strom durch zwei Größen: durch *Richtung* und *Stärke*. Als Stromstärke gibt man die Strömungsgeschwindigkeit in sm/h an. Im Hinblick auf die Richtung ist folgendes zu merken: Umgekehrt wie beim Wind wird beim Strom die Richtung angegeben, in die er strömt, in die er also auch die Yacht versetzt.

SW – 2 sm/h bedeutet also z. B., daß der Strom mit einer Geschwindigkeit von 2 sm/h **nach** SW setzt.

Zu unterscheiden ist:

1. Strom, der in oder entgegen die Kursrichtung setzt
Mit- oder entgegenlaufender Strom bewirkt nur eine Änderung der Geschwindigkeit, nicht der Fahrtrichtung. Bei mitlaufendem Strom kommt zur Fahrt des Bootes durchs Wasser noch die Stromgeschwindig-

keit dazu. Läuft der Strom aber gegen das Boot, ist die Stromgeschwindigkeit von der Fahrt abzuziehen.
Fahrt durchs Wasser (FdW) ist die vom Log angezeigte Fahrt ohne Berücksichtigung von Strom.
Fahrt über Grund (FüG) ist die Geschwindigkeit einer Yacht im Verhältnis zum Meeresgrund, die sich durch Strom-Miteinfluß ergibt. Es gilt: FüG = FdW ± Strom.

> **Beispiel:**
> Bei einem rechtweisenden Kurs von 060° läuft eine Yacht 5 kn. Aus dem Gezeitenstromatlas entnimmt man, daß ein Strom von 240° – 2 sm/h setzt. Wie groß ist die FüG?
> Lösung: Der Strom läuft entgegengesetzt und ist von der FdW abzuziehen, also FüG = 5 – 2 = 3 kn.

2. Strom von der Seite
Neben der Fahrt wird nun auch die Fahrtrichtung geändert.
Wir unterscheiden jetzt:
Kurs durchs Wasser (KdW), bei dem Strom nicht berücksichtigt ist. Es ist also der Winkel zwischen der Bewegungsrichtung der Yacht durch das Wasser und rechtweisend Nord.
Kurs über Grund (KüG), der sich unter dem Einfluß von Strom ergibt. Es ist die Kurslinie, auf der sich die Yacht tatsächlich bewegt, und mit der in der Karte gearbeitet wird (Winkel zwischen tatsächlich über Grund zurückgelegtem Weg und rechtweisend Nord).

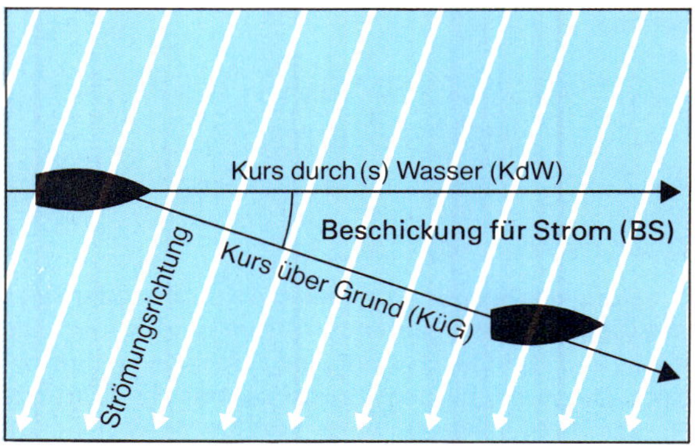

Der KüG ist also immer der Kartenkurs.
Beschickung für Strom (BS) als Winkel zwischen Kurs durchs Wasser und Kurs über Grund. Diese BS ist von dem in Richtung und Stärke angegebenen Strom zu unterscheiden und wird in *Grad* gemessen. Während der Strom in der Größe unabhängig von Geschwindigkeit und Kurs der betreffenden Yacht ist, ändert sich die Beschickung für Strom je nach Kurs und Geschwindigkeit. Ist die BS bekannt, so kann gerechnet werden: KdW + BS = KüG. Nach unserem Additionsschema:

KdW	↓ (+)	↑ (–)	**Beispiel:**	KdW = 065°
BS				BS = +14°
KüG				KüG = 079°

Wird die Yacht nach Steuerbord versetzt, so ist die Beschickung für Strom mit einem Pluszeichen (+) zu versehen, wird sie nach Backbord versetzt, gilt ein Minuszeichen (–).
Um bei in Stärke und Richtung bekanntem Strom und bei bekanntem Kurs durchs Wasser den Stromversetzungswinkel und den für die Arbeit in der Seekarte benötigten KüG finden zu können, benützt man das sog. **Stromdreieck.** Es handelt sich hierbei um eine zeichnerische Lösung, mit deren Hilfe man jeweils aus zwei bekannten Seiten auf die dritte schließen kann. Die gezeichneten Pfeile entsprechen in ihrer Länge der Geschwindigkeit und in ihrer Richtung der Richtung von Strom und Kursen.
Aus dem Kurs durchs Wasser und dem Strom ermittelt man nun den Kurs über Grund; oder umgekehrt erhält man aus dem Kurs durchs Wasser und dem Kurs über Grund zeichnerisch Stärke und Richtung des Stromes.
Bei der Navigation mit Strom sind drei Grundaufgaben mit Hilfe des Stromdreiecks zu lösen. Die Fragen dazu lauten:
1. Wohin kommt eine einen bestimmten Kurs steuernde Yacht unter Stromeinfluß?
2. Welchen KdW muß man steuern, um das Ziel zu erreichen?

3. Welches sind Richtung und Stärke eines herrschenden Stroms?

1. Stromaufgabe: Wohin segeln wir?

Kurs und Fahrt durchs Wasser einer Yacht sind gegeben, außerdem der herrschende Strom nach Richtung und Stärke. Wohin segelt die Yacht? Gesucht werden der Kurs und die FüG.

Lösung:
Vom Ausgangspunkt A aus trägt man den Kurs durchs Wasser an, darauf die Fahrt durchs Wasser in einer Stunde und erhält Punkt B. Von diesem Punkt aus wird der Strom in Richtung und Stärke (für eine Stunde) eingezeichnet, und man erhält Punkt C. Die Strecke A–C ist der gesuchte Kurs (einschließlich der Fahrt) über Grund. Nachdem jede Seite dieses Stromdreiecks der Bewegung pro Stunde entspricht, bezeichnet man es auch als *Stundendreieck.*

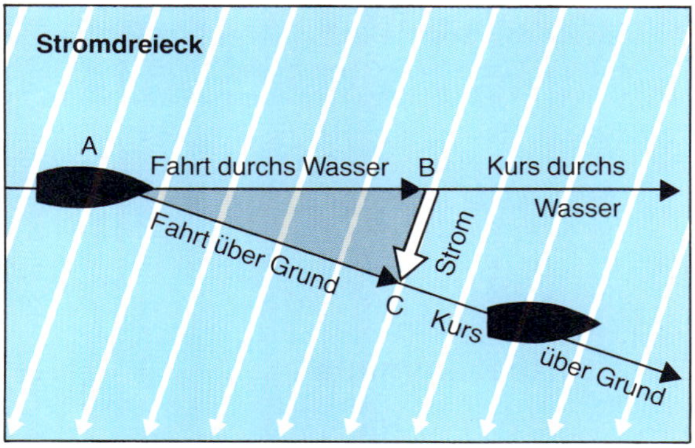

1. Stromaufgabe

2. Stromaufgabe: Welchen Kurs steuern?

Der Strom in Richtung und Stärke ist gegeben, außerdem die Fahrt durchs Wasser und das Ziel. Welchen Kurs durchs Wasser muß man steuern?

Lösung:
Man verbindet den Ausgangspunkt A mit dem Zielpunkt B und erhält den Kurs über Grund. Außerdem wird im Ausgangspunkt A der Strom in Richtung und Stärke als Pfeil angetragen, die Pfeilspitze ist der Punkt C. Als nächstes wird die bekannte Fahrt durchs Wasser in den Zirkel genommen, und um Punkt C als Mittelpunkt wird ein Kreis so gezogen, daß er die »Kurs über Grund-Linie« schneidet. Verbindet man nun diesen Schnittpunkt D mit Punkt C, so erhält man die »Kurs durchs Wasser-Linie«.

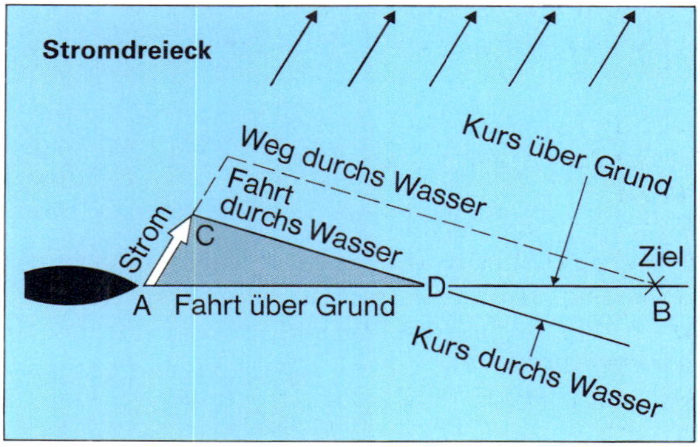

2. Stromaufgabe

3. Stromaufgabe: Welcher Strom herrscht?

Gegeben sind der in der Karte abgesetzte Kurs durchs Wasser, die mittels der Logge gemessene Fahrt durchs Wasser und der wahre, nicht auf der »Kurs durchs Wasser-Linie« liegende Schiffsort. Wie kann man den Strom nach Richtung und Stärke bestimmen?

Lösung:
Zunächst wird die Besteckversetzung (siehe Seite 55) ermittelt. Dazu verbindet man den Ausgangspunkt A mit dem wahren Schiffsort B –

und der Kurs über Grund ist eingetragen. Ferner zeichnet man in die Karte vom Ausgangspunkt A den Kurs durchs Wasser ein, auf dessen Linie der zurückliegende Weg durchs Wasser abgetragen wird. Der somit erhaltene Punkt C ist der Koppelort (siehe Seite 54), den man ohne Stromeinfluß erreicht hätte. Verbindet man die beiden auf den gleichen Zeitpunkt bezogenen Schiffsorte B und C, so ist die Besteckversetzung abzulesen. Da die Richtung des Stromes mit der Richtung der Besteckversetzung zusammenfällt, ist die genaue Ermittlung des Stromes kein Problem mehr. Man verwandelt dazu das Stromdreieck in ein Stundendreieck, indem man vom Ausgangspunkt A auf der Linie Kurs durchs Wasser die gemessene Fahrt durchs Wasser abträgt (Strecke A–D) und durch den gewonnenen Punkt D die Parallele zur Besteckversetzung zieht. Die Strecke D–E entspricht nach ihrer Länge der Stromstärke, nach ihrer Richtung der Stromrichtung.

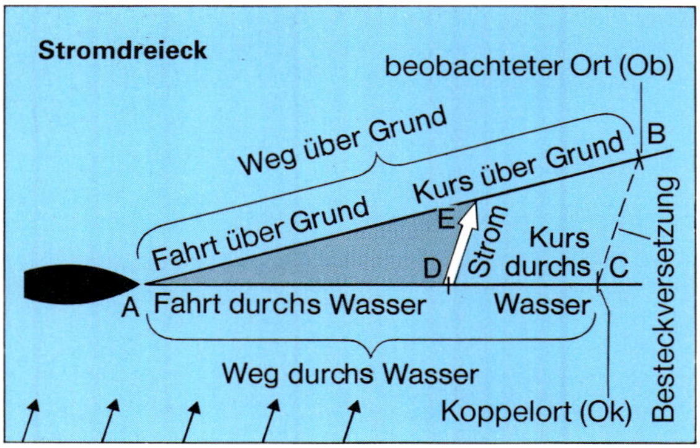

3. Stromaufgabe

Wissen müssen Sie noch, wie Sie sich mit Hilfe von schwimmenden Seezeichen über vorhandene Strömungsverhältnisse informieren können. Schon durch eine evtl. Schräglage sind bei gewisser Erfahrung Rückschlüsse auf die Stromstärke möglich. Ansonsten bildet sich bei Strömung ein »Kielwasser« bei den Tonnen, das mehr oder weniger verwirbelt sein kann oder sich bei ruhiger See bei entsprechender Stromstärke in die Länge zieht. Genauer können wir die Stromstärke nach folgender Methode feststellen: Wir laufen auf der Höhe einer Tonne mit so viel Fahrt (Maschinenkraft?) gegen den Strom an, daß die Peilung querab zur Tonne steht. Die Stromstärke entspricht nun der Fahrt durchs Wasser.

Zusammengefaßt

1. *Abdrift* bzw. *Beschickung für Wind (BW)* kommt durch seitliche Windeinwirkung zustande. Kurs mit Abdrift = *Kurs durchs Wasser.* Bei der Kursbeschickung ist Abdrift nach Stb mit +, nach Bb mit – einzukalkulieren.

2. Bei Strom von der Seite ergibt sich eine *Beschickung für Strom (BS).* Kurs mit Stromeinfluß: *Kurs über Grund (KüG).* Zum Finden des KüG benützt man bei bekannter Richtung und Stärke des Stroms und bei bekanntem Kurs durchs Wasser das *Stromdreieck.*

Schiffsortbestimmung

Prüfungsfragen für den Sportbootführerschein: 248–251, 253. Dazu praktische Anwendung in den Prüfungs-Kartenaufgaben.

Wir haben bisher den Umgang mit Kursdreieck und Zirkel kennengelernt, haben uns mit Kursverwandlung, Abdrift und Strom beschäftigt und wissen, daß jeder Standort auf der Erdkugel durch die Koordinaten *Länge* und *Breite* festlegbar ist.

Nun fehlt noch ein entscheidender Punkt in der Navigation: wir müssen wissen, wo wir mit unserer Yacht liegen.

- Wir müssen also immer den jeweiligen Schiffsort kennen, d.h. so oft und so genau wie möglich bestimmen.

Heute ist es bei der Navigation möglich, ohne eigene Aktivität eine Schiffsortbestimmung mit Hilfe elektronischer Verfahren vorzunehmen. Moderne Geräte, z.B. Decca oder Loran C, zeigen (sofern eingeschaltet) fortlaufend den Schiffsort nach Länge und Breite an. Nachdem man aber bei den elektronisch produzierten Daten abhängig ist von nicht billiger Ausrüstung, Bordstrom und evtl. technischen Empfindlichkeiten, ist es zumindest für den Küstenbereich sehr sinnvoll, die eigene »handwerkliche« Schiffsortbestimmung an die erste Stelle zu setzen, zumal sie – wie Sie auf den nächsten Seiten sehen werden – nicht schwer ist.

Der entscheidende Fachausdruck im Zusammenhang mit dem Schiffsort, den Sie sich jetzt gleich merken, ist *Standlinie*.

Standlinien

Die *Standlinie* (im Englischen heißt sie »line of position«), die wir in der Navigation zur Schiffsortbestimmung brauchen, ist die Linie, auf der unsere Yacht steht. Sie steht irgendwo auf dieser Linie. Meist handelt es sich (Hyperbeln ausgeklammert) um

- eine Gerade (gewonnen durch Deckpeilungen oder Kompaßpeilungen),
- einen Kreis (Abstandsmessungen, astronomische Standlinie).

Eine Standlinie kann aber auch mal weniger gleichmäßig sein, wenn es sich um eine mittels Loten gewonnene Tiefenlinie handelt.

Eine sehr genaue und gerade, ja ideale Standlinie ergibt sich z.B., wenn von der Yacht aus gesehen zwei Landobjekte genau hintereinanderstehen.

Zieht man in der Seekarte einen Strich durch diese beiden Marken, so ist die Standlinie fertig, und irgendwo auf dem Strich liegt die Yacht.

Man braucht dazu nicht mal ein Navigationsinstrument, nur seine Augen, vielleicht noch ein Fernglas (siehe dazu auch nächste Seite »Die genaueste Standlinie: Deckpeilung«).

Ihnen ist jetzt aber sicher aufgefallen, daß »das Stehen irgendwo auf der Linie« noch nicht weiterhilft, uns noch keinen genauen Schiffsort liefert. Aber keine Angst, die Sachlage bleibt einfach: wir brauchen nur eine zweite Standlinie, die aber nicht parallel verlaufen darf, sondern die erste Linie schneidet.

- Den Schiffsort erhalten wir also aus dem Schnittpunkt von zwei (oder auch mehreren) Standlinien.

Eine große Rolle im Zusammenhang mit Standlinien und Schiffsort spielt auch das Peilen, wovon dann gleich auch noch genauer die Rede sein wird (siehe »Kompaßpeilung und Seitenpeilung« und »Peilungsarten«).

Beispiel:
Peilen wir einen Leuchtturm mit 070° (rechtweisend), so steht die Yacht irgendwo auf einer Linie (= Standlinie), die in der Seekarte mit 070° zum Leuchtturm weist. Wird eine zweite Standlinie z.B. durch Peilen eines Kirchturmes mit 310° (rechtweisend) gefunden, die die 070°-Linie kreuzt, so befindet sich die Yacht auf beiden Standlinien gleichzeitig, d.h. der Schnittpunkt der Standlinien ist der Schiffsort.

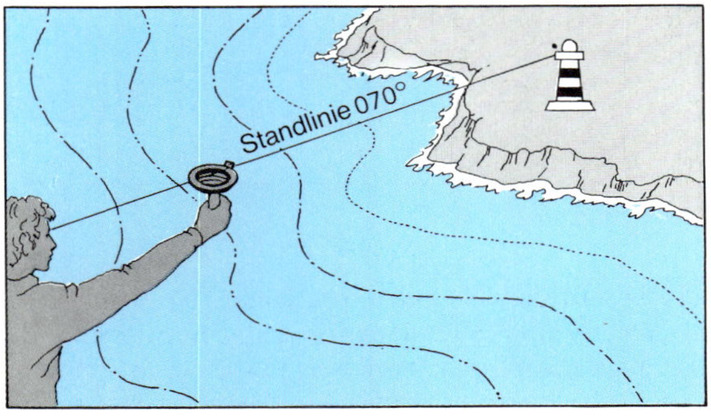

Gewinnen einer Standlinie durch Peilen

Als verhältnismäßig einfache aber manchmal auch unsichere Standlinie erweist sich der sog. *Koppelkurs.* Weitere Standlinien erhält man aus der Beobachtung von Objekten der Küste, wobei man von *terrestrischen Standlinien* spricht, die man durch **Peilen, Abstandsbestimmungen, Loten** oder **Messen von Horizontalwinkeln** erhält. Prüfungsstoff für den BR-Schein ist von den letztgenannten Möglichkeiten nur das Peilen! Sofern Sie eines Tages den BK-Schein machen wollen, müssen Sie auch die anderen Methoden pauken, dazu die noch möglichen *Funkstandlinien.* Und beim C-Schein kommen die *astronomischen Standlinien* dazu.

Die genaueste Standlinie: Deckpeilung

Eine sehr genaue Standlinie, zu der man weder Kompaß noch Peilscheibe benötigt, ist die Deckpeilung. Sie ergibt sich, wenn zwei deutliche Objekte, die auch in der Seekarte identifizierbar sind, zur Deckung gebracht werden. Also z. B. zwei Baken, zwei Leuchtfeuer, ein Kirchturm und ein Leuchtfeuer, eine Huk (Vorsprung einer Küste) und ein Schornstein. Verlängert man die Verbindungslinie beider Objekte, so erhält man eine zuverlässige Standlinie, wobei diese Linie zuverlässiger ist, wenn sie aus Landmarken gewonnen wurde im Gegensatz zu Tonnen, die vertreiben können.

Standlinie durch Deckpeilung. Man braucht keine Instrumente und muß nur warten, bis sich zwei geeignete Landmarken decken. A ist eine Huk. Vorsicht bei einer solchen Ecke: die eigentliche Huk kann bei großer Entfernung von der Kimm verdeckt sein!

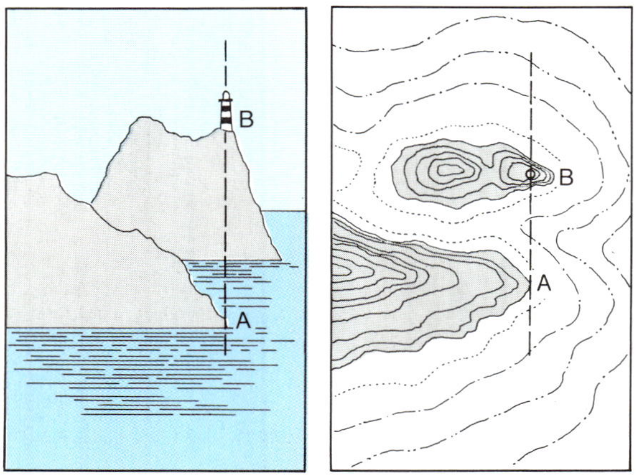

Die Möglichkeiten der Schiffsortbestimmung

Für die BR-Schein-Prüfung müssen Sie folgende Möglichkeiten der Schiffsortbestimmung wissen:

1. Ohne sichtbare Landmarken erhält man einen Schiffsort durch *Koppeln.*
2. Bei nur einer sichtbaren Landmarke erhält man einen Schiffsort durch *Doppelpeilung.*
3. Bei zwei sichtbaren Landmarken erhält man einen Schiffsort durch *Kreuzpeilung.*

Für den Sportbootführerschein werden nur Kenntnisse über das Koppeln und die Kreuzpeilung verlangt! Vor der Besprechung der genannten Peilarten müssen wir aber auch noch als Voraussetzung auf die *Kompaß-* und *Seitenpeilung* und die Verwandlung in die jeweilige rechtweisende Peilung eingehen.

Das Koppeln

Die Position wird beim Koppeln ohne Berücksichtigung einer Landmarke errechnet, indem man an der in der Seekarte eingetragenen rechtweisenden Kurslinie die vom Ausgangspunkt an zurückgelegte Distanz (= versegelte Distanz oder Versegelung) abträgt und somit einen Schiffsort erhält. Es handelt sich dabei um den *Koppelort* (O_k).
Dieser Koppelort wurde bisher auch *gegißter Ort* (O_g) oder *gegißtes Besteck* genannt (gissen = niederdeutsches Wort für schätzen).

Koppelort erhält man also aus Kurs und Versegelung. Die Markierung in der Karte erfolgt durch einen kleinen Querstrich durch die Kurslinie mit Angabe der Uhrzeit und des Loggestandes.

> *Anmerkung:* Nach dem DIN-Normblatt 13312 wird zwischen Koppelort (O_k) und Loggeort (O_l) unterschieden: Beim O_k sind alle vorhersehbaren Einflüsse einschließlich Strom berücksichtigt, beim O_l ist der Strom speziell ausgenommen. Wir arbeiten hier – wie der DSV in seinen Prüfungsarbeiten – nur mit dem Begriff Koppelort!

Ist eine Yacht nicht mit einem Patentlog ausgerüstet, von der die Distanz abgelesen werden kann, sondern mit einem Speedometer, das nur die Geschwindigkeit angibt, so kann die zurückgelegte Distanz leicht errechnet werden aus der durchschnittlichen Fahrt der Yacht und der vom Ausgangsstandort benötigten Zeit (siehe bei »Log, Fahrt, Distanz«, Seite 19).

Nachdem fehlerhaftes Arbeiten des Logs, Abdrift, Strom und Kursabweichungen beim Steuern nicht ausgeschlossen sind, ist es leicht einzusehen, daß das Koppeln einen ungenauen Schiffsort ergeben kann, der sogar recht deutlich von dem tatsächlichen Ort bzw. dem durch den Schnittpunkt zweier Standlinien ermittelten Ort abweichen kann.

Koppeln: Ausgangspunkt ist hier ein durch Kreuzpeilung um 9.30 Uhr ermittelter beobachteter Ort (O_b), von dem aus auf der rechtweisenden Kurslinie die versegelte Distanz abgetragen wird. Um 11.30 Uhr (geschrieben 1130) ergibt sich dieser Koppelort (O_k).

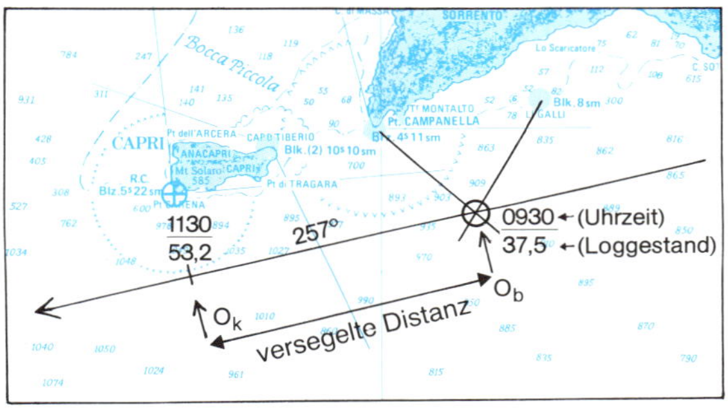

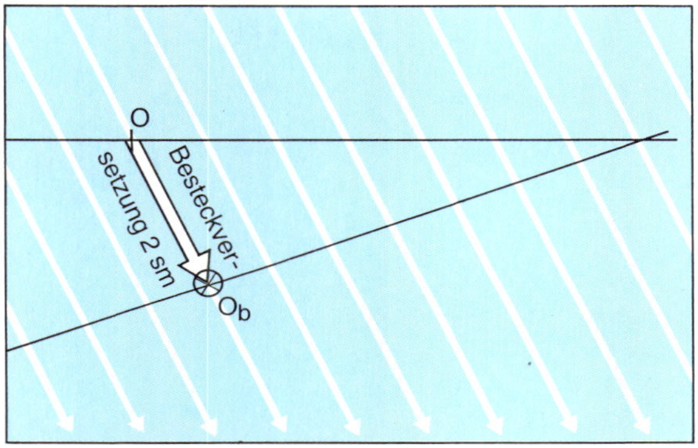

Besteckversetzung, z.B. 153°/2 sm

Beobachteter Ort

Ein durch Beobachtung (= durch zum Schnitt gebrachte Standlinien) möglichst genau ermittelter Schiffsort wird heute *beobachteter Ort* (O_b) genannt (bisher *wahrer Ort* – O_w).

> Der O_b wird in der Seekarte mit einem kleinen Kreis um die sich kreuzenden Standlinien markiert bzw. mit einem kleinen aufrechtstehenden, umringelten Kreuz.

Der Unterschied in Richtung und Entfernung vom Koppelort zum beobachteten Ort, also der Vektor vom O_k zum O_b ist die **Besteckversetzung** (BV).

> Die Besteckversetzung wird in rechtweisender Richtung in Graden und in Seemeilen vom Koppelort zum beobachteten Ort angegeben.

Kompaßpeilung und Seitenpeilung

Wie schon im Kapitel »Peilgeräte« (siehe Seite 18) erläutert, kann man Peilungen vornehmen mit einem Handpeilkompaß, einem Kompaß mit Peilaufsatz oder einer Peilscheibe. Dazu kann man mit dem ganzen Schiff peilen. Peilungen am Kompaß nennt man **Kompaßpeilung** (MgP).

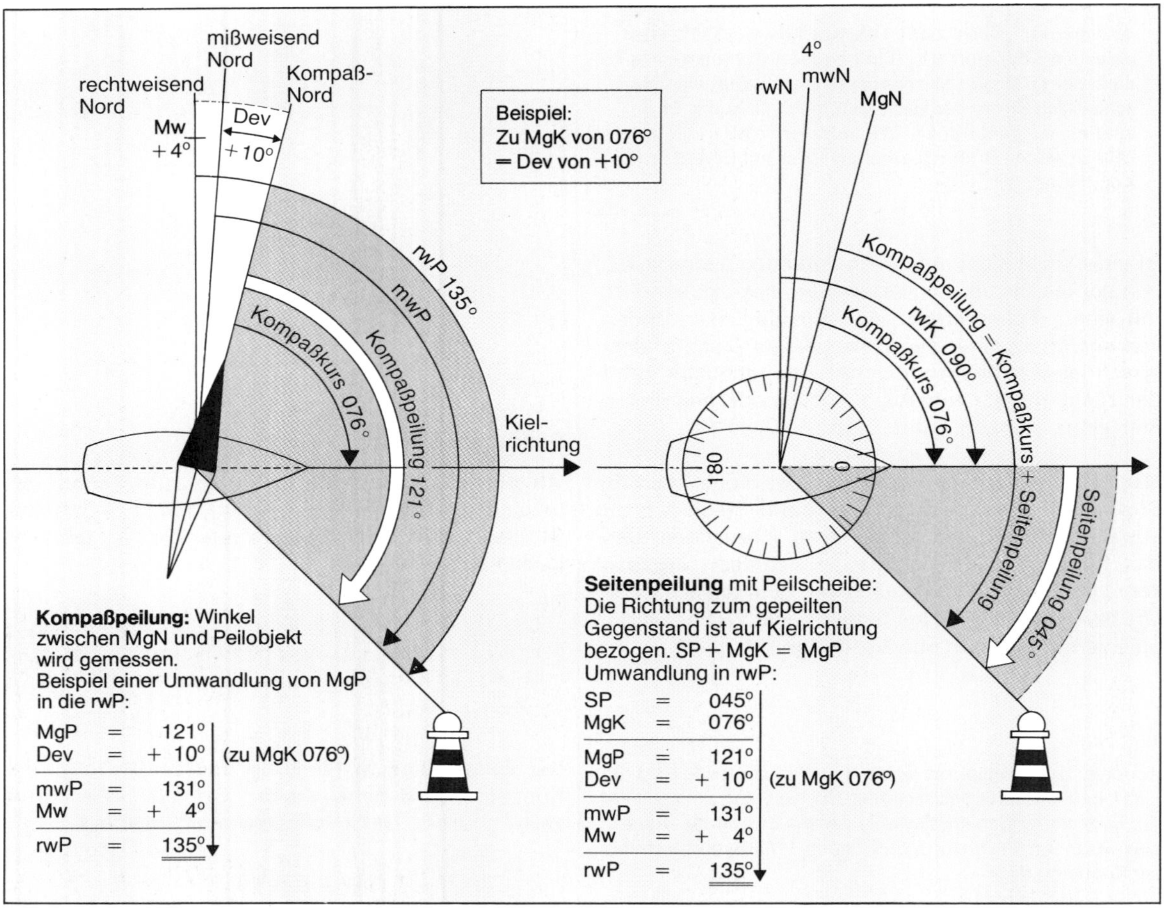

Da diese um den Betrag der Fehlweisung des Kompasses falsch sind, müssen sie erst in eine rechtweisende Peilung (rwP) verwandelt werden, ehe man sie in der Seekarte eintragen kann. Diese Verwandlung der Peilungen geschieht nach denselben Grundsätzen wie bei der Kursverwandlung. Dabei richtet sich die Deviation nach dem gerade anliegenden Kompaßkurs (nicht nach der Kompaßpeilung!).
Benützt man zur Peilung eine Peilscheibe, so erhält man eine **Seitenpeilung**. Hierbei ist die Richtung zum gepeilten Gegenstand auf die Kielrichtung des Bootes bezogen. Aus einer Seitenpeilung muß deshalb zuerst eine Kompaßpeilung gemacht werden: Seitenpeilung + Kompaßkurs = Kompaßpeilung.

> *Anmerkung:* Peilung wird mit dem Buchstaben P abgekürzt. Nach dem DIN-Normblatt 13312 kann im Bordbetrieb und in handschriftlichen Aufzeichnungen auch das graphische Symbol ↗ verwendet werden.

Übungsbeispiele

1. Beispiel:
Eine Yacht steuert einen Kompaßkurs von 240° und peilt mit dem Peilkompaß ein Leuchtfeuer unter 154°. Die Mißweisung beträgt +3°. Wie lautet die rechtweisende Peilung?

Lösung: (Rechnen von oben nach unten mit »+«)

Kompaßpeilung (MgP) = 154°
Deviation = −4°

mißweisende Peilung (mwP) = 150° (+)
Mißweisung (Mw) = +3°

rechtweisende Peilung (rwP) = 153°

Man kann etwas abkürzend auch Dev und Mw zusammenfassen zu einer Fehlweisung (Fw = −4 + 3 = −1°) und dann so rechnen:

MgP = 154°
Fw = −1° (+)

rwP = 153°

2. Beispiel:
Eine Yacht steuert einen Kompaßkurs von 080° (ergibt Deviation von +5°) und peilt mit der Peilscheibe einen Leuchtturm unter 165°. Die Mißweisung beträgt −3°. Wie lautet die rechtweisende Peilung?
Lösung: (Rechnen wieder von oben nach unten)

SP = 165°
MgK = 080°

MgP = 245°
Abl = +5° (+)

mwP = 250°
Mw = −3°

rwP = 247°

Peilungsarten

Doppelpeilung (Versegelungspeilung)
Steht nur eine Landmarke zum Anpeilen zur Verfü-

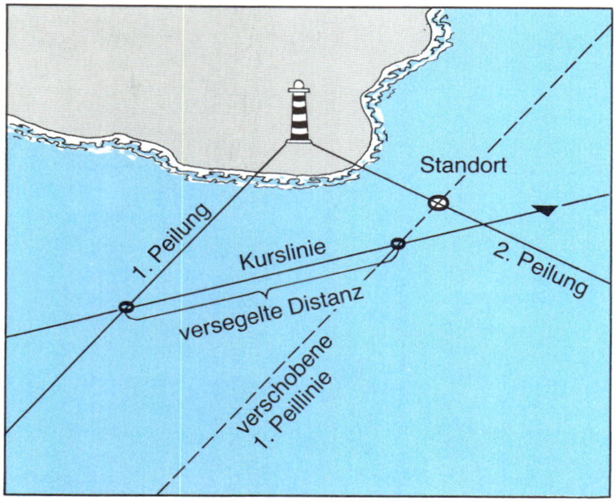

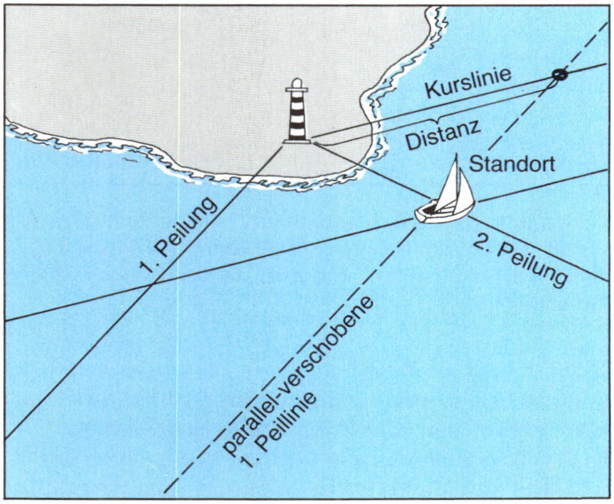

Man kann bei der Doppelpeilung auch die Kurslinie (rwK) am Peilobjekt einzeichnen und daran die Distanz abtragen. Dann erfolgt die Parallelverschiebung der 1. Peilung durch den Punkt der Distanzmarkierung, der Schnittpunkt mit der 2. Peillinie ist der gesuchte Schiffsort.

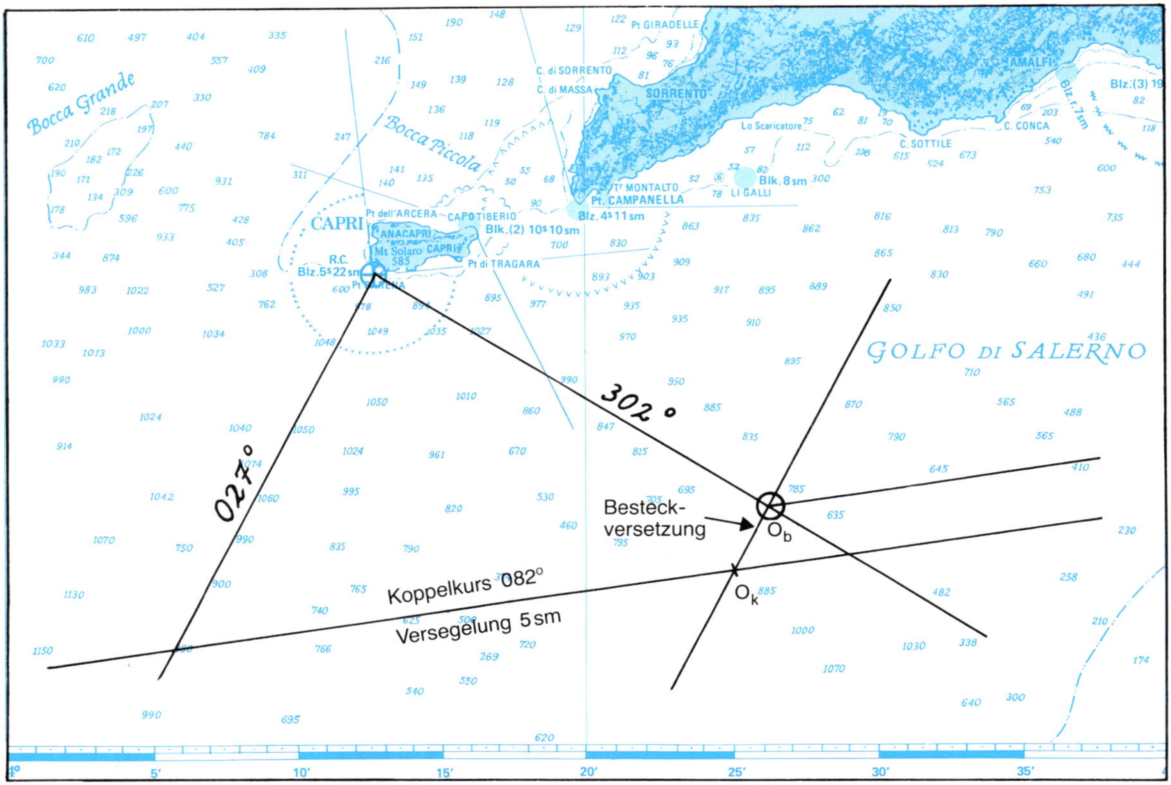

Der Leuchtturm wurde hier unter 027° und unter 302° gepeilt (= in Karte eingetragen als rwP). Durch Eintrag der versegelten Distanz erhält man auf dem Koppelkurs den Koppelort (O_k). Der beobachtete Ort (O_b) wurde durch die Parallelverschiebung der 027°-Linie gefunden. (Achtung: Die Versegelung von 5 sm ist willkürlich gewählt und stimmt nicht mit den Maßen in der Karte überein!)

gung, so kann man trotzdem den Schiffsort bestimmen, indem man die *Doppelpeilung* anwendet. Voraussetzung dabei ist die vermeintliche Kartenkurslinie. Man peilt nun die eine Marke an, segelt ein Stück weiter, bis das Objekt gut ausgewandert ist, und peilt es dann nochmals an. Die versegelte Distanz zwischen beiden Peilungen muß möglichst genau festgestellt werden. Man verschiebt nun die erste Peillinie parallel in Richtung Kurslinie so, daß sie den Endpunkt der versegelten Distanz schneidet. Der sich ergebende Schnittpunkt der verschobenen 1. Peillinie mit der 2. Peillinie ist der Schiffsort zur Zeit der 2. Peilung. Durch unbekannte Stromversetzungen kann dieses Verfahren ungenau sein.

Eine Variante ist die *abgestumpfte Doppelpeilung*. Sie geht nach dem gleichen Prinzip vor, nur werden zwei verschiedene Punkte nacheinander angepeilt, wenn z. B. einer zwischenzeitlich verdeckt wird.

Kreuzpeilung

Die am meisten angewandte Art der Schiffsortbestimmung ist die *Kreuzpeilung*. Bei dieser einfachen Art peilt man zwei geeignete Peilobjekte gleichzeitig bzw. kurz nacheinander an und erhält durch den Schnittpunkt beider Peillinien den Standort. Das Peilergebnis ist brauchbar, wenn sich beide Linien unter einem Winkel von etwa 30° bis 150° schneiden. Ist der Winkel dagegen kleiner oder größer, so sind die beiden Peilungen wenig brauchbar, da sich die in die Karte nach der Umrechnung eingezeichneten rechtweisenden Peillinien zu undeutlich schneiden.

Die Zuverlässigkeit des durch die zwei Peilungen erhaltenen Schiffsortes kann erhöht werden, indem wir noch ein drittes Objekt anpeilen. In diesem Falle ergibt sich allerdings meist ein sog. *Fehlerdreieck,* da diese dritte Standlinie kaum genau durch den Schnittpunkt der beiden anderen Peillinien verläuft.

Liegt ein Fehlerdreieck vor, so suchen wir den Schiffsort

1. im Mittelpunkt bei einem annähernd gleichseitigen Dreieck,
2. in der Nähe der kurzen Dreieckseite bei einem spitzwinkligen Fehlerdreieck.

Bei einem zu großen Dreieck ist wohl mit Peilfehlern zu rechnen, weshalb wir alle Peilungen wiederholen. Eventuell reicht auch ein Ausscheiden der unsichersten Peilung.

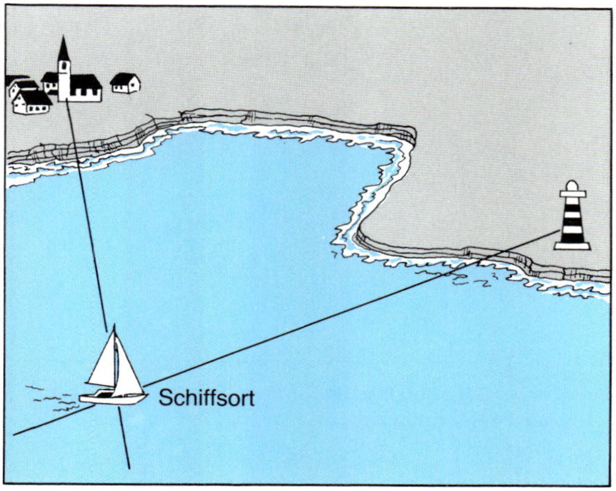

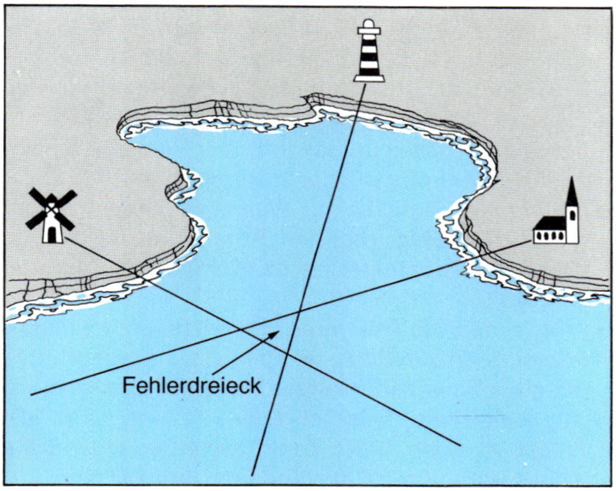

Unten: Beim Peilen dieser zu eng stehenden Objekte schneiden sich die Standlinien unter diesem ungünstigen Winkel (links). Bei Peilfehlern ergibt sich hier ein großes Feld möglicher Schnittpunkte. Bei einem Schnittwinkel um 90° (rechts) ist das »Fehlerfeld« deutlich kleiner.

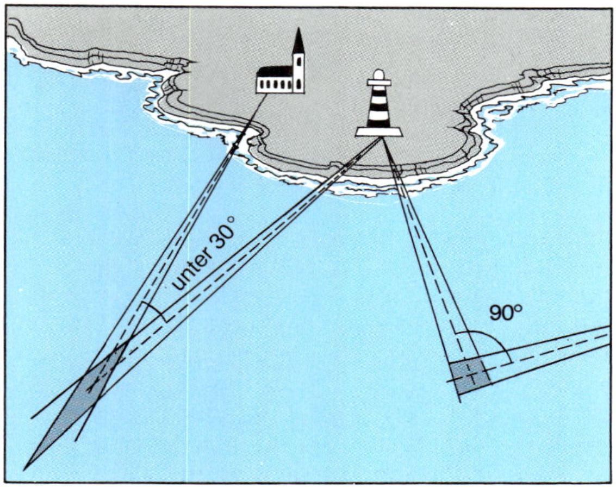

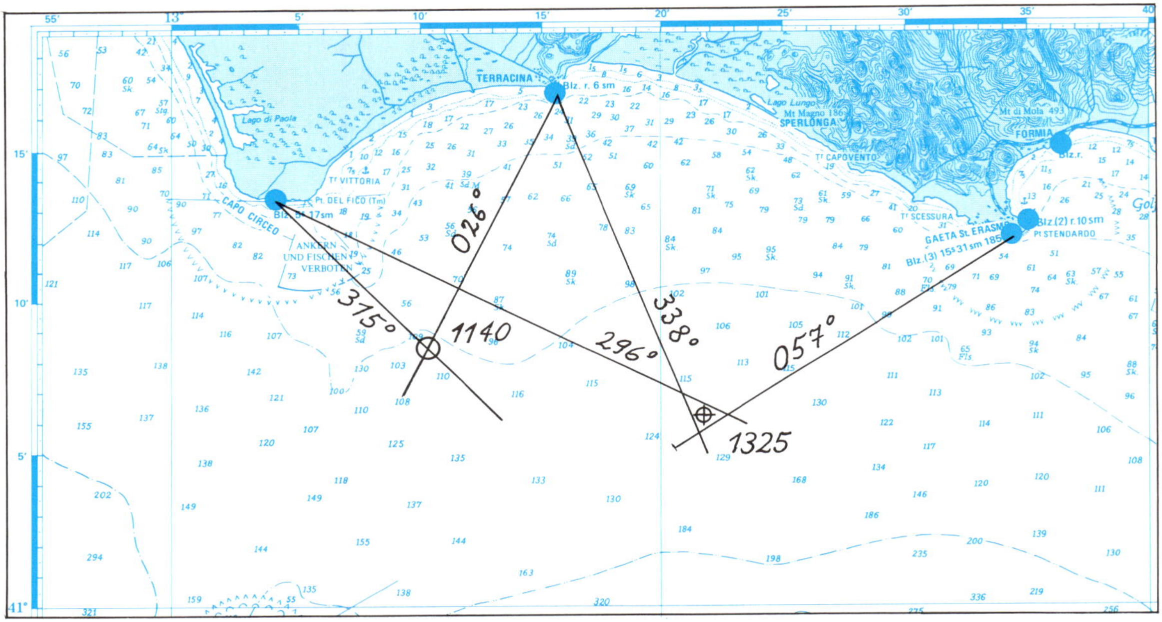

Der Schiffsort um 11.40 wurde durch den Schnittpunkt von 2 Peilungen (rw 315° und 026°) gefunden. Bei dem Schiffsort um 13.25 wurden 3 Peilungen (296°, 338°, 057°) vorgenommen, wobei sich ein Fehlerdreieck ergab.

Merken wir uns noch:

- Den genauesten Schnittpunkt für den Schiffsort erhalten wir, wenn der Winkel zwischen den beiden Peillinien etwa 90° beträgt.
- Der durch den Schnittpunkt der Peillinien ermittelte Schiffsort wird in der Karte mit einem kleinen Kreis nebst Uhrzeit versehen.
- Lassen Sie zwischen den einzelnen Peilungen nicht unnötig viel Zeit verstreichen, sonst verändern sich zwischenzeitlich die Peilwinkel.
- Wählen Sie eine sinnvolle Reihenfolge der Peilungen: Zuerst die langsamer auswandernden Objekte peilen, dann die sich schneller verändernden Marken. Also z. B. zuerst die Peilung voraus, dann die querab.

Tips zu den Peilungsarten

- Bereiten Sie Peilungen frühzeitig vor und informieren Sie sich über Peilmöglichkeiten in der Karte schon bevor die Landmarke in Sicht ist.
- Wählen Sie nahe Peilobjekte. Peilungen werden nämlich um so genauer, je näher der Beobachter »dran« ist. Oder umgekehrt: Der Fehler in einem Peilwinkel nimmt mit der Entfernung zu.
- Peilen Sie möglichst nur, wenn das Boot auf einem verhältnismäßig ruhigem Kurs liegt, da starkes Gieren Schleppfehler bei der Kompaßablesung bedeutet.
- Vermeiden Sie Peilungen von Gipfeln einer Insel – es sei denn, die Form ist besonders ausgeprägt –, da sie z. B. wegen diverser Verwechslungen meist zu schlechten Peilergebnissen führen. Liegt die Yacht zu nahe unter Land, kann der eigentliche Gipfel auch durch einen anderen verdeckt sein.

Zusammengefaßt

1. Die einfachste aber ungenaueste Standlinie ist der Koppelkurs, die genaueste die Deckpeilung. Weitere Standlinien erhalten wir durch Peilen. Den Schiffsort erhält man aus dem Schnittpunkt von mindestens 2 Standlinien.
2. *Koppeln* ist eine Schiffsortbestimmung aus dem abgesetzten Kurs und der zurückgelegten Distanz. Der erhaltene *Koppelort* kann ungenau sein. Die Strecke zwischen dem *Koppelort* und dem *beobachteten Ort*, um die man versetzt wurde, heißt *Besteckversetzung*.
3. Beim *Peilen* stellt man die Richtung fest, in der man ein Objekt sieht. Die mit einem Kompaß durchgeführte Peilung heißt *Kompaßpeilung*, die mit der Peilscheibe *Seitenpeilung*. Die Kompaßpeilung muß in die rechtweisende Peilung verwandelt werden, die Seitenpeilung zuerst in eine Kompaßpeilung, dann in die rechtweisende Peilung.
4. Peilungsarten zur Schiffsortbestimmung sind z.B. Doppel- und Kreuzpeilung. Bei der *Doppelpeilung* wird ein Objekt nach einer Versegelung nochmals angepeilt, durch Parallelverschiebung der 1. Peillinie durch den Endpunkt der versegelten Distanz ergibt sich der Ort. Bei der *Kreuzpeilung* erhält man den Schiffsort durch möglichst gleichzeitiges Peilen von zwei bis drei Objekten.

Gezeiten

Prüfungsfragen für den Sportbootführerschein: 255–260.

Grundlagen

Bei den Gezeiten – auch *Tiden* genannt – handelt es sich um eine besonders in der Nordsee stark auftretende Hebung und Senkung des Meeresspiegels in regelmäßigem Rhythmus einschließlich der dies verursachenden Gezeitenströme, einer horizontalen Wasserbewegung. Die Gezeiten entstehen durch die Anziehungskraft zwischen Erde und Mond und zwischen Erde und Sonne und durch die Fliehkraft, die bei der Mondbewegung um die Erde auftritt. Die Wirkung des Mondes überwiegt. Der sich dabei ergebende höchste Wasserstand heißt *Hochwasser (HW)*, der niedrigste *Niedrigwasser (NW)*. Das Steigen von NW auf HW nennt man *Flut*, das Fallen von HW auf NW *Ebbe*. Flut und nachfolgende Ebbe ergeben eine *Tide* oder *Gezeit*. Eine Tide reicht also von einem Niedrigwasser bis zum folgenden Niedrigwasser. Zwischen zwei Hoch- oder Niedrigwassern liegt eine Zeitspanne von etwa $12^1/_2$ Stunden. Der Höhenunterschied zwischen Niedrigwasserhöhe und Hochwasserhöhe heißt *Tidenstieg (TS)*, umgekehrt *Tidenfall (TF)*.
Die Höhe, um die der Wasserspiegel fällt und steigt, heißt *Tidenhub (TH)*. Genau ausgedrückt, ist der Tidenhub das arithmetische Mittel aus Tidenstieg und Tidenfall, das man gebildet hat, nachdem in der Regel zwei aufeinanderfolgende NW bzw. HW nicht die gleiche Wasserhöhe erreichen.
Die Wasserstandsänderung für einen Ort wird zeichnerisch als *Tidenkurve* dargestellt, in der die Zeit (Dauer von Flut und Ebbe) als Abszisse und die Wasserstände (in Metern) als Ordinaten angetragen sind. Dabei betrifft eine Kurve die Springtide, eine zweite Kurve (gestrichelt) die Nipptide (betreff Spring- und Nipptide siehe nächsten Abschnitt!).
Die *Kartentiefe (KT)* ist in der Seekarte angegeben, sie bezieht sich – wie schon im Kapitel »Seekarte« erwähnt – auf das *Kartennull (KN)*. An den Küsten der

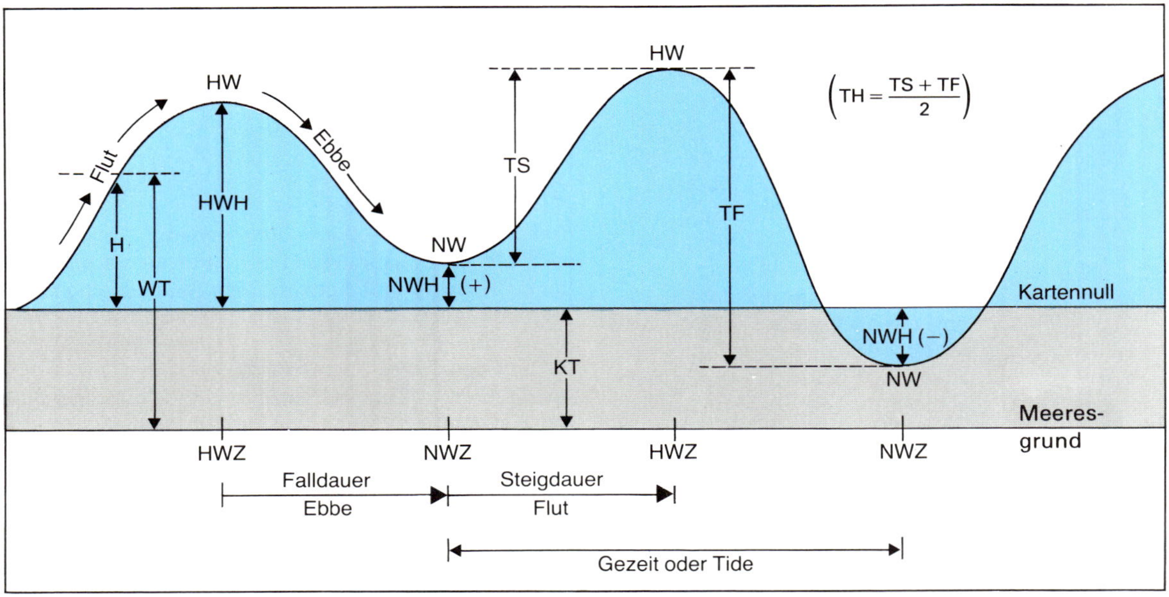

Grundbegriffe der Gezeiten: KT = Kartentiefe (aus der Seekarte zu entnehmen), HW = Hochwasser (Eintritt des höchsten Wasserstandes einer Tide beim Übergang vom Steigen zum Fallen), NW = Niedrigwasser (= Eintritt des niedrigsten Wasserstandes zwischen zwei aufeinanderfolgenden Tiden beim Übergang vom Fallen zum Steigen), HWH = Hochwasserhöhe, NHW = Niedrigwasserhöhe, WT = Wassertiefe (= Kartentiefe + Höhe der Gezeit), H = Höhe der Gezeit (bezogen auf das örtliche Seekartennull), TS = Tidenstieg, TF = Tidenfall, HWZ = Hochwasserzeit, NWZ = Niedrigwasserzeit; das arithmetische Mittel aus TS und TF nennt man TH = Tidenhub.

einzelnen Länder ist dieses Kartennull unterschiedlich festgesetzt, wobei allerdings in den meisten Fällen ein besonders niedriges Niedrigwasser gewählt ist, in deutschen Karten für die Nordseeküste z. B. das mittlere Springniedrigwasser. Zwar wird diese Wasserhöhe im Verlaufe der verschiedenen Gezeiten meistens überschritten, und wir finden somit in der Regel mehr Wasser vor, als in der Karte angegeben; aber bei außergewöhnlich niedrigen Wasserständen kann das Kartennull auch mal unterschritten werden. *Höhe der Gezeit* ist ein Wasserstand, der auf das örtliche Kartennull bezogen ist.

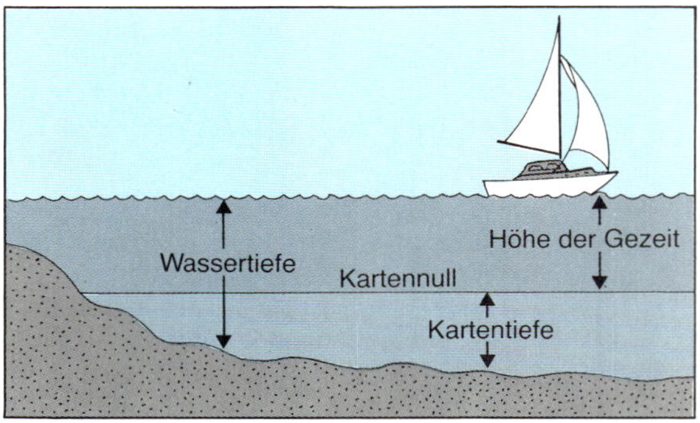

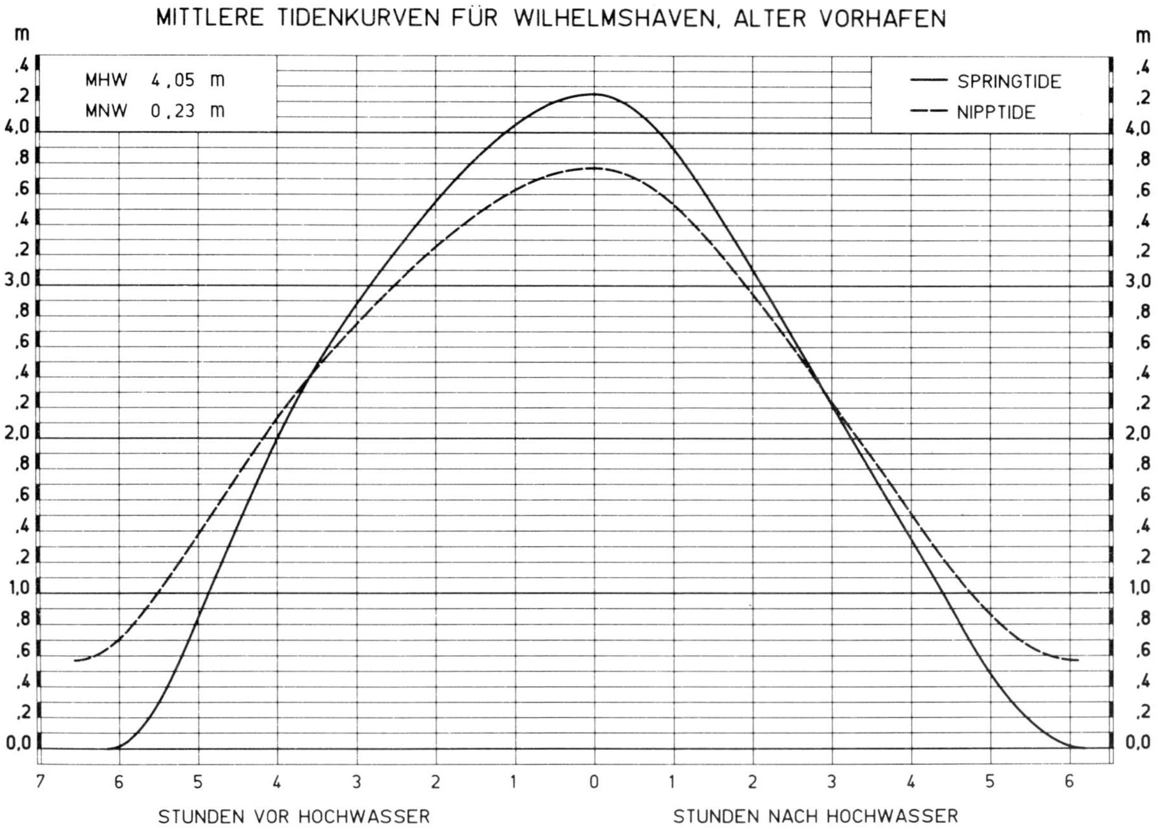

Die jeweils tatsächliche Wassertiefe errechnet sich dann aus der Kartentiefe und der Höhe der Gezeit: WT = KT + H.

Die Wasserstandsänderungen durch die Gezeiten sind verbunden mit einem Hin- und Herströmen des Wassers: den *Gezeitenströmen*. Bei Heranströmen = Steigen des Wassers (Flut) beginnt der *Flutstrom*, umgekehrt beginnt der *Ebbstrom* während der Ebbe. Der Zeitpunkt, in dem der Gezeitenstrom seine Richtung von Flut- zum Ebbstrom oder umgekehrt ändert, heißt *Kentern des Stromes*. *Stillwasser* herrscht in dem Zeitraum, während dessen kein Gezeitenstrom festzustellen ist.

Springzeit und Nippzeit

Die Höhen von aufeinanderfolgenden Hochwassern und die Tiefen der Niedrigwasser sind jeweils nicht gleich, sondern nehmen stetig zu bzw. ab und zwar in einem Verlauf von rund 14 Tagen.
Wirken die gezeitenbildenden Kräfte von Sonne und Mond zusammen (= wenn beide in einer Linie ste-

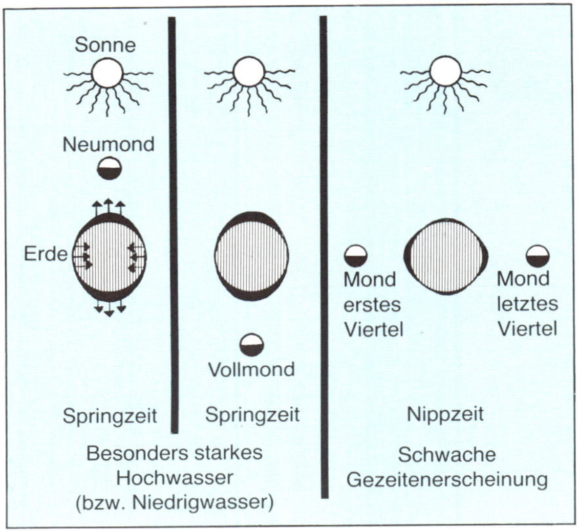

Auszug aus Tafel 1 a (Gezeitengrundwerte der europäischen Bezugsorte 1983)

Bezugsort	Springverspätung	Mittlere Steig- dauer	Fall- dauer	M Sp H W
	d h	h min	h min	m
Ekaterininskaja	1 19	06 05	06 20	3,65
Narvik	2 02	06 06	06 19	3,07
Bergen	2 02	06 14	06 11	1,40
Helgoland	2 22	05 39	06 46	2,69
Husum	3 00	05 56	06 29	3,84
Büsum	3 01	06 11	06 14	3,74
Cuxhaven	3 00	05 41	06 44	3,43
Brunsbüttel	3 01	05 20	07 05	3,03
Hamburg	3 04	04 56	07 29	3,19
Bremerhaven	3 00	06 04	06 21	4,13
Bremen	3 03	05 13	07 12	4,12
Wilhelmshaven	3 00	06 17	06 08	4,25
Norderney	2 22	06 01	06 24	2,80
Borkum	2 21	06 07	06 18	2,66
Emden	2 23	06 06	06 19	3,51
Terschelling	2 14	06 19	06 06	2,23
Hoek van Holland	2 04	06 47	05 38	2,29
Vlissingen	2 03	05 56	06 29	4,87
Le Havre	1 23	05 25	07 00	7,90
St. Malo	2 02	05 30	06 55	12,25
Brest	1 15	06 03	06 22	7,50

hen, d. h. bei Voll- und Neumond), entstehen besonders hohe Hochwasser und besonders niedrige Niedrigwasser – das sind die *Springzeiten* (*-tiden*) mit *Springhoch-* und *Springniedrigwasser.* Steht aber der Mond im ersten bzw. letzten Viertel, ergeben sich besonders schwache Tidenerscheinungen – die *Nippzeiten* (*-tiden*) mit *Nipphoch-* und *Nippniedrigwasser.* Die Spring- und Nippzeiten treten mit gewisser Verspätung auf, an den deutschen Küsten nahezu überall rund 3 Tage später: dies nennt man *Springverspätung,* die man aus den Gezeitentafeln (Tafel 1 a im III. Teil) entnimmt. Die Zeit zwischen Spring- und Nippzeit heißt *Mittzeit.*

Um zu ersehen, an welchem bestimmten Tag Spring-, Nipp- oder Mittzeit herrscht, benötigt man die Tafel 3 a (Mondphasen) der Gezeitentafeln für das betreffende Jahr, zur Feststellung der Mondphasen. Zunächst herrschen jeweils 2 Tage vor und nach Neumond bzw. Vollmond Springverhältnisse und 2 Tage vor und nach den beiden Halbmondphasen Nippverhältnisse. Dazwischen liegen jeweils für 3 Tage Mittverhältnisse.

In den europäischen Gewässern fällt aber die Springzeit nicht genau mit Voll- oder Neumond zusammen, sondern sie verschiebt = verspätet sich. Diese Springverspätung betrifft natürlich auch die anderen Zeiten, sie beträgt in der deutschen Bucht – wie oben schon erwähnt – 3 Tage. Diese 3 Tage Springverspätung müssen also jeweils einkalkuliert werden.

Beispiel:
An welchen Tagen ist/war im Juli 1983 in Wilhelmshaven Springzeit und Nippzeit?
Nach der Tafel 3 a (Mondphasen):
Letztes Viertel am 3. Juli, Neumond am 10. Juli, Erstes Viertel am 17. Juli, Vollmond am 24. Juli.
Da für Wilhelmshaven eine Springverspätung von 3 Tagen anzusetzen ist, gilt: Springzeit am 13. und 27. Juli, Nippzeit am 6. und 20. Juli. Praktisch gerechnet wird die Springzeit vom 11.–15. Juli und vom 25.–29. Juli, die Nippzeit vom 4.–8. Juli und vom 18.–22. Juli. Dazwischen ist jeweils Mittzeit.

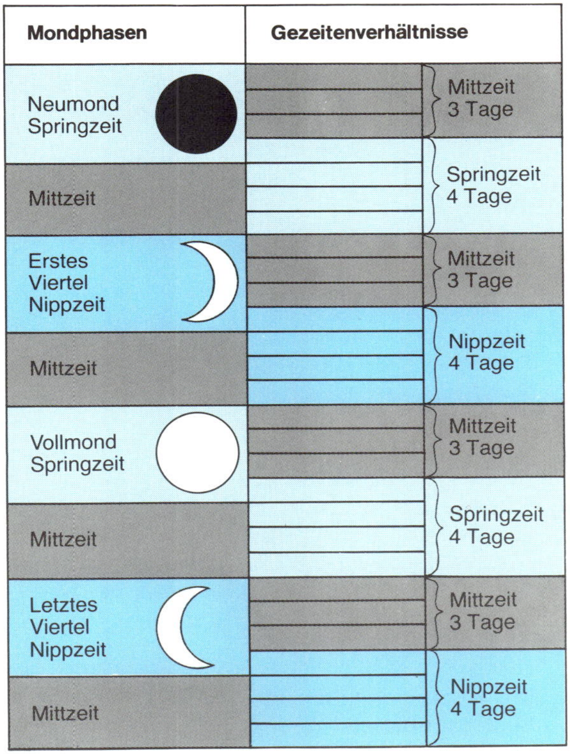

So kann man sich die Springverspätung optisch vorstellen.

Gezeitenberechnungen

Bei der Navigation in Gezeitengewässern sind verschiedene Aufgaben zu bewältigen. Wichtig zu wissen ist dabei jeweils:

- Wann für den betreffenden Bezugs- oder Anschlußort Hochwasser bzw. Niedrigwasser herrscht.
- Wie hoch die Hochwasser- und die Niedrigwasserhöhe sind.
- Wieviel Wasser man bei Niedrigwasser an einem bestimmten Ort noch unter dem Kiel hat.

Als Arbeitsgrundlage dienen die jährlich vom BSH herausgegebenen *Gezeitentafeln*. Im ersten Teil der Tafeln (Europäische Gewässer) sind für rund 40 sog. *Bezugsorte* ausführliche Vorausberechnungen mit Tidenkurve, täglichen Zeiten und Höhen der Hoch- und Niedrigwasser angegeben. Im zweiten Teil werden für über 2000 den Bezugsorten zugeordnete sog. *Anschlußorte* gewisse Gezeitenunterschiede (oft geringfügigere Zeit- und Höhenunterschiede) zu den Bezugsorten dargestellt. Durch Addieren der Gezeitenunterschiede mit ihren Vorzeichen kann man dann für den jeweiligen Anschlußort auch die genauen Werte der täglichen Hoch- und Niedrigwasser ermitteln. Ein »+« bedeutet dabei, daß das Hoch- bzw. Niedrigwasser später, ein »–« daß es früher eintritt. Statt der

		Tag	Uhr		Tag	Uhr		Tag	Uhr		Tag	Uhr
Letztes Viertel	Januar	6	4.00	April	5	8.38	Juli	3	12.12	September	29	20.05
Neumond		14	5.08		13	7.58		10	12.18	Oktober	6	11.16
Erstes Viertel		22	5.33		20	8.58		17	2.50		13	19.42
Vollmond		28	22.26		27	6.31		24	23.27		21	21.53
Letztes Viertel	Februar	4	19.17	Mai	5	3.43	August	2	0.52		29	3.37
Neumond		13	0.32		12	19.25		8	19.18	November	4	22.21
Erstes Viertel		20	17.32		19	14.17		15	12.47		12	15.49
Vollmond		27	8.58		26	18.48		23	14.59		20	12.29
Letztes Viertel	März	6	13.16	Juni	3	21.07		31	11.22		27	10.50
Neumond		14	17.43		11	4.37	September	7	2.35	Dezember	4	12.26
Erstes Viertel		22	2.25		17	19.46		14	2.24		12	13.09
Vollmond		28	19.27		25	8.32		22	6.36		20	2.00
Letztes Viertel	April	5	8.38	Juli	3	12.12		29	20.05		26	18.52

Tafel 3a – Mondphasen 1983. UTC (UTC ist die Bezeichnung für »Universal Time Coordinated«, die seit 1.1.82 in den nautischen Büchern des BSH die Zeitbenennung MGZ für »Mittlere Greenwich-Zeit« ersetzt hat).

Gezeitentafeln kann man auch den kleineren **Tidenkalender** *Hoch- und Niedrigwasserzeiten für die Deutsche Bucht und deren Flußgebiete* benützen, der jährlich vom BSH für dieses ausgewählte Gebiet herausgegeben wird. Der Kalender führt für die Bezugs- und Anschlußorte die Hoch- und Niedrigwasserzeiten auf, und statt der jeweiligen Gezeitenhöhe gibt er in eigenen Tabellen den mittleren Tidenhub und das mittlere Hochwasser an. Tidenkurven fehlen. Im allgemeinen reicht der Tidenkalender für den Yachtsport in diesem Gebiet aus, wobei man wie mit den Gezeitentafeln arbeitet. (Siehe Abb. Seite 68)

Übungsbeispiele

1. Beispiel:
Wann herrschten am 2. Juni 1983 in Wilhelmshaven Hochwasser und Niedrigwasser? Welches waren die jeweiligen Höhen?

Lösung mit Hilfe der für den Bezugsort Wilhelmshaven vorausberechneten Tabelle (siehe Abb.):

1. Hochwasser	04.50 Uhr	3,8 m
2. Hochwasser	16.59 Uhr	4,1 m
1. Niedrigwasser	10.37 Uhr	0,4 m
2. Niedrigwasser	23.13 Uhr	0,3 m

2. Beispiel:
Wann war am 18. Juli 1983 in Wangerooge mit dem 1. Niedrigwasser und dem 2. Hochwasser zu rechnen? Um welche Wasserhöhen handelte es sich?
Lösung mit Hilfe der für diesen Anschlußort vorausberechneten Tabelle (siehe Abb.) und der Tabelle für den zuständigen Bezugsort (= Wilhelmshaven):

1. Niedrigwasser Wilhelmshaven	00.45 h	0,0 m
Gezeitenunterschied Wangerooge Ost	–00.30 h	–0,1 m*
1. Niedrigwasser Wangerooge Ost	00.15 h	–0,1 m
2. Hochwasser Wilhelmshaven	19.23 h	4,2 m
Gezeitenunterschied Wangerooge Ost	–00.59 h	–0,9 m*
2. Hochwasser Wangerooge Ost	18.24 h	–3,2 m

* Beim Höhenunterschied von Hoch- und Niedrigwasser ist zu berücksichtigen, ob Spring- oder Nippzeit herrscht. Bei unserem Beispiel wurde auf Grund der Tafel »Mondphasen« eine Nippzeit festgestellt.

3. Beispiel:
Am 2. Juli 1983 erreichte man am Vormittag mit seiner Yacht Jadeplate und wollte gerne an einer Stelle ankern, die in der Karte mit 1,5 m Wassertiefe (KT) gekennzeichnet ist. Der Tiefgang der Yacht beträgt 1,60 m. Konnte man ohne Grundberührung bzw. Trockenfallen bei Niedrigwasser ankern?

Lösung:
Die Höhe der Tide während des folgenden Niedrigwassers ist zu errechnen und dann die Wassertiefe (WT) nach der Formel:
WT = KT + Höhe der Gezeit

1. Niedrigwasser Wilhelmshaven	10.57 h	0,3 m
Gezeitenunterschied Jadeplate (für Mittzeit)		–0,1 m
2. Niedrigwasser Jadeplate		0,2 m

WT = 1,5 m + 0,2 m = 1,7 m. Ein Ankern war also schlecht möglich.

Anmerkung: Das 3. Beispiel und weitere mögliche Gezeitenberechnungen gehen bereits über den BR-Schein-Stoff hinaus.

Wilhelmshaven (Alter Vorhafen) 1983

Breite: 53° 31′ N, Länge: 8° 09′ E.

Mai	Zeit	Höhe m		Zeit	Höhe m
1	0326	4,1	16	0309	4,2
	0925	0,0		0913	0,0
So	1537	4,1	Mo	1525	4,2
	2141	-0,1		2134	-0,2
2	0359	4,0	17	0355	4,1
	0955	0,1		0953	0,0
Mo	1608	4,1	Di	1608	4,2
	2212	0,0		2218	-0,1
3	0433	3,9	18	0446	3,9
	1023	0,3		1037	0,1
Di	1641	4,0	Mi	1658	4,1
	2247	0,2		2308	-0,1
4	0510	3,7	19	0542	3,8
	1055	0,4		1130	0,3
Mi	1721	4,0	Do	1756	4,1
	2328	0,3			

Juni	Zeit	Höhe m		Zeit	Höhe m
1	0412	3,9	16	0446	4,0
	1003	0,3		1038	0,1
Mi	1620	4,2	Do	1656	4,3
	2232	0,2		2314	-0,1
2	0450	3,8	17	0542	3,9
	1037	0,4		1131	0,2
Do	1659	4,1	Fr	1753	4,3
	2313	0,3			
3	0531	3,7	18	0010	0,0
	1116	0,5		0642	3,8
Fr	1744	4,0	Sa	1230	0,3
	2357	0,3		1855	4,2
4	0621	3,6	19	0112	0,0
	1205	0,5		0743	3,8
Sa	1839	3,9	So	1331	0,3
				2000	4,2

Juli	Zeit	Höhe m		Zeit	Höhe m
1	0430	3,8	16	0529	3,9
	1021	0,2		1120	0,1
Fr	1639	4,2	Sa	1737	4,4
	2255	0,2		2356	-0,1
2	0508	3,8	17	0619	3,9
	1057	0,3		1208	0,2
Sa	1719	4,1	So	1829	4,3
	2334	0,2			
3	0549	3,7	18	0045	0,0
	1138	0,4		0708	3,8
So	1801	4,0	Mo	1257	0,2
				1923	4,2
4	0013	0,2	19	0137	0,1
	0634	3,7		0800	3,7
Mo	1225	0,4	Di	1353	0,3
	1851	4,0		2024	4,0

August	Zeit	Höhe m		Zeit	Höhe m
1	0519	3,9	16	0006	0,1
	1115	0,3		0622	3,8
Mo	1728	4,1	Di	1215	0,3
	2341	0,2		1840	4,1
2	0553	3,9	17	0048	0,3
	1149	0,4		0707	3,7
Di	1804	4,1	Mi	1304	0,4
				1937	3,9
3	0015	0,4	18	0144	0,5
	0634	3,8		0810	3,7
Mi	1234	0,6	Do	1415	0,5
	1856	4,0		2053	3,8
4	0108	0,5	19	0259	0,7
	0734	3,8		0929	3,8
Do	1341	0,7	Fr	1542	0,5
	2008	4,0		2216	3,8

Auszüge aus Gezeitentafeln 1983. Oben für Bezugsort, unten für Anschlußorte.
Die Gezeitentafeln arbeiten mit Mitteleuropäischer Zeit, d. h. MEZ = UTC + 1h00 min.

Nr.	Ort	Geogr. Lage: Breite	Geogr. Lage: Länge	HW	NW	Mittlere Höhen des Bezugsortes			
		° ′	° ′	h min	h min	m	m	m	m
	Bezugsort: BREMEN (Seite 37-39)					SpHW 4,1	NpHW 3,7	SpNW -0,3	NpNW -0,2
				Zeitunterschiede		**Höhenunterschiede**			
	U T C + 1 h 00 min	N	E						
	Bremen								
752	Weserwehr	53 04	8 52	+ 0 07	+ 0 29	+0,1	+0,1	+0,2	+0,2
	WILHELMSHAVEN (Seite 41-43)					SpHW 4,2	NpHW 3,8	SpNW 0,0	NpNW 0,6
	Jadegebiet								
755	Jadeplate	53 50	8 00	- 1 06	- 0 44	-1,1	-1,1	0,0	-0,2
756	Wangerooge Ost	53 46	7 58	- 0 59	- 0 30	-0,9	-0,9	0,0	-0,1
757	Blaue Balje	53 45	7 56	- 0 59	- 0 33	-1,0	-0,9	0,0	-0,1
759	Minsener Oog, Buhne C	53 45	8 02	- 0 48	- 0 20	-0,9	-0,8	0,0	0,0
760	Mellumplate, Leuchtturm	53 46	8 06	- 0 46	- 0 18	-0,8	-0,8	0,0	-0,1
761	Schillighörn	53 42	8 03	- 0 34	- 0 14	-0,7	-0,7	0,0	-0,1
762	Alte Mellum	53 43	8 08	- 0 28	- 0 10	-0,7	-0,7	0,0	-0,1

Wilhelmshaven (Alter Vorhafen) 1983

Tag	Mai				Tag	Juni			
	HW		NW			HW		NW	
	Uhr	Uhr	Uhr	Uhr		Uhr	Uhr	Uhr	Uhr
1 S	4.26	16.37	10.25	22.41	1 M	5.12	17.20	11.03	23.32
					2 D	5.50	17.59	11.37	
2 M	4.59	17.08	10.55	23.12	3 F 3	6.31	18.44	0.13	12.16
3 D	5.33	17.41	11.23	23.47	4 S	7.21	19.39	0.57	13.05
4 M	6.10	18.21	11.55		5 S	8.21	20.45	1.51	14.09
5 D 3	6.56	19.13	0.28	12.39					
6 F	7.57	20.24	1.24	13.42	6 M	9.31	21.56	2.57	15.24
7 S	9.14	21.44	2.36	15.03	7 D	10.40	23.01	4.08	16.38
8 S	10.33	22.58	3.58	16.26	8 M	11.40	23.57	5.13	17.42
					9 D		12.32	6.09	18.37
9 M	11.39	23.56	5.10	17.35	10 F	0.48	13.17	6.59	19.26
10 D		12.31	6.06	18.30	11 S 0	1.35	14.00	7.45	20.10
11 M	0.44	13.16	6.53	19.18	12 S	2.20	14.43	8.29	20.53
12 D 0	1.28	13.56	7.37	20.00					
13 F	2.08	14.33	8.16	20.37	13 M	3.09	15.29	9.16	21.42
14 S	2.45	15.08	8.53	21.12	14 D	4.01	16.17	10.05	22.33

Gezeitenunterschiede gegen Wilhelmshaven

Ort	HW	NW
	h min	h min
Jadeplate	− 1 06	− 0 44
Wangerooge Ost	− 0 59	− 0 30
Blaue Balje	− 0 59	− 0 33
Minsener Oog, Buhne C	− 0 48	− 0 20
Mellumplate, Leuchtturm	− 0 46	− 0 18
Schillighörn	− 0 34	− 0 14
Alte Mellum	− 0 28	− 0 10

Mittlerer Tidenhub und mittleres Hochwasser (in Metern)

Ort	MTH	MHW gegen NN	MHW gegen SKN
Bremen			
Oslebshausen	4,2	2,4	3,9
Weserwehr	4,1	2,5	4,0
Jadegebiet			
Wangerooge Ost	3,0	1,4	3,2
Minsener Oog, Buhne C	3,0	1,4	3,2
Mellumplate, Leuchtturm	3,1	1,4	3,2
Hooksiel	3,3	1,4	3,4
Voslapp	3,5	1,6	3,7
Wilhelmshaven, Neuer Vorhafen . . .	3,7	1,6	3,9
Wilhelmshaven, Alter Vorhafen . . .	3,8	1,7	4,0
Ostfriesische Inseln und Küste			
Wangerooge West	2,9	1,3	3,0
Spiekeroog	2,8	1,2	2,9

Auszüge aus dem Tidenkalender. Die wichtigsten Teile aus diesem Tidenkalender sind jährlich auch wiedergegeben in der DSV-Veröffentlichung »Yachtpilot«. Für die BR-Schein-Prüfung genügt der Umgang mit dem Tidenkalender.

Obere Tabelle: Die Zeiten für HW und NW für den Bezugsort Wilhelmshaven.

Mitte: Die Gezeitenunterschiede (die mittleren Hoch- und Niedrigwasser-Zeitunterschiede) von Anschlußorten gegen den Bezugsort Wilhelmshaven (+ heißt, daß HW und NW später eintreten, − heißt, daß sie früher als am Bezugsort eintreten).

Unten: Angaben über den mittleren Tidenhub und mittleres Hochwasser.

3. Übungs-Kartenaufgabe für die BR-Schein-Prüfung

Grundlage für diese Kartenaufgabe ist die Karte Nr. 30 Übungskarte (4. Ausgabe 1980, VI). Rechnen Sie mit konstanter Mißweisung von −2°. Die Ablenkungswerte (Deviationswerte) sind aus der Deviationstabelle, Seite 16 zu entnehmen. Soweit erforderlich, sind diese Werte auf Zehntelgrade zu interpolieren und dann bis einschließlich 0,4° ab- und ab 0,5° aufzurunden und als volle Gradzahlen in die Rechnung einzubringen.

Die aus mehreren Teilen bestehende Übungsaufgabe enthält die wesentlichsten Elemente, wie sie auch bei der Prüfung vorkommen. Wenn Sie diese Fragestellungen ganz durchgearbeitet haben und problemlos lösen können, dann werden Sie bei der Prüfung nicht allzusehr ins Schwitzen kommen.

Eine vom Deutschen Segler-Verband erstellte Musteraufgabe, die noch genauer den Prüfungsanforderungen entspricht, finden Sie als Beilage hinten im Prüfungsbeiheft.

Teil 1:

1. Sie befinden sich mit Ihrer Yacht auf folgender Position:
   $\varphi = 54° 22{,}6'$ N, $\lambda = 011° 10{,}7'$ E
   Welche Tonne liegt hier?
2. Welche Bezeichnungen stehen bei dieser Tonne in der Seekarte und was bedeuten diese?
3. Wie groß sind die Distanzen von dieser Tonne zum
   a) Fehmarnsund-Brückenfeuer?
   b) Leuchtfeuer Flügge?
4. Welche Zeit brauchen Sie, um eine Distanz von 11 sm zurückzulegen, wenn Ihre Yacht 5 Knoten läuft (Strom ist nicht zu berücksichtigen)?

Teil 2:

5. Vom Fehmarnsund-Brückenfeuer aus segeln Sie nachts bei einem Loggestand von 1216,0 sm und südwestlichem Wind weiter, dabei steuern Sie am Kompaß 281°.
   a) Wie lautet der »Kurs durchs Wasser« bei einer geschätzten Abdrift vom Betrag 6°?
   b) Wo liegt der gekoppelte Schiffsort beim Loggestand von 1221,0 sm?
6. Sie peilen zur Kontrolle Ihres Koppelortes mit der Peilscheibe (SP bzw. S ↗) zur gleichen Zeit die Leuchtfeuer Heiligenhafen, Flügge u. Strukkamphuk bei den 3 folgenden unterschiedlichen Kompaßkursen (Deviation jeweils −6°): Heiligenhafen MgK = 281°/SP = 238°, Flügge MgK = 271°/SP = 152°, Strukkamphuk MgK = 275°/SP = 195°.
   a) Rechnen Sie die »rechtweisenden Peilungen« aus und tragen diese in die Seekarte ein!
   b) Welchen »beobachteten Ort« stellen Sie nun fest (= Ihre Position nach Auswertung der 3 Peilungen)?
   c) Um welchen »Kurs über Grund« handelt es sich vom Fehmarnsund-Brückenfeuer zum »beobachteten Ort«?
   d) Wie lautet die Besteckversetzung?

Teil 3:

7. Sie befinden sich mit Ihrer Yacht in der Kieler Förde bei der Fahrwasserseitentonne 1 (Fkl. gn. Hl-Tn.) und steuern am Kompaß 317°.
   a) Welches Toppzeichen und welche Befeuerung hat diese Tonne 1?
   b) Wie lautet der »rechtweisende Kurs«?
   c) Welche Tonne liegt nach etwas über 5 sm an Ihrer Bb-Seite?
   d) Welche Farbe und Bedeutung hat diese Tonne an Ihrer Bb-Seite und passieren Sie diese richtig?
8. Von der Tonne »Stollergrund-W« aus nehmen Sie bei achterlichem Wind (Wind aus Süd) Kurs auf die Fahrwassermittentonne 3 (Glt. 4 s) des »Kiel–Flensburg-Weges«. Wie lautet der »rechtweisende Kurs« und welcher Kurs ist am Kompaß zu steuern?
9. Auf Ihrem Kurs sehen Sie nach 5 sm eine gelbe und mit rotem Streifen versehene Tonne mit der Ziffer 4 und der Feuerkennung Blz. g. 4s. Welche Bedeutung hat diese Tonne und in welcher Lage befindet sie sich zu dem betreffenden Gebiet?

10. Welchen Kurs entnehmen Sie aus der Karte von der Tonne »Stollergrund-W« zum Leuchtfeuer »Leuchtturm Kiel« und welchen Kurs steuern Sie am Kompaß bei südlichem Wind und einer geschätzten Abdrift vom Betrag 7°?
11. Welche Kennung, Wiederkehr und Tragweite hat das Leuchtfeuer Kiel laut Angaben in der Seekarte und was bedeutet der Zusatz »N-Such-F. N-S.«?

Teil 4:

12. Sie segeln nachts bei achterlichem Wind mit Ihrer Yacht einen Kompaßkurs von 097° und ermitteln nordöstlich von Schönberg einen gekoppelten Schiffsort von $\varphi = 54°\,26{,}5'$ N, $\lambda = 10°\,32{,}0'$ E. Setzen Sie den Kurs ab und zeichnen diesen vom »Koppelort« aus in die Seekarte ein!
13. Sie trauen Ihrem »Koppelort« nicht recht, deshalb machen Sie nach Einzeichnen der Kurslinie in die Karte eine Doppelpeilung. Sie peilen jeweils am Steuerkompaß das Leuchtfeuer »Neuland« zunächst MgP = 156°, anschließend nach einer Versegelung von 6 sm nochmal MgP = 233° (am Kompaß liegen jeweils MgK = 097° an).
    a) Wie lauten die »rechtweisenden Peilungen«?
    b) Auf welcher Position stehen Sie nach Auswertung der Doppelpeilung (»beobachteter Ort«)?
14. Von Ihrem »beobachteten Ort« aus möchten Sie Kurs auf die Fahrwassermittentonne 4 (Glt. 4s) des »Kiel–Fehmarnsund-Weges« nehmen. Abdrift ist nicht zu berücksichtigen, aber mitlaufender Strom von 1,5 kn bei einer Loganzeige von 4 kn.
    a) Wie lautet der Kompaßkurs?
    b) Wie groß ist die »Fahrt über Grund«?

Lösungen:

1. Fahrwassermittentonne »Fehmarnsund«.
2. Glt. 8^s = Gleichtaktfeuer, Wiederkehr 8 Sekunden; r.w. = rot-weiß; (7_4) = 7,4 Meter (= 7 Meter, 4 Dezimeter), runde Klammer bedeutet, daß die Tiefenzahl nicht auf ihrem geographischen Ort steht.
3. a) Zwischen 2,7 und 2,8 sm. b) 6,8 sm.
4. 2 Stunden und 12 Minuten.

Rechnung: $\text{Zeit (min)} = \dfrac{\text{Distanz (sm)} \times 60}{\text{Fahrt (kn)}} = \dfrac{11 \times 60}{5} = 132 \text{ min (2 h 12 min)}.$

5. a) Der KdW lautet 279°.

Rechnung: (Abl = −6°) (+)

MgK	=	281°
Abl	=	−6°
mwK	=	275°
Mw	=	−2°
rwK	=	273°
BW	=	+6°
KdW	=	279°

b) Koppelort: $\varphi = 54°\,25{,}0'$ N, $\lambda = 010°\,58{,}3'$ E.

6. a) **Heiligenhafen** (+)

SP	=	238°
MgK	=	281°
MgP	=	159°*
Abl	=	−6°
mwP	=	153°
Mw	=	−2°
rwP	=	151°

Flügge (+)

SP	=	152°
MgK	=	271°
MgP	=	063°**
Abl	=	−6°
mwP	=	057°
Mw	=	−2°
rwP	=	055°

Strukkamphuk (+)

SP	=	195°
MgK	=	275°
MgP	=	110°***
Abl	=	−6°
mwP	=	104°
Mw	=	−2°
rwP	=	102°

* 519° − 360° = 159°;
** 423° − 360° = 063°;
*** 470° − 360° = 110°.

b) Beobachteter Ort: $\varphi = 54° 25{,}4'$ N, $\lambda = 010° 58{,}3'$ E (Mitte Fehlerdreieck).

c) KüG = 284°. d) BV = 004°/0,4 sm.

7. a) Grüner Kegel, Spitze oben; grünes Funkelfeuer.
b) 312°

Rechnung:		(+)
(Abl = −3°)	MgK = 317°	
	Abl = −3°	
	mwK = 314°	
	Mw = −2°	
	rwK = 312°	

c) »Stollergrund-W«.
d) Es handelt sich um ein gelb-schwarz-gelbes kardinales Zeichen an der Westseite einer Gefahrenstelle. Die Tonne wird nicht richtig passiert, sie hätte an der Stb-Seite liegen müssen.

8. rwK = 002°, MgK = 005°;

Rechnung:		(−)
(Abl = −1°)	MgK = 005°	
	Abl = −1°	
	mwK = 004°	
	Mw = −2°	
	rwK = 002°	

9. Sperrgebiet für militärische und zivile Zwecke – Befahren verboten. Liegt an der südöstlichen Begrenzung des Sperrgebietes.

10. Aus der Karte 100°, am Kompaß zu steuern 105°;

Rechnung:		(−)
(Abl = +4°)	MgK = 105°	
BW hier mit −, da Abdrift nach Bb)	Abl = +4°	
	mwK = 109°	
	Mw = −2°	
	rwK = 107°	
	BW = −7°	
	KaK = 100°	

11. Kennung: Gleichtaktfeuer (weiß, rot, grün); Wiederkehr: 6 Sekunden; Tragweite: 19, 15 und 14 Seemeilen; N-Such-F. N-S. = Nebelsuchfeuer, Nebelschallstation.

12. rwK = 100°;

Rechnung:		(+)
(Abl = +5°)	MgK = 097°	
	Abl = +5°	
	mwK = 102°	
	Mw = −2°	
	rwK = 100°	

13. a) 159° und 236°;
Rechnungen:

1. Peilung:		**2. Peilung:**	
MgP = 156°	(+)	MgP = 233°	(+)
Abl = +5°		Abl = +5°	
mwP = 161°		mwP = 238°	
Mw = −2°		Mw = −2°	
rwP = 159°		rwP = 236°	

b) Beobachteter Ort: $\varphi = 54° 24{,}6'$ N, $\lambda = 010° 43{,}6'$ E.

14. a) MgK = 086°;

Rechnung:		(−)
(Abl = +5°)	MgK = 086°	
	Abl = +5°	
	mwK = 091°	
	Mw = −2°	
	rwK = 089°	

b) FüG = 4 kn + 1,5 kn = 5,5 Knoten.

Auf den beiden nächsten Seiten Ausschnitte aus Karte Nr. 30 (Übungskarte) mit den eingezeichneten Kursen und Peilungen der Aufgabe. Die auf der linken Seite unten und links zugefügten Hafenpläne fehlen auf der Übungskarte. Wir haben sie aber in ähnlicher Weise wie auf der Originalkarte des Gebietes (30D) einkopiert, um gewisse tote Flächen für Sie instruktiver zu gestalten.
Hinweis: Sofern Sie mit einer neueren Ausgabe der Karte Nr. 30 arbeiten, könnten sich gewisse Abweichungen bei den hier errechneten Lösungen ergeben!

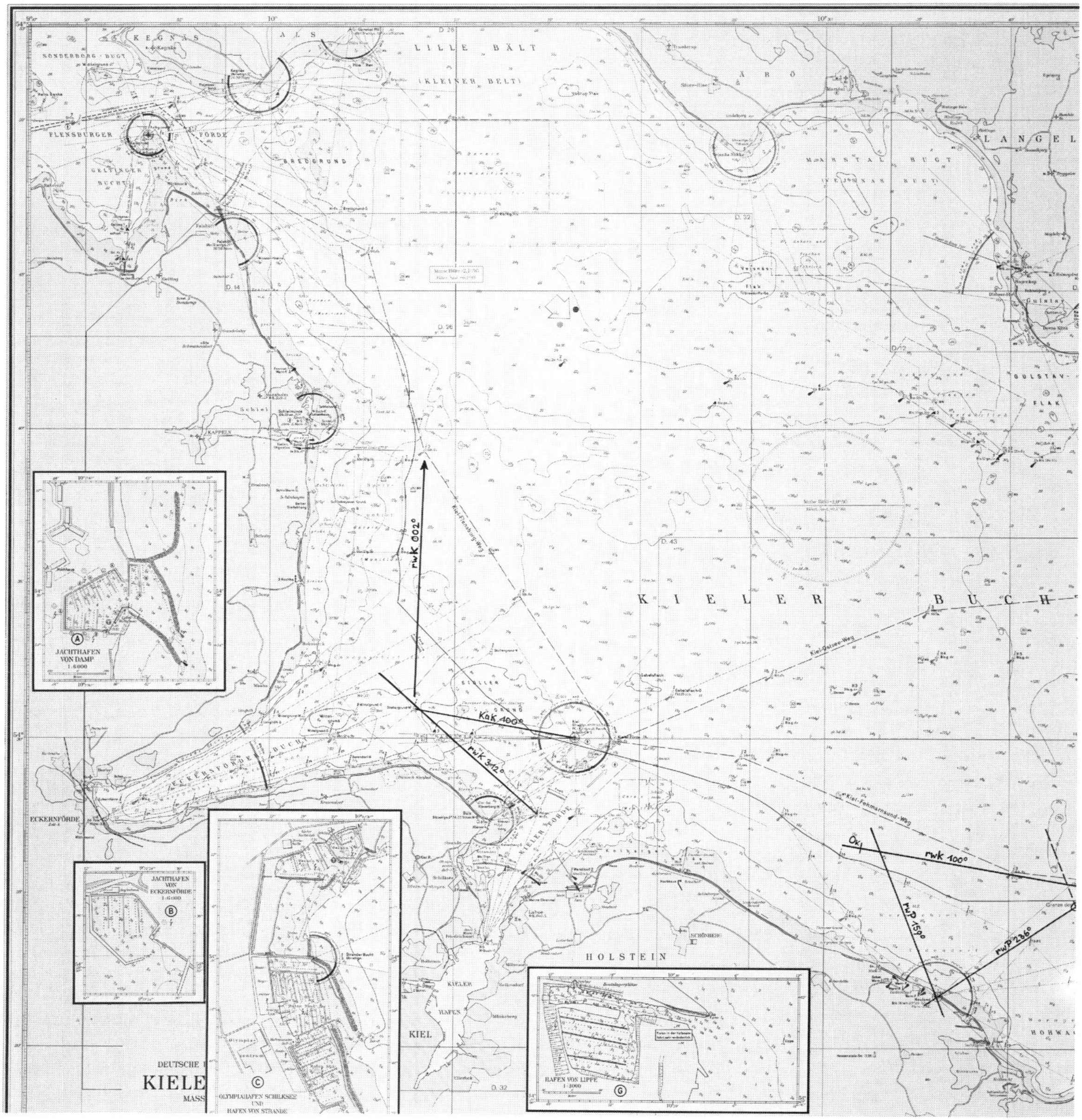
LILLE BÄLT
(KLEINER BELT)
FLENSBURGER FÖRDE
KIELER BUCHT
Kiel-Ostsee-Weg
Kiel-Fehmarnsund-Weg
Kiel-Flensburg-Weg
ECKERNFÖRDE
KIELER FÖRDE
HOLSTEIN
KIEL
KIELER HAFEN
rwK 002°
KaK 100°
rwK 312°
rwK 100°
rwP 159°
rwP 236°
JACHTHAFEN VON DAMP 1:6000
JACHTHAFEN VON ECKERNFÖRDE 1:6000
OLYMPIAHAFEN SCHILKSEE UND HAFEN VON STRANDE
HAFEN VON LIPPE 1:3000
DEUTSCHE
KIELE

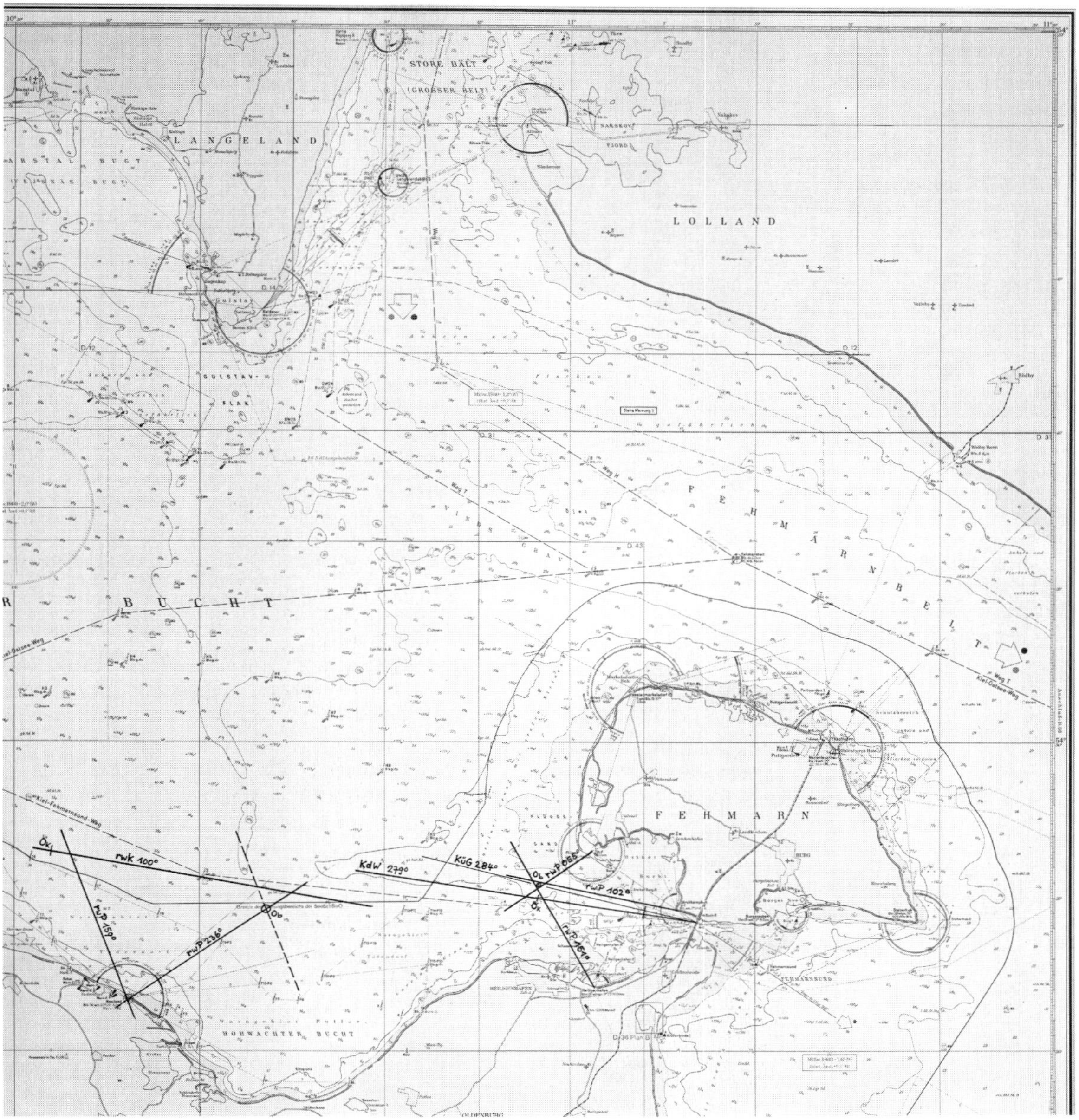
STORE BÄLT
(GROSSER BELT)
LANGELAND
NAKSKOV
LOLLAND
GULSTAV-
FLAK
D.12
D.14
D.31
D.43
Weg H
Weg T
BUCHT
Kiel-Ostsee-Weg
FEHMARNBELT
Kiel-Fehmarnsund-Weg
FEHMARN
BURG
FEHMARNSUND
HEILIGENHAFEN
HOHWACHTER BUCHT
OLDENBURG
rwK 100°
KdW 279°
KüG 284°
rwP 088°
rwP 102°
rwP 159°
rwP 236°
rwP 164°

Seemannschaft

Prüfungsstoff laut DSV-Führerscheinvorschrift und SpbootFüV

BR-Schein

- Allgemeine seemännische Arbeiten: Behandlung der Segel, Trimmen der Segel, In- und Außendienststellungsarbeiten (allgemeine Instandsetzungsarbeiten, Beseitigung von Schäden mit Bordmitteln). Bei der Praxisprüfung: Knoten wie A, zusätzlich doppelter Palstek, Roringstek, Marlschlag, Spleißen (Kurzspleiß), Segelsetzen und -bergen, reffen, Reparatur von Segeln, Leinen, Rigg.
- Yacht- und Schiffbaukunde: Bauart, Takelung, Einrichtung seegehender Yachten u.a., Sicherheitsausrüstung einschließlich Funk, Stabilität, Lateral- und Segelschwerpunkt, Seetüchtigkeit.
- Motorenkunde: Getriebe und Umsteuerung, Welle und Propeller, Stevenrohr und Buchse.
- Yachtbedienung und Yachtführung: Schiffsmanöver bei jedem Wetter, Ankern, Verhalten in Schleusen, Verhalten beim Verladen, Maßnahmen bei Havarie, Kollision, Seenot, Mann über Bord, Verhalten bei Nebel, Manövrierverhalten von Seeschiffen. Bei der Praxisprüfung: Alle Segelmanöver wie A, Segeln und Manövrieren im Strom, Beidrehen, Ankern, Leinen ausfahren, Schleppen. Unter Motor: An- und Ablegen, Drehen auf engem Raum.
- Sicherheitsmaßnahmen: Sicherheitsrolle, Brandschutz, Leckabwehr, Notsignale, Rettungsmaßnahmen durch Hubschrauber.

Sportbootführerschein:

- Manövrieren, Fahren im Schlepp, Ankern.
- Verhalten bei Seenotfällen und Havarien sowie bei schlechtem Wetter; Notsignale.
- Sicherheitsmaßnahmen und Sicherheitsausrüstung.
- Verhütung und Bekämpfung von Bränden.

Fähigkeit zur praktischen Anwendung:

- Steuern nach Schiffahrtszeichen, anderen Objekten oder nach Kompaß.
- Manövrieren (Ablegen, Anlegen, Festmachen, Wenden auf engem Raum, »Mann-über-Bord«-Manöver mit Hilfe eines treibenden Gegenstandes).
- Wichtige Knoten (Achtknoten, halber Schlag, zwei halbe Schläge, Kreuzknoten, einfacher und doppelter Schotstek, Palstek und Feuerwehrstek, Belegen von Enden).
- Anlegen einer Rettungsweste.

1. Kleine Yachtbau- und Motorenkunde

Die Segelyacht

Keine Prüfungsfragen für den Sportbootführerschein!

Rumpf

Wir haben schon beim Binnenschein gelernt (siehe einschlägige Lektüre), daß Boote aus Vollholz, formverleimtem Sperrholz, GFK, Stahl, Aluminium und seltener auch aus Ferrozement gebaut werden. Zusätzlich merken wir uns jetzt noch das Wort *Kompositbau,* eine Bauweise mit Holzbeplankung auf Metallspanten (auch Mischbauweise mit verschiedenen Materialien). Das Heck der heutigen Fahrtenyachten (Yachtheck) ist nicht mehr sehr weit überhängend gestaltet und versehen mit einem kleinen, meist nach einwärts geneigten Spiegel. Endet das Heck spitz und

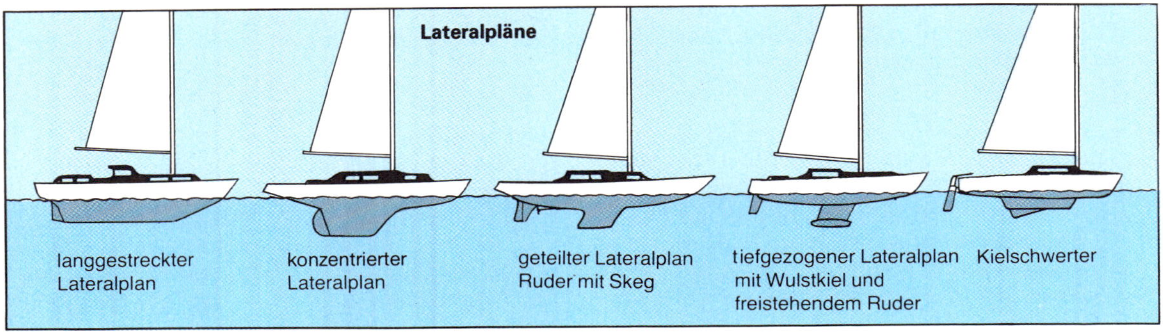

trägt es das Ruder, so nennt man dies *Spitzgattheck* (Spitzgatter), trägt es kein Ruder, so handelt es sich um ein *Kanuheck.* Der *Löffelbug* heutiger Fahrtenyachten ist nicht mehr so stark überhängend wie früher konstruiert.

Als wichtigste tragende Elemente einer Yacht in Vollholzbauweise unterscheiden wir folgende Längs- und Querverbände:

- Kiel (unterster Längsbalken).
- Kielschwein (Verstärkungsbalken auf dem Kiel).
- Steven (vorderste bzw. achtere Begrenzung).
- Stringer (Versteifungsleiste in Längsrichtung).
- Balkweger (oberster Stringer als Auflage für die Decksbalken).
- Spanten (Querrippen).
- Bodenwrangen (unterste Spantenverbindung).
- Decksbalken (Auflage für die Decksplanken).
- Spiegel (Abschlußplatte am Heck).

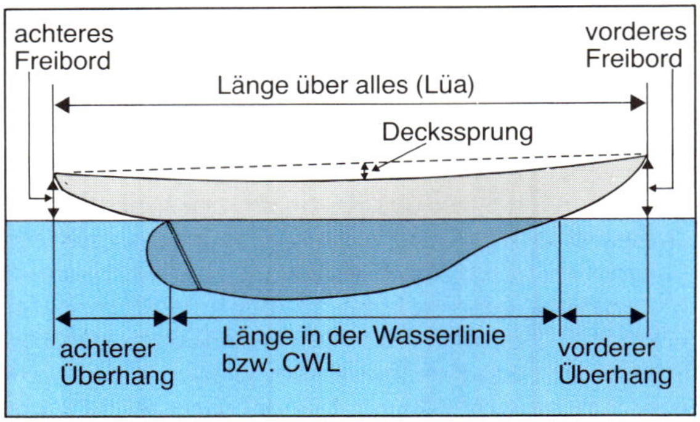

Werden beim Vollholzbau die einzelnen Planken so aneinandergefügt, daß eine glatte Außenhaut entsteht, so nennen wir das *Karweelbeplankung.* Eine *Klinkerbeplankung* liegt dagegen vor, wenn die Holzplanken in Längsrichtung dachziegelartig überlappen. Die Kurve des Decks in Längsrichtung (= der *Deckssprung*) erscheint vorwiegend konkav (= Deck steigt zum Bug und Heck hin an) und wird mit dem Ausdruck *positiver Deckssprung* bezeichnet. Beim selteneren *negativen Deckssprung* fällt die Linie nach vorn und hinten ab.

Wichtig bei Fahrtenyachten ist die Art des Unterwasserschiffes, d.h. der *Lateralplan,* (der unterschiedlich gestaltet sein kann. Es gibt langgestreckte, tiefgezogene, konzentrierte, unterteilte und kurze Lateralpläne. Während Fahrtensegler (dabei sind auch besonders die Weltumsegler zu nennen) mehr einen oft als altmodisch angesehenen langgestreckten Lateralplan wegen seiner besonderen Seetüchtigkeit lieben, bevorzugt die heutige Rennsegelei wegen der größeren Geschwindigkeit einen kurzen Lateralplan. Das Ruder ist oft als *Schweberuder* ausgeführt, das nur in seinem oberen Spurlager befestigt ist. Liegt ein Teil der Ruderfläche vor dem Ruderschaft, so nennt man dies *Balanceruder.* Vertrauenserweckender erscheint das Ruder, wenn es auch mit einem unteren Lager an der Kielflosse oder an einer Leitfläche (= *Skeg*) ange-

Diese Ausdrücke sollten Sie sich merken. Obwohl bereits fürs Binnensegeln Prüfungsstoff, könnten sie auch bei der BR-Prüfung gefragt werden!

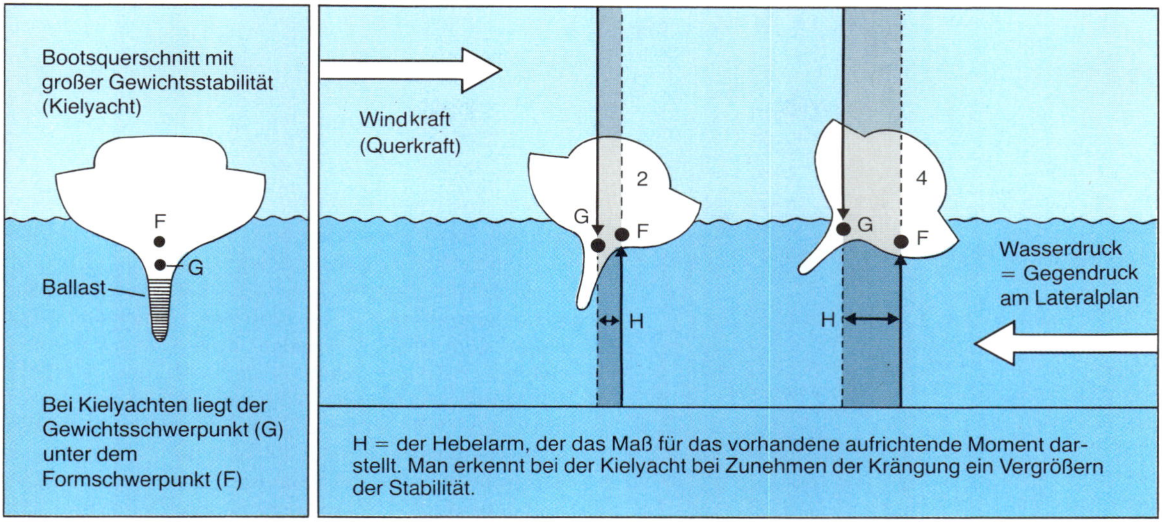

Die quer zum Schiff wirkende Komponente der Windkraft (Querkraft) erzeugt Krängung (und Abdrift). Je mehr eine Kielyacht krängt, um so größer wirkt die aufrichtende Kraft – und es ergibt sich eine große Endstabilität mit Kentersicherheit.

bracht ist. Wichtig ist für die Yacht der *Ballast,* der die Eigenschaft als »Stehaufmännchen« bewirkt. Man spricht von *Gewichtsstabilität,* weil durch den tiefliegenden Ballast der Gewichtsschwerpunkt unter der Wasserlinie liegt. Folgerung: Je mehr eine Yacht krängt, um so größer wirkt die aufrichtende Kraft. Zwar ist das Wissen um die Kentersicherheit unserer Fahrtenyacht beruhigend, andererseits fehlen bei größeren Yachten entsprechende Auftriebseinrichtungen, und somit könnten sie, in Extremsituationen vollgelaufen, sinken – es sei denn, der Rumpf ist mit Trennwänden *(Schotten)* versehen und somit in Sicherheitsabschnitten unterteilt. Auf alle Fälle muß bei einer seegehenden Yacht das Cockpit gegen den Niedergang abgeschottet sein, wobei das Cockpit selbstlenzend ist. Zum Schutz der Segler an Deck muß jede seegehende Yacht auch eine ausreichend hohe und kräftige *Seereling* haben.

Qualitätsyachten sind übrigens nach den Richtlinien der *Germanischen Lloyd (GL)* gebaut, einer Bau- und Klassifikationsgesellschaft, die Vorschriften für Bauverfahren, Qualitäts-Klassifikation und Werkstoffqualitäten aufstellt und deren Überwachung übernimmt.

Rigg, Takelungsarten

Je größer der Mast einer Yacht ist, um so umfangreicher muß er verstagt werden. Neben Vor- und Achterstag (oft doppelt ausgeführt) gibt es jetzt mehrere Wanten *(Unter-, Mittel-, Ober-, Toppwanten),* wobei sich über der Saling oft noch eine weitere Saling *(Ober-* bzw. *Toppsaling)* befindet. Darüber finden wir manchmal sogar eine weitere kleinere, leicht nach vorne gerichtete Art Saling *(Jumpstagspreize).*

Kann eine Yacht nicht durch ein Achterstag verstagt werden (z.B. bei einer Gaffeltakelung oder bei einem übermäßig langen Großbaum), so kann man sich mit *Backstagen* (auch *Preventer* genannt), die vom Mast zu den Bordseiten achterlich des Mastes ziehen, behelfen. Nachteil: Sie müssen jeweils beim Wenden oder Halsen auf der einen Seite losgeworfen und auf der anderen Seite (= in Luv) wieder durchgesetzt

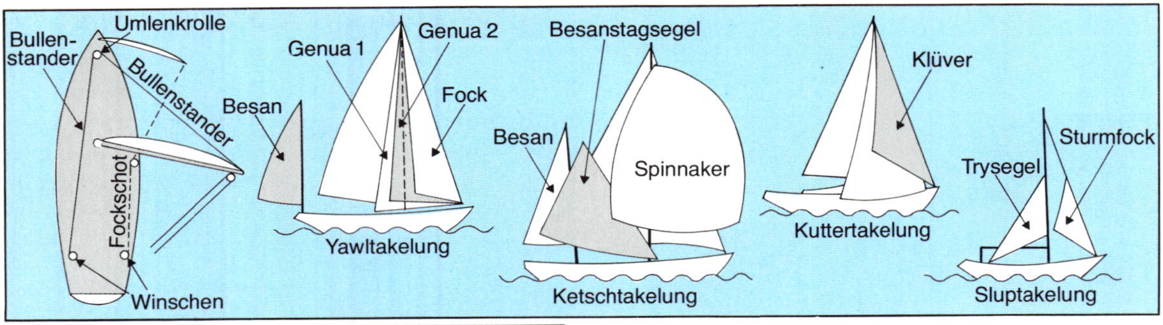

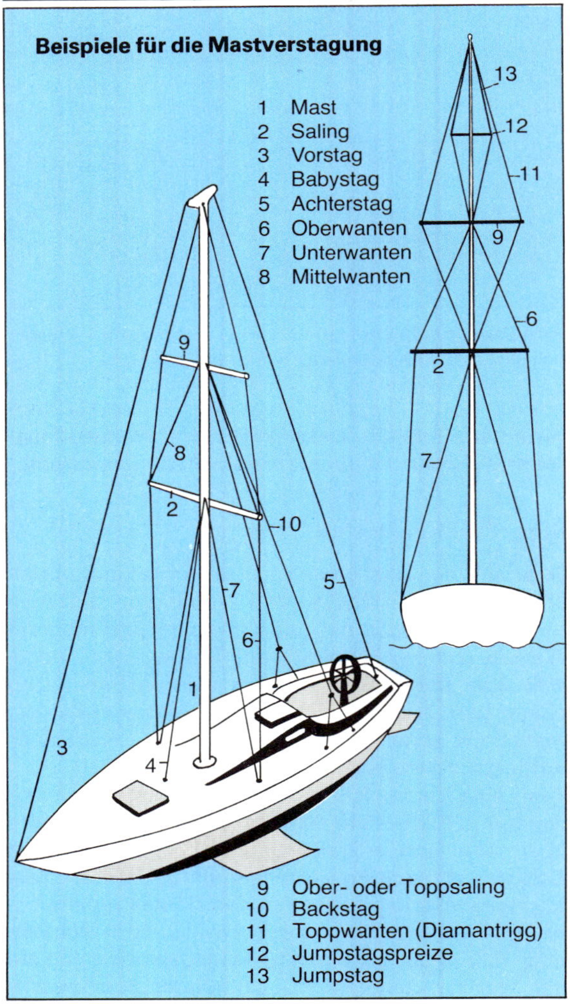

werden. Manchmal trägt eine Yacht die Backstagen auch zusätzlich zum Achterstag.

Unsere Fahrtenyacht kann slup-, ketsch-, yawl- oder kuttergetakelt sein. Eine *Slup* hat 1 Mast und trägt neben dem Groß- 1 Vorsegel. Eine *Ketsch* hat einen zweiten, kleineren Mast *(Besanmast)*, der innerhalb der Konstruktionswasserlinie steht, im Gegensatz zur *Yawl*, ebenfalls einem »Anderthalbmaster«, dessen kleinerer achterer Mast außerhalb der Konstruktionswasserlinie steht. Ein moderner *Kutter* besitzt 1 Mast und verwendet 2 Vorsegel, *Fock* oder *Genua* und *Klüver*. Seltener: *Schonertakelung* mit 2 großen Masten.

Laufendes Gut, Segel

Vom Binnenschein her sollten Sie noch folgende Teile des *laufenden Gutes* wissen: Fallen, Schoten, Dirk, Niederholer, Achterholer und Flaggleinen. Für Fahrtenyachten kommt jetzt noch etwas Wichtiges dazu: der *Bullenstander*. Er wird von der Nock des Baumes zum Vorschiff geführt und im Gegenzug zur Großschot so dicht gesetzt, daß der Großbaum weder überkommen noch im Seegang schlagen kann. Der Bullenstander verhindert somit auf dem Vorwindkurs eine unfreiwillige Halse (»Patenthalse«). Bei den seegehenden Yachten haben wir es nun auch mit weiteren Segeln zu tun. So wird man normalerweise wenigstens 3 Vorsegel zur Wahl mitführen: *Fock*, die größere *Genua* (oft 2 Genuas!) und die kleinere *Sturmfock*. Das Segel am kleineren achteren Mast bei Yawl oder Ketsch heißt *Besan*. Als Beisegel spielt der *Spinnaker* eine Rolle oder bei Yawl und Ketsch das *Besanstagsegel* zwischen den beiden Masten. Ein spezielles Schwerwettersegel ist das *Trysegel*, das an Stelle des Großsegels am Mast, aber mit losem Unterliek gefahren wird.

Bootsmotor

Prüfungsfragen für den Sportbootführerschein:
276, 277, 312, 321, 325.

Ottomotoren und Dieselmotoren

Folgende Verbrennungsmotoren kommen als Bootsantriebe in Frage: Zwei- und Viertakt Benzinmotoren (= Ottomotoren) und Dieselmotoren. Während die Ottomotoren ein Benzin-Luftgemisch ansaugen, gering verdichten und mittels Zündkerze zünden, saugen die Dieselmotoren reine Luft an, komprimieren hoch und zünden ohne Kerzen mittels Eigenzündung durch Einspritzen des Dieselöls in die erhitzte Luft.
Der Dieselmotor weist gegenüber einem Benzinmotor als Einbaumaschine verschiedene Vor- und Nachteile auf.

Vorteile: Weniger störanfällig und höhere Lebensdauer, wirtschaftlicher, geringe Explosionsgefahr wegen seiner Arbeitsweise ohne Elektrizität und der Art des Kraftstoffes.
Nachteile: Teurer in der Anschaffung, lauter und schwerer.

Den technisch einwandfreien Zustand und die Funktionsfähigkeit des Bootsmotors können wir durch regelmäßige Wartung und Pflege sicherstellen. Da die Betriebsanleitung genaue Wartungsangaben und eine Zusammenstellung möglicher Störungen enthält, zudem auch bei Reparaturen durch Fachkräfte von Bedeutung sein kann, sollte sie immer an Bord mitgeführt werden.

Getriebe

Bei den Sportbootsmotoren erfolgt die Kraftübertragung vom Motor zum Propeller über ein Wendegetriebe. Es ermöglicht eine Umkehr (Umsteuerung) der Drehrichtung der Propellerwelle (Rückwärtsgang), dazu ein Auskuppeln der Propellerwelle (Leerlauf). Daneben setzt es die höhere Drehzahl des Bootsmotors durch Untersetzung herab auf die niedrigere Propellerdrehzahl.

Das Einlegen von Vorwärts- oder Rückwärtsgang erfolgt entweder mittels einer Einhebelschaltung, bei welcher Gaszug und Getriebe mit einem einzigen Hebel bedient werden, oder mittels einer »Zweihebelschaltung«, bei welcher das Wendegetriebe und die Motordrehzahl mit völlig getrennten Hebeln bedient werden. Bei letzterer Ausführung ist darauf zu achten, daß vor jeder Schaltung zunächst durch Zurücknehmen des Gashebels die Motordrehzahl herabgesetzt wird, damit keine Getriebeschäden entstehen. Wichtig ist beim Starten, daß die Schaltung auf Leerlauf steht, sonst dreht der Propeller sofort mit und besonders ein kleineres Boot würde ruckartig anspringen. Dabei könnten Personen über Bord fallen und verletzt werden.
Im Hinblick auf die Wartung des Wendegetriebes darf die Kontrolle der Ölfüllung und der Öltemperatur nicht vergessen werden.

Propeller

Für den Bereich der Sportboote unterscheidet man zwei- und dreiflügelige Propeller. Für Segelyachten sind mehr die zweiflügeligen Propeller wegen des geringeren Wasserwiderstandes beliebt. Sehr günstig

Die Drehrichtung des Propellers bewirkt den »Radeffekt«.
Bei dieser Linksdrehung wird das Heck nach links versetzt.

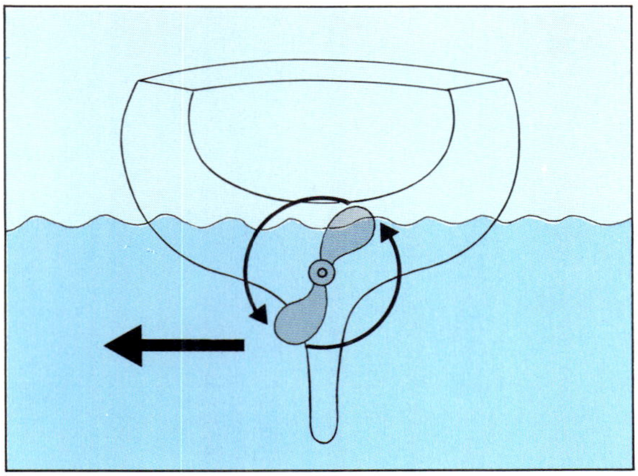

im Hinblick auf den Wasserwiderstand sind bei Segelyachten *Verstell-* und *Faltpropeller,* die allerdings einen schlechteren Wirkungsgrad aufweisen und wegen ihrer speziellen Mechanik Störungen nicht ausschließen. Beim Verstellpropeller kann man die *Steigung* der beiden Blätter verstellen, d.h. sie in eine widerstandsarme »Segelstellung« oder auf Rückwärtsfahrt bringen. Beim Faltpropeller werden die Flügel zur Segelstellung einfach zusammengeklappt.

Beim Binnenschein haben Sie bereits etwas vom *Radeffekt* gelernt. Wir erinnern: Beim Boot mit linksgängigem Propeller dreht der Propeller von hinten gesehen im Vorwärtsgang links herum, und das Heck wird nach links versetzt. Im Rückwärtsgang dreht der Propeller rechts herum und versetzt das Heck nach rechts.

Kraftstofftank

Damit bei einem Bruch der Treibstoffleitung nicht der gesamte Tankinhalt in die Bilge läuft, muß ein Absperrventil in der Treibstoffleitung vom Tank zum Motor eingebaut sein. Dieses Ventil soll auch geschlossen werden, wenn der Motor nicht läuft. Zur Vermeidung einer Explosionsgefahr infolge statischer Entladungen sollen Füllstutzen, Tankbelüftung und Absperrventil geerdet sein. Dieselmotorfahrer müssen wissen, daß sie ihren Tank nie ganz leerfahren, weil sonst Luft in die Einspritzanlage gelangt. Die Folge wäre dann eine sorgfältige Entlüftung (Entlüftungspunkte siehe Betriebsanleitung!), bevor der Motor wieder einwandfrei läuft. Wer einen Außenbordmotor benützt, sollte wissen, daß der Außenbordertank immer an Land nachgefüllt wird, um zu verhindern, daß Treibstoff ins Bootsinnere oder ins Wasser (Umweltschutz) gelangen kann. Prinzipiell verhindert die Verwendung eines großen Trichters beim Tanken ein Verschütten von Treibstoff.

Sicherheits- und Vorsorgemaßnahmen

Beim Umgang mit Motor und Batterie, ferner beim Tanken sind bestimmte Sicherheitsmaßnahmen – sowohl für Mannschaft und Boot als auch für den Motor selbst – zu beachten. Die wichtigsten Maßnahmen in folgender Übersicht:

Vorgang	Maßnahmen/Ursachen
Vor dem Tanken und beim Tanken	Offene Feuer löschen und nicht rauchen, keine elektrischen Schalter betätigen, alle Luken und Fenster schließen, damit keine Dämpfe ins Innere geraten (nach dem Tanken wieder öffnen!)
Beachten vor dem Anlassen des Motors	Motorraum durch Gebläse entlüften, Getriebe auskuppeln, Brennstoff- und Kühlwasserventile öffnen, Kontrolle von Brennstoffmenge und Ölstand
Beachten nach dem Anlassen des Motors	Kühlwasserdurchlauf und Öldruck kontrollieren, Verlöschen der Ladekontrollampe, Motorgeräusch und Auspuffgase beachten
Aufladen von Batterien (Bleiakkumulatoren) an Bord	Batterieraum wegen der entstehenden Gase und der Explosionsgefahr ausreichend belüften

Vorgang	Maßnahmen/Ursachen
Vergaser des Motors brennt	Brennstoffzufuhr abstellen, Vergaser zwecks Stoppen der Sauerstoffzufuhr abdecken, Vollgas geben zwecks Entleerung des Vergasers
Wartung der Batterie	Flüssigkeitsstand kontrollieren und bei Bedarf mit destilliertem Wasser nachfüllen, Pole sauberhalten und mit Vaseline bzw. Polfett einfetten, Spannung prüfen
Treibstoff oder Öl ist ins Schiffsinnere gelangt	Öl/Treibstoff mit saugfähigem Lappen entfernen (an Land in geeigneten Abfallbehälter – Umweltschutz! – werfen); vor dem Starten 5 Minuten das Entlüftungsgebläse laufen lassen
Überwachung der Maschinenanlage während der Fahrt	Abgasfärbung und Kühlwasseraustritt prüfen, auf Motorgeräusch (Drehzahl) achten, Motor- und Getriebetemperatur beobachten, Öl- und Ladekontrolllampe beachten (müssen aus sein), Drehzahlmesser nicht übersehen. Erste Anzeichen einer Störung sind meist ungewöhnliche und fremde Motorengeräusche
Motor wird zu heiß	Feststellen, ob der Grund unzureichende Kühlung, verstopfte bzw. verschmutzte Filter oder Ölmangel ist
Motor läuft nach dem Start normal, wird aber nach Einlegen des Gangs »abgewürgt«	Beim Propeller nachsehen, er könnte z. B. wegen eines hineingekommenen Tampens blockiert sein
Ungenügender Öldruck auf Kontrollampe	Ölfüllung überprüfen und bei Bedarf ergänzen, Schmierölfilter reinigen, Ölpumpe testen, Undichtigkeiten im Ölkreislauf suchen
Der Einbaumotor qualmt blau	Ursache ist Verbrennen von Öl. Kontrollieren, ob der Ölstand zu hoch ist oder ob Kolbenringe defekt
Der Motor qualmt weiß	Ursache ist eine Undichtigkeit des Kühlwassersystems nach innen. Undichtigkeit finden und reparieren, vermutlich Zylinderkopfdichtung defekt
Eine Yacht segelt am Wind und läßt gleichzeitig den Motor mitlaufen, dabei krängt sie stark	Durch die Schräglage kann es passieren, daß die Maschine nicht mehr genügend Öl zur Schmierung bekommt. Eine ständige Krängung über 20° muß in diesem Fall vermieden werden. Außerdem ist zu sorgen, daß die Kühlwasser-Eintrittsöffnung nicht aus dem Wasser ragt

2. Seemännische Arbeiten

Knoten, Spleißen, Takling

Keine Prüfungsfragen für den Sportbootführerschein! Aber folgende Knoten bei der Praxisprüfung: Acht- und Kreuzknoten, halber Schlag, zwei halbe Schläge, einfacher und doppelter Schotstek, Palstek, Belegen. Ursprünglich auch Feuerwehrstek.

Knoten nur für den Sportbootführerschein

Mit Ausnahme des Feuerwehrsteks waren alle folgenden Knoten bereits Prüfungsstoff für den A-Schein bzw. Sportbootführerschein Binnen. Da der BR-Schein-Prüfling aber auch noch die Grundlagen beherrschen sollte, kann er jetzt sein Wissen überprüfen und gegebenenfalls auffrischen.
Der Sportbootführerschein-Anwärter sollte sich diese Knoten genau aneignen und sie öfters übend wiederholen, damit er bei der Praxisprüfung nicht in Schwierigkeiten gerät!

Achtknoten

Verhindert ein Ausrauschen eines Endes aus Block oder Leitöse. Wird z. B. immer in den Tampen der Schot gemacht.

Rundtörn mit 2 halben Schlägen

Festmachen an einer Spiere oder ähnlichem, z. B. Schleppleine um den Mast befestigen.

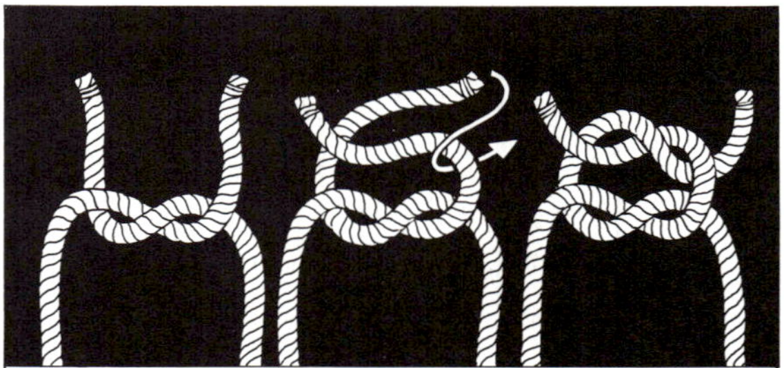

Kreuzknoten

Verbindung zweier gleichstarker Enden, z. B. Verknoten von Reffbändseln.

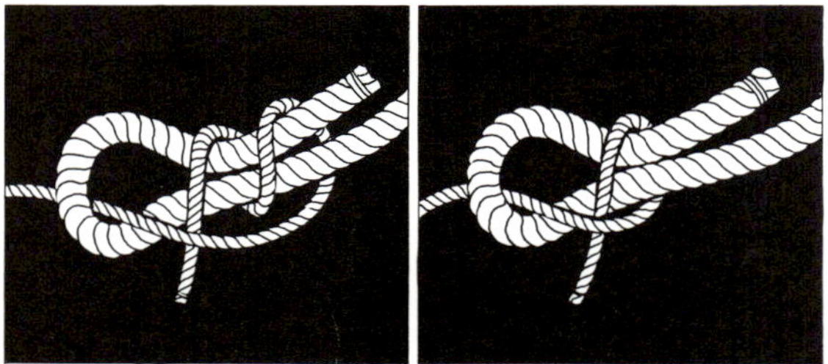

Einfacher und doppelter Schotstek

Verbindung zweier verschieden starker (auch gleichstarker) Enden, z. B. Anstecken einer Wurfleine an eine Schlepptrosse mit oder ohne Auge, Verlängerung einer Ankertrosse.

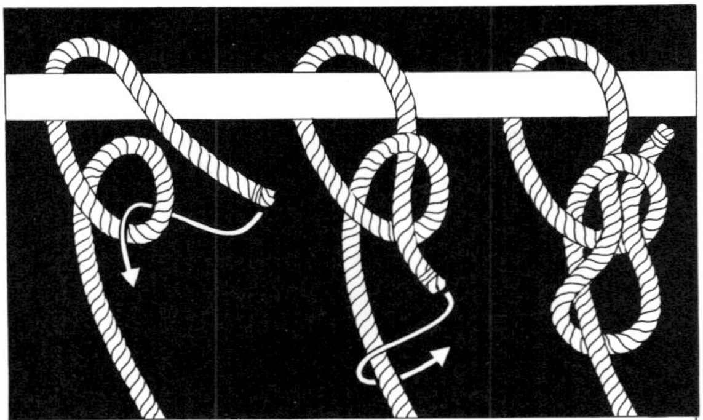

Einfacher Palstek

Herstellung eines sich nicht zuziehenden Auges, z. B. zum Belegen an Pollern oder Ringen. Er hält zuverlässig, auch wenn er abwechselnd Zug und Lose bekommt.

Kopfschlag
richtig falsch

Kopfschlag
auf Slip gelegt

Belegen

Beim Belegen an einer Klampe wird das Ende nach einem ersten Törn in Achterform herumgeschlungen, der letzte Schlag verkehrt herum (Kopfschlag). Da sich der Kopfschlag bei nassen Fallen schwer lösbar zusammenziehen kann, kann man stattdessen einen Slip machen.

Der **Feuerwehrstek** dient zum Bergen und Sichern von (bewußtlosen) Personen. Durch seine spezielle Art verhindert er ein Herausrutschen, wobei Kopf und Brust oben gehalten werden. Man führt dabei eine Leine über den Nacken, anschließend direkt unter den Armen durch zum Rücken und kreuzt sie dort (Bild 1). Anschließend werden beide Seiten der Leine wieder nach vorn hoch zur Brust geführt und mittels Kreuzknoten (oder Palstek) verknotet (Bild 2).

Knoten, Spleißen, Takling nur für den BR-Schein

Doppelter Palstek

Man erhält mit seiner Hilfe ein Auge, das sich wie beim einfachen Palstek nicht zusammenziehen kann. Man kann somit z.B. eine Ersatzleiter oder Ersatzbootsmannsstuhl herstellen.

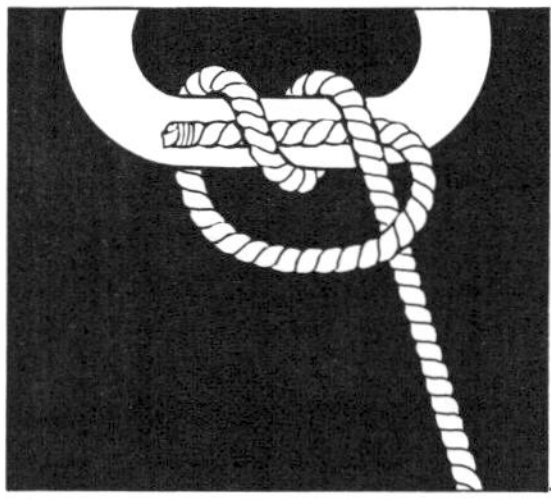

Roringstek

Er dient zum Festmachen an Ringen (z.B. Ankerleine an den Roring des Ankers). Man sollte aus Sicherheitsgründen noch 2 halbe Schläge draufsetzen.

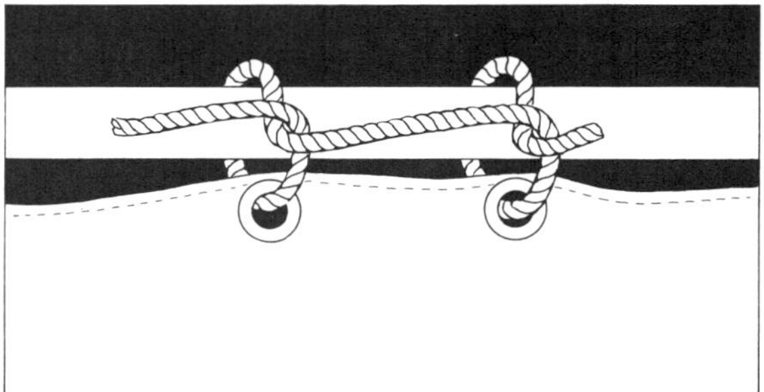

Marlschlag

Hier handelt es sich um einen Überhandknoten, der zum Anreihen eines Segels an den Baum oder auch zum Fixieren des aufgetuchten Großsegels am Baum dient.

Kurzspleiß

Man verbindet damit die beiden Teile eines gebrochenen geschlagenen Endes. Dieser Spleiß ist aber wegen seiner Verdickung nur verwendbar, wenn die betreffende Leine nicht durch Blöcke oder Leitösen läuft. Da man ohnehin genügend Ersatztauwerk mitführen sollte, spielt dieser Spleiß in der Praxis eine geringe Rolle.

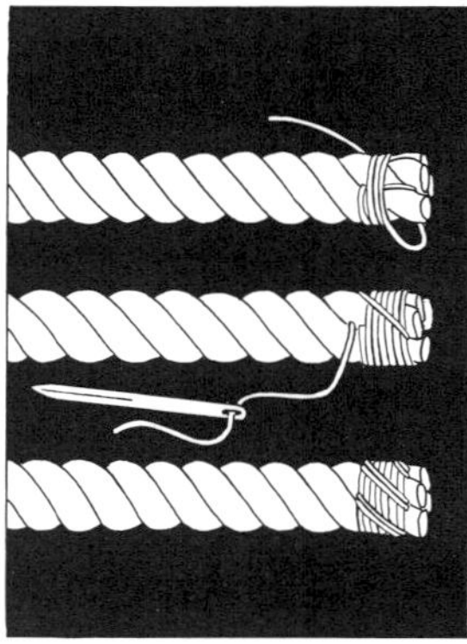

Genähter Takling

Sofern es sich nicht um Kunststofftauwerk handelt, dessen Tampen mit Hilfe einer Flamme verschweißt wird, ist auf einen Tampen ein Takling aufzusetzen. Haltbarer als der beim A-Schein gelernte Behelfstakling ist der genähte Takling.

Noch ein paar Tauwerkinformationen: Dreikardeeliges Tauwerk heißt *Trossenschlag,* vierkardeeliges *Wantschlag. Geschlagenes* Tauwerk verwendet man wegen seiner großen Festigkeit und Elastizität vorwiegend für Festmacher, Anker- und Schlepptrossen. *Vorgerecktes geschlagenes* Tauwerk dient wegen der geringen Dehnbarkeit für Fallen, das geschmeidige *geflochtene* Tauwerk für Schoten.

3. Praktische Schiffsführung

Verhaltensweisen der Berufsschiffahrt

Keine Prüfungsfragen für den Sportbootführerschein – Kenntnis trotzdem wichtig!

Insbesondere im Bereich der Revierfahrt muß sich der Yachtsportler als Verkehrsteilnehmer mit den Manövriereigenschaften und den daraus folgenden Verhaltensweisen großer Schiffe (Handelsschiffe) vertraut machen. Grund: Nur wer die Problematik der Manövriereigenschaften großer Fahrzeuge kennt, besonders der Schiffe mit ausgeprägtem Tiefgang im seichteren Küstenbereich, kann die zwangsläufigen Verhaltensweisen dieser Fahrzeuge verstehen und abschätzen und somit sein eigenes Verhalten als Skipper entsprechend einrichten, d. h. Abstand halten und beabsichtigte Manöver rechtzeitig und eindeutig ausführen.

Die *Wassertiefe* spielt für die Handelsschiffahrt eine große Rolle, und je nach Tiefgang des Schiffes stellt die 20-m-Wassertiefenlinie bereits eine Gefahrenlinie dar. Für bersonders tiefgehende und beladene Schiffe kann sogar bereits die 30-m-Linie Gefahr bedeuten.

Abgesehen vom oft geringen oder fehlenden Manövrierspielraum wegen der Wassertiefe, ist zu beachten, daß große Schiffe wegen ihrer teilweise erheblichen Trägheit überhaupt nur sehr eingeschränkt manövrieren können. So reagiert ein größeres Handelsschiff auf eine plötzliche Ruderlage mit deutlicher Verzögerung. Eine *Drehung* kann also nur langsam und oft nicht sofort erkennbar eingeleitet werden. Gleichzeitig schert das Heck aus, so daß ein anderes zu nahe liegendes Schiff gefährdet werden kann. Bei einem ganzen *Drehkreis* ergeben sich zunächst noch ein maximaler Vorausweg von 3,5 bis 5 Schiffslängen, dann ein Kreisdurchmesser von 3,5 bis 5, gelegentlich sogar bis 7 Schiffslängen. Müssen also größere Handelsschiffe als Kurshalter das *Manöver des letzten Augenblicks* fahren, weil ausweichpflichtige Fahrzeuge nicht eindeutig das Nachkommen ihrer Ausweichpflicht zu erkennen geben, so müssen sie dies Manöver allgemein in einem Abstand von 2 bis 3 sm anfangen.

Stoppen wird durch das Manöver VR (»voll–zurück«) eingeleitet. Stoppstrecke und Stoppzeit hängen von verschiedenen Faktoren ab, von der Art der Antriebsanlage oder des Propellers, von der gefahrenen Geschwindigkeit oder der Vorwarnzeit. Bevor die Maschine z. B. eines schnellen Regelfrachters überhaupt Rückwärtsumdrehungen aufnimmt, sind schon 1000 m oder mehr zurückgelegt. Es ergeben sich somit sehr lange Stoppstrecken, bei Handelsschiffen allg. 10 bis 13 (manchmal sogar bis zu 15) Schiffslängen.

Beispiel: Ein 348 m langer Turbinentanker mit einer Verdrängung von rund 290 000 t benötigt eine Strecke von 13 Schiffslängen (= über 4500 m) und eine Zeit von fast 18 Minuten bis zum Stillstand.

Yachten können von großen Fahrzeugen auch leicht übersehen werden. Abgesehen davon, daß man sich bei zu großer Nähe in einem toten Winkel, der von der Brücke aus gar nicht einsehbar ist, befinden könnte, sind es Nautiker gewohnt, beim Ausgucken in erster Linie die Kimm abzusuchen. Kleine Fahrzeuge, die sich nicht gegen den Horizont abheben, sind demnach, besonders bei ungünstigen Wetterverhältnissen, nur schwer auszumachen.

Festmachen

Keine Prüfungsfragen für den Sportbootführerschein – wird aber bei der Praxisprüfung verlangt!

Zum Festmachen der Yacht am jeweiligen Liegeplatz dienen die Festmacherleinen. Dies sind *Vor-* und *Achterleinen* und gegebenenfalls *Vor-* und *Achterspring.* In bestimmten Situationen kann auch das Ankerge-

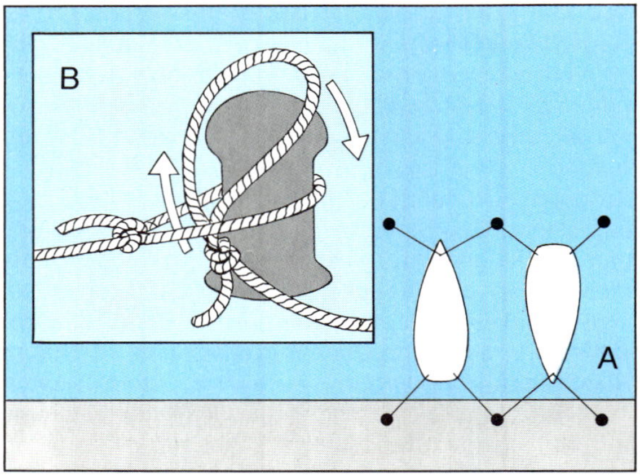

A: Liegen zwischen Mole und Pfählen.
B: Spezieller Tip: Sind über einen Poller auch Leinen anderer Boote geworfen, so verhält man sich in seemännisch höflicher Weise wie folgt: Man fährt mit dem eingespleißten oder durch einen Palstek erreichten Auge seiner Leine von unten durch das Auge der anderen Leine(n) und legt es dann über den Poller. Jeder kann dann seine Festmacher abnehmen, ohne behindert zu sein.

Längsseits an der Pier: Ist die Yacht nicht noch zusätzlich mit Vor- und Achterspring wie bei B festgemacht, dann pendelt sie wie bei A hin und Her.

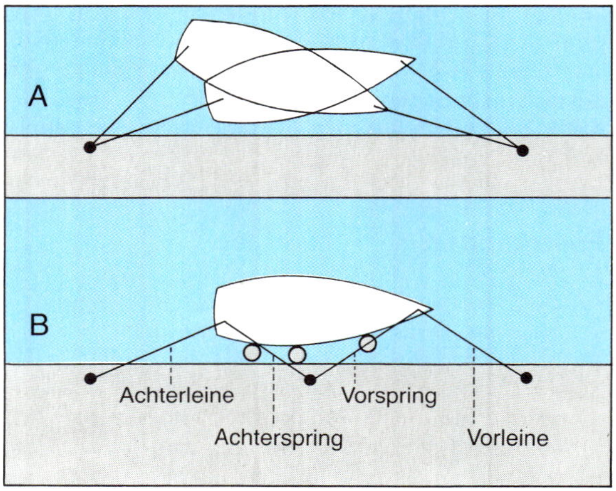

schirr erforderlich werden. Je nach Art des Liegeplatzes sind Fender zum Schutz obligatorisch. Häufig ist in den Tampen einer Festmacherleine ein größeres Auge eingespleißt, um die Leine gleich über einen Poller werfen zu können. Ist ein solches Auge nicht eingespleißt, so benützt man einen typischen Festmacherknoten, z. B. den Palstek. Bieten sich zum Festmachen Ringe an, so ist wiederum ein Palstek zu verwenden oder auch ein Roringstek mit zwei zusätzlichen halben Schlägen.

Achtung: Nachdem die Festmacherleinen an Land fest sind, wird ihre Länge jeweils an Bord reguliert (überschüssige Leine an Bord)!

Muß eine Yacht zwischen Pfählen und einer Pier festgemacht werden, so wirft man beim Passieren der Dalben zunächst je eine Leine über und fiert solange, bis Heck oder Bug dicht an die Pier kommen. Jetzt bringt man zwei weitere Leinen an Land aus und belegt anschließend alle vier Leinen an Bord so, daß gerade noch ein Verkehr zwischen Mole und Yacht möglich ist.
Häufig muß eine Yacht längsseits an einer Mole festgemacht werden (besonders im Bereich der Nord- und Ostsee üblich). Hierbei bringt man neben der Vor- und Achterleine zusätzlich noch eine Vor- und Achterspring aus, damit das Boot nicht unruhig pendelt. Alle vier Leinen werden dabei gleichmäßig festgemacht, dadurch fangen jeweils Vorleine und Achterspring einen Druck von vorne und Achterleine und Vorspring einen Druck von achtern gemeinsam auf.
Herrscht übrigens Strom, so wird die Yacht grundsätzlich gegen den Strom festgemacht.
Liegen mehrere Yachten längsseits im *Päckchen,* so muß eine Leine vom äußeren Boot zum Land ausgebracht werden. Selbstverständlich dürfen die Fender nicht vergessen werden! Eine typische Liegeart im Mittelmeerraum ist die mit Bug oder Heck an der Pier. Hierbei benötigt man – sofern keine Festmachertonne vorhanden ist – den Anker; an der Mole wird die Yacht mit zwei Leinen in nicht zu starker Spreizung festgemacht. Bei entsprechenden Verhältnissen bringt man auch noch eine Spring an, bei schlechtem

Wetter und seitlichem Wind dazu eine Querleine von Boot zu Boot bzw. von Boot zur Pier. Auch jetzt dürfen die Fender nicht vergessen werden, außerdem ist zu beachten, daß unser Mast nicht mit dem Nachbarmast kollidiert.
Bei allen Liegeplatzarten sind jeweils die Leinen über die Klüsen der Yacht an Land, zu den Pfählen oder zum Anker zu führen, Scheuerstellen schützt man dabei mit Lappen oder einem Stück PVC-Schlauch. In Tidengewässern müssen die Leinen bei ablaufendem Wasser entsprechend gefiert werden, sonst könnte man ein »aufgehängtes« Boot antreffen.

Zusammengefaßt

Festmacherleinen: Vor-, Achterleine, Vor-, Achterspring, Querleinen. Manchmal auch Anker erforderlich. Typischer Festmacherknoten: Palstek. Leinen über Klüsen führen, Scheuerstellen schützen, an Bord belegen; in Tidengewässern Länge kontrollieren. Nicht vergessen: Fender.

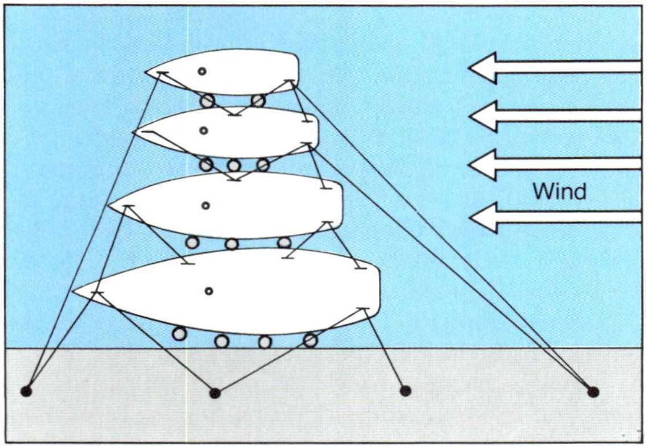

Liegen im Päckchen. Wichtig dabei: Leinen vom äußeren Boot zum Land ausbringen.

In dieser Weise liegt man mit Bug oder Heck an der Pier. Die doppelt geführten und an Deck belegten Vor- bzw. Achterleinen erlauben auch, daß die Yacht ohne helfende Personen an Land losgemacht und beim Ablegen gut geführt werden kann.

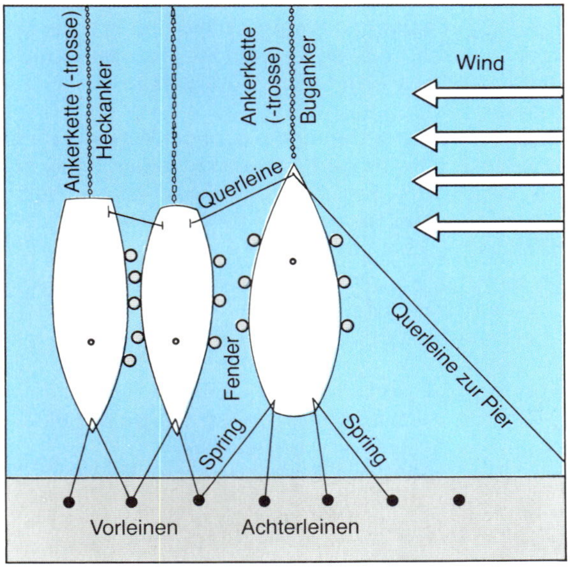

Verhalten am Ruder

Prüfungsfragen für den Sportbootführerschein: 262, 263, 265–267, 275, 280–283. Dazu bei der Praxisprüfung: Steuern nach Schiffahrtzeichen, anderen Objekten oder nach Kompaß.

Damit ein Rudergänger richtig und sicher steuern kann, muß er mit den Fahreigenschaften der betreffenden Yacht vertraut sein. Er muß wissen, wie das Fahrzeug auf die jeweilige Ruderlage reagiert, welchen Drehkreis es erfordert, bis zu welcher geringsten Geschwindigkeit die Steuerfähigkeit beibehalten wird und welche Motordrehzahl für bestimmte Geschwindigkeiten erforderlich ist. Er muß außerdem wissen, wie sich äußere Einflüsse, wie Strom, Wind, Seegang und geringe Wassertiefe auf die Manövrierbarkeit des Bootes auswirken können.
Gesteuert wird jeweils nach dem Kompaß oder nach

Schiffahrtzeichen bzw. anderen Objekten. Beim Steuern nach Kompaß achtet man darauf, daß die Gradzahl des gewünschten Kurses auf der Kompaßrose am Steuerstrich anliegt. Da die Yacht durch Wind und Welle immer wieder nach einer Seite ausweicht, muß man jeweils durch eine möglichst kleine Gegenruderlage das Boot in entgegengesetzter Richtung zur Drehbewegung wieder auf Kurs bringen. Kurz bevor der Kurs wieder am Steuerstrich anliegen wird, ist die Gegenruderlage aufzugeben.

Besonders sorgsam ist in engen Gewässern, außerdem beim Begegnen und Überholen großer Schiffe zu steuern. In engen Gewässern fahren wir vorsichtig und langsam und vermeiden Sog und Wellenschlag, damit Uferbefestigungen oder festgemachte Fahrzeuge nicht beschädigt werden. Ein großes Fahrzeug schiebt einerseits große Wassermassen vor sich her und zur Seite, andererseits hinterläßt es einen Sog. Ein kleines Boot sollte sich deshalb keineswegs an ein solches großes in Fahrt befindliches Schiff heranwagen, sonst könnte es mit ihm kollidieren oder kentern (wenn kenterbar). Wird man von einem solchen großen Fahrzeug überholt, besteht die Gefahr des Querschlagens. Überholt man selbst, dann ist der Vorgang in ausreichendem Abstand und in einer Geschwindigkeit, die das überholte Fahrzeug nicht durch Wellenschlag oder Sog gefährdet, auszuführen.

Beim Fahren unter Motor bei geringer Wassertiefe ist mit der Geschwindigkeit herunterzugehen: bei zu hoher Geschwindigkeit sinkt im flachen Wasser durch Sogwirkung das Heck ab und die Steuerfähigkeit läßt nach.

Zusammengefaßt

- Langsam fahren in engen und flachen Gewässern.
- Nicht zu nahe an große Fahrzeuge.
- Fahrt vermindern und Abstand halten beim Begegnen in engen Gewässern.
- Abstand halten beim Überholen.
- Gefahr durch Sog und Schwell, wenn wir überholt werden.

Schleppfahrten

Prüfungsfragen für den Sportbootführerschein: 268–270.

Ein Schiff unter Motor, das ein anderes Boot schleppen will, läuft am besten von Lee oder von achtern an und passiert in Luv. Die Übernahme (Übergabe) der sauber aufgeschossen bereitliegenden Schleppleine erfolgt während des Vorbeilaufens oder bei einem kurzen Stopp vor dem Bug des zu Schleppenden. Ist eine Schlepptrosse zu schwer zum Hinüberwerfen, so steckt man eine dünnere Wurfleine an die Trosse an (Schotstek). Beim Herstellen der Schleppverbindung achte man streng darauf, daß die Schleppleine keineswegs in den Propeller gerät. Beim Anfahren darf man nie zu viel Lose geben, vielmehr muß die Leine gleichmäßig weggefiert werden, wobei man sie Hand über Hand über die Klampe (Rundtörn!) bzw. den Poller gleiten und langsam auf Zug kommen läßt. Hat man die Schleppleine an einer seitlichen Heckklampe belegt, so wirkt der Zug einseitig und muß durch ständiges Ruderlegen kompensiert werden. Dies kann abgestellt werden durch eine Hahnepot, d. h., man belegt eine Leine an beiden Klampen und steckt an die Bucht die Schleppleine an. Durch eine solche Hahnepot, der die Kraft auf mehrere Zugpunkte verteilt, werden auch schwache Klampen entlastet.

Die Länge der Schleppleine wird dem Seegang angepaßt. Während bei ruhigem Wasser eine kürzere Schleppverbindung möglich ist, benötigt man bei stärkerem Seegang mindestens die zwei- oder dreifache Wellenlänge, damit sich Schlepper und Geschleppter in der gleichen Wellenphase befinden. Liegen beide nicht gleichzeitig auf einem Wellenberg oder Wellental, dann kommt die Schleppleine abwechselnd lose und rückt wieder hart ein, und es besteht – abgesehen von der Belastung der betroffenen Beschläge – Bruchgefahr der Trosse.

In engen Fahrwassern oder in Schleusen kann auch mal ein Längsseitsschleppen angebracht sein, wobei beide Boote durch Vor- und Achterleine, Vor- und Achterspring starr miteinander verbunden und mit Fendern abgesichert werden müssen.

Das Heck des Schleppers soll bei diesem Längsseitsschleppen nach achtern hinausragen, damit die Ruder- und Propellerwirkung nicht beeinträchtigt wird. Prinzipiell ist vor einer zu hohen Schleppgeschwindigkeit zu warnen. Wird nämlich die erreichbare Rumpfgeschwindigkeit des Anhanges übertroffen, so können dort wegen der zu großen Belastung auf den Rumpf Schäden entstehen – abgesehen von einer Gefahr des Unterschneidens, Vollaufens oder Kenterns.

Nimmt man Schlepphilfe in Anspruch, so übersehe man nicht, vorher die Höhe eines Schlepplohnes zu vereinbaren, damit ein Anspruch auf Bergung ausgeschlossen wird. Die Frage, ob ein freiwilliges Abschleppen oder eine Bergung vorliegt, kann auch durch das eigene Verhalten klargelegt werden: So verwende man möglichst immer die eigene Schleppleine oder stecke diese zumindest an eine übergebene Trosse an. Außerdem sollte das Übersteigen einer Person des Schleppers auf die eigene Yacht nicht gestattet werden.

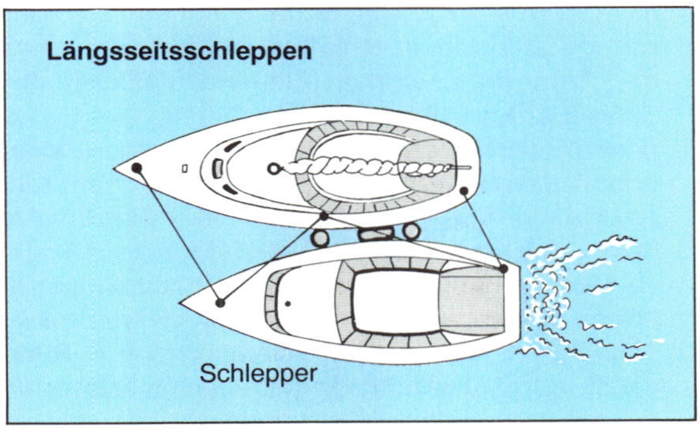

Sind Sie in Schwierigkeiten und wollen Schlepphilfe anfordern, obwohl kein akuter Seenotfall vorliegt, so bedienen Sie sich keinesfalls der Seenotsignalmittel, sondern fordern die Schlepphilfe an durch Setzen der Signalflagge »Z« oder durch Aussenden des Morsebuchstabens »Z« (– – · ·).

Wollen Sie selbst mal – z. B. mit einem stark motorisierten Motorsegler – eine auf Grund gelaufene und auf Legerwall liegende Yacht freischleppen, so achten Sie auf einige Punkte, um nicht selbst auf Legerwall zu geraten:

Man dreht in einigem Abstand genau luvwärts zum Havaristen in den Wind, ankert und läßt sich durch Fieren der Ankertrosse an ihn herantreiben. Die Schleppleine wirft man dann hinüber (evtl. Wurfleine benützen) oder läßt sie schwimmend hindriften. Soll eine aufgelaufene Kielyacht unter gleichzeitigem Krängen in tieferes Wasser freigeschleppt werden, so könnte man dies in folgender Weise anstellen: Auf der havarierten Yacht werden zwei Schleppleinen angeschlagen, eine am Masttopp (z. B. Spinnakerfall), die andere mit mehr Lose am Seitendeck. Zieht nun die mit dem Heck zum Havaristen zeigende Motoryacht an, so krängt die Kielyacht zuerst, anschließend kommt Zug auf den Rumpf, und sie kann freikommen.

Zusammengefaßt

- Bei zu schwerer Schlepptrosse Wurfleine benützen.
- Schleppleine darf bei Übergabe nicht in den Propeller geraten.
- Ruckartiges Steifkommen der Schleppleine vermeiden.
- Mindestens zwei- oder dreifache Wellenlänge der Schleppleine bei stärkerem Seegang wählen.
- Schleppgeschwindigkeit unter der Rumpfgeschwindigkeit des Geschleppten.
- Beim Längsseitsschleppen mit Vor- und Achterleine, Vor- und Achterspring vertäuen, Fender dazwischen, Heck des Schleppers ragt hinten hinaus.

Ankern

Prüfungsfragen für den Sportbootführerschein: 271–273.

Grundlegend wichtig für das Fahrtensegeln ist das Ankern. Damit man für alle Situationen eingerichtet ist, sollten unbedingt zwei Anker mitgeführt werden, und zwar möglichst in verschiedener Ausführung, z.B. Stockanker und ein Patentanker (Platten- oder Pflugscharanker). Der Stockanker erweist sich besonders bei steinigem und bewachsenem Grund als vorteilhaft, ein Patenanker dagegen eignet sich besser bei weichem und sandigem Grund. Zum Anker gehört natürlich die richtig dimensionierte Kette oder ersatzweise mindestens eine Trosse mit Kettenvorlauf (ca. 25% der Trossenlänge).

Größe und Gewicht des Ankers, außerdem Länge und Stärke der Kette richten sich nach der Größe der betreffenden Yacht. Nähere Auskünfte darüber erteilt eine Empfehlung der *Germanischen Lloyd*, die z. B. wiedergegeben ist in der Broschüre *Internationale und nationale Richtlinien für die Ausrüstung und Sicherheit seegehender Segelyachten* der Kreuzerabteilung des DSV. Einige Daten daraus als Beispiel:

Verdrängung	1. Anker	Kettenlänge	Kettendurchmesser
2 t	14 kg	45 m	6 mm
4 t	17 kg	50 m	7 mm
6 t	20 kg	54 m	7 mm
8 t	23 kg	58 m	8 mm

Der mitgeführte Zweitanker kann etwas leichter sein, er dient als Hilfsanker oder als Heckanker. Der *Heckanker* wird über Heck meist an einer Leine ausgebracht, um z.B. beim Anlegen die Fahrt abzubremsen. Oft verwendet man eine kleine Markierungsboje als *Ankerboje,* die entsprechend der Wassertiefe mit einer Leine am Anker zwecks Lagebezeichnung und Kontrolle angesteckt wird. Zum *Verwarpen* (verholen des Schiffes durch Ausfahren und Kurzstagholen eines Ankers) benützen manche einen kleineren und leichteren speziellen *Warpanker.*

Über den Ankerplatz, das Ankern selbst und das Ankerlichten war bereits beim Sportbootführerschein Binnen ausführlich die Rede (siehe z.B. Neue Segelschule). Bevor nun aber darüber hinausgehende Dinge besprochen werden sollen, wegen der besonderen Wichtigkeit zunächst eine kurze Wiederholung.

Wiederholung von Grundlagen

1. Voraussetzung ist ein geeigneter Ankerplatz. Er muß vor Wind und Welle geschützt sein und darf nicht zu einer Legerwall-Situation führen. Die Wassertiefe darf nicht übermäßig sein, dazu sollte sich der Ankergrund eignen (gute Haltefähigkeit bei Sand-, Schlick-, Lehm- und Tonböden).
2. Ankern: Vorsegel einrollen oder bergen – Anker und Ankergeschirr klarlegen (»Klarmachen zum Ankern!«) – Anker über Bord halten (»Klar zum Ankern!«, Rückmeldung: »Anker ist klar zum Fallen!«) – Ankerplatz anlaufen und gegen Wind bzw. gegen Strom drehen, warten bis Yacht achteraus treibt; dann Anker fallen lassen (»Fallen Anker!«, Rückmeldung: »Anker faßt!«) – Kettenlänge stecken (= mindestens die dreifache Wassertiefe bei Kette, die

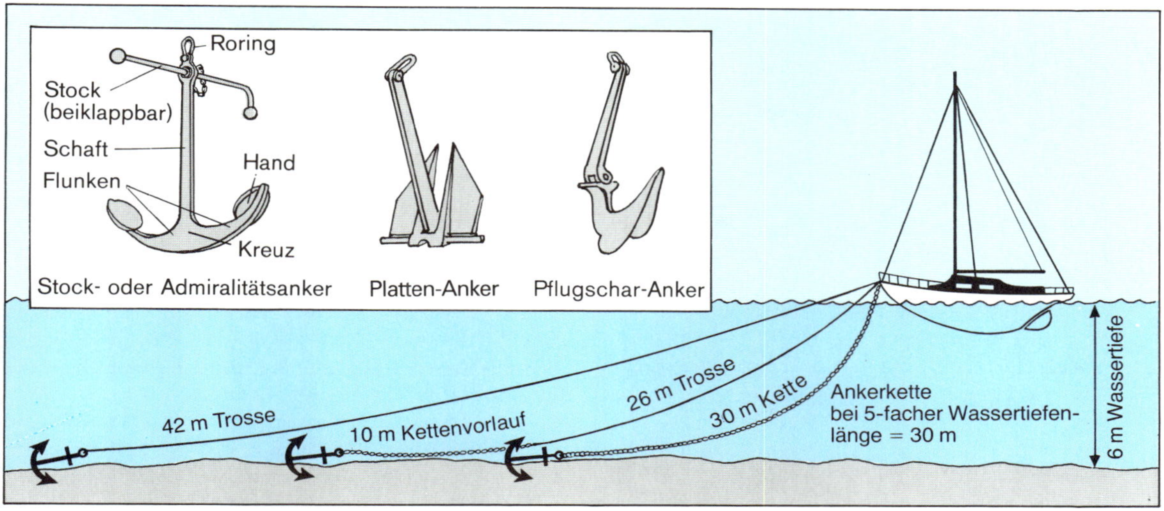

Bei der Ankerkette muß mindestens die 3fache Wassertiefenlänge, besser aber die 5fache Länge gesteckt werden. Damit der Zug möglichst waagerecht verläuft, benötigt man bei der Trosse mindestens die 5- bis 7fache Länge. Bei einer Trosse mit Kettenvorlauf ergibt sich ein Mittelwert.

fünffache bei Trosse; bei stärkerem Wind deutlich mehr) – Großsegel bergen und Yacht klarieren. Peilungen durchführen, aufschreiben und wiederholen zwecks Kontrolle, ob Anker hält.

3. Ankerlichten: Segelsetzen, Vorsegel einrollen oder beizeisen – Kette oder Trosse so anholen, daß sie nahezu senkrecht stehen (»Klar zum Ankerlichten!«, »Anker kurzstag kolen!«, Rückmeldung: »Anker ist kurzstag!«) – Yacht zur richtigen Seite schwojen lassen (Backdrücken des Großsegels) und Anker aufholen (»Anker auf!«, Rückmeldung: »Anker ist los!«) – Vorsegel ausrollen (»Reiß aus Fock/Vorsegel!«), bei Bedarf backhalten, um das Drehen der Yacht zur gewünschten Seite zu unterstützen – Anker und Kette verstauen.
4. Schwierigkeiten beim Ausbrechen: Crew zum Vorschiff, Kette möglichst steifholen und belegen, anschließend Achterschiff belasten. Es kann auch eine vorsorglich am Ankerkreuz befestigte und mit einer Ankerboje markierte Leine (Trippleine) helfen: Entgegen der Eingrabrichtung ist hiermit ein Herausziehen möglich.

Ankern bei Strom und Starkwind

Prinzipiell gilt beim Ankern im Strom, daß jetzt nicht gegen den Wind aufgeschossen, sondern gegen den Strom gedreht wird, da dieser ja nun die Richtung des Schwojens der Yacht bestimmen wird.

Bei Strom oder bei entsprechend starkem Wind oder Wellengang kann es vorkommen – besonders wenn der Ankergrund nicht ganz »lupenrein« war –, daß der Anker nicht hält, und somit kann es erforderlich werden, zwei Anker zu verwenden. Man unterscheidet dabei das Vermuren, das Verkatten und das Ausbringen eines zweiten Ankers neben dem ersten.

Vermuren

In Gezeitengewässern vermurt man ein Boot, d.h. man legt es zwischen zwei Anker, ausgebracht strom-

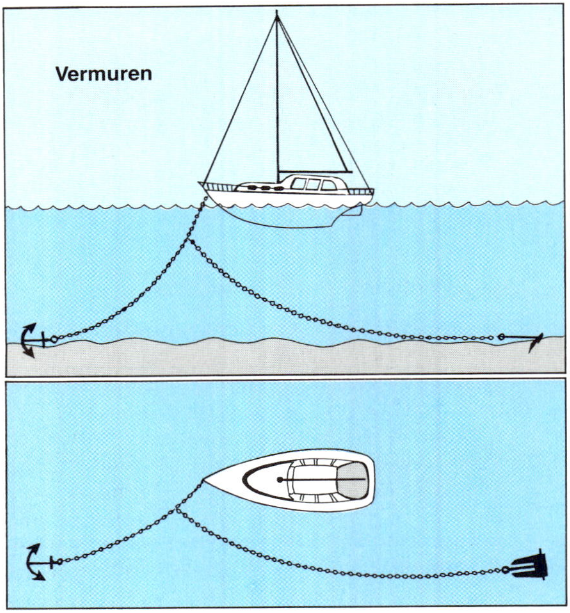

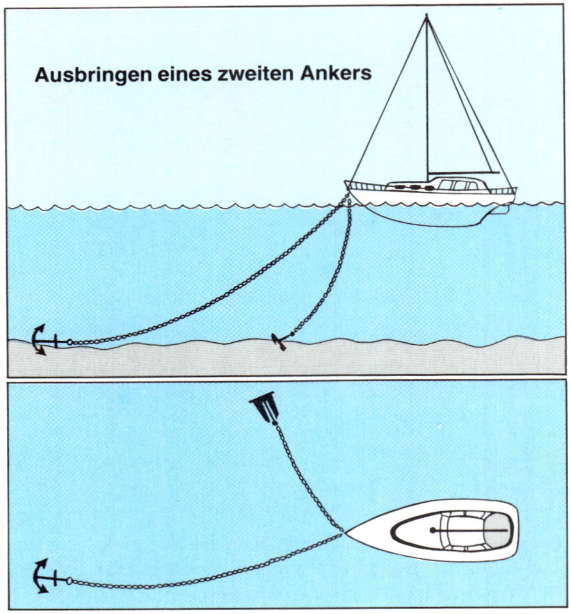

auf und stromab. Die Ketten oder Trossen beider Anker laufen am Vorschiff zusammen, besser aber steckt man eine Kette oder Trosse in etwa 1,5–2 m Tiefe an die andere an. Zum Ankern selbst kann man zuerst den Luvanker werfen, dann läßt man sich einige Bootslängen weit zurücktreiben und wirft den Leeanker. Durch Einhieven der Luvankerkette legt man sich sodann in die Mitte. Bei geringerer Strömung kann man sich auch zwischen Bug- und Heckanker legen.

Verkatten
Bei auflandigem Wind oder schlechtem Ankergrund kann man die Haltekraft seines Ankers durch Verkatten erhöhen, d.h. durch Ausbringen eines zweiten Ankers auf derselben Kette. Dabei steckt man an das Kreuz des Ankers einen zweiten (in der Regel ist es der kleinere) an, den man auch zuerst fallen läßt. Abstand: etwas mehr als die Wassertiefe. Diese Methode ist allerdings weniger gebräuchlich.

Ausbringen eines zweiten Ankers neben dem ersten
Hält der Anker nicht oder ist dies zu befürchten, so kann man sich Absichern durch Ausbringen eines zweiten Ankers, wobei die Belastung dann auf beide Anker verteilt wird. Die Anker sind so zu setzen, daß zwischen Bug und den beiden Ankerpunkten ein Dreieck gebildet wird. Der zweite Anker wird entweder mit einem Beiboot ausgefahren oder man läßt ihn fallen, wenn die Yacht beim Schwojen weit zur Seite gependelt ist. Eine andere Möglichkeit: Setzen der Segel, aufkreuzen zum Anker, dann Abfallen zur Seite und nach genügend Querabstand ausbringen des zweiten Ankers, bergen der Segel und wieder zurücksacken lassen.
Beim Liegen vor Anker bei starkem Wind muß eine Ankerwache eingeteilt werden, um sofort feststellen zu können, wenn der Anker anfängt zu slippen (= nicht hält). Zur Kontrolle eignet sich am besten eine Deckpeilung querab, die man sich aufschreiben sollte und dann mit Kontrollpeilungen vergleicht.

Zusammengefaßt

- Beim Fahrtensegeln zwei Anker mitführen, Gewicht entsprechend den Richtlinien der Germanischen Lloyd.
- Mindestens die dreifache Wassertiefe bei der Kette und die fünffache bei der Trosse stekken. Kontrollieren, ob der Anker hält durch etwas ruckhaften Zug an der Kette, außerdem durch Peilungen und Kontrollpeilungen.
- Beim Ankern in Stromgewässern gegen den Strom aufschießen.
- Vermuren = Legen zwischen zwei stromauf und stromab ausgebrachte Anker.
- Verkatten = Erhöhung der Haltekraft durch Ausbringen eines zweiten Ankers auf derselben Kette.
- Verwarpen = Verholen des Schiffes mittels Warpanker.
- Bei Befürchtung, daß der Anker nicht hält, kann man zwecks Belastungsteilung einen zweiten Anker in einem Winkel ausbringen.

Manöver unter Motor

Prüfungsfragen für den Sportbootführerschein: 264, 274–277. Dazu bei der Praxisprüfung folgende Manöver: Wenden auf engem Raum, An- und Ablegen bei einer Brücke, Pier, einer Tonne oder einem Floß (Mann-über-Bord-Manöver siehe beim Kapitel »Sicherheit«).

Wenden auf engem Raum

In kleinen Häfen ist es immer wieder erforderlich, daß man mit seiner Yacht unter Motor auf engem Raum wenden muß. Ist der Drehkreis des Bootes im Verhältnis zum Platz zu groß, so geschieht dieses Drehen durch wiederholtes Umschalten zwischen Vorwärts- und Rückwärtsgang. Bei einem Außenbordmotor oder Z-Trieb ist das ganze Manöver überhaupt kein Problem, da ja jeweils der ganze Propeller geschwenkt wird. Bei einem Innenborder muß man aber jetzt unbedingt die Drehrichtung des Propellers kennen, um den Radeffekt zu berücksichtigen bzw. ausnützen zu können. Unsere Abbildung zeigt das

Wenden auf engem Raum, z. B. mit rechtsgängigem Propeller. Bei langsamer Vorwärtsfahrt Steuerbordruderlage in Position 2; dann Rückwärtsgang, der Radeffekt zieht das Boot nach 3 (ein Umlegen des Ruders ist nicht erforderlich, da im Rückwärtsgang der Schraubenstrom nach vorne gerichtet ist, das Ruder nicht getroffen wird und kaum Wirkung zeigt!); nun erneut Vorwärtsgang, anschließend Rückwärtsgang und nochmals vorwärts.

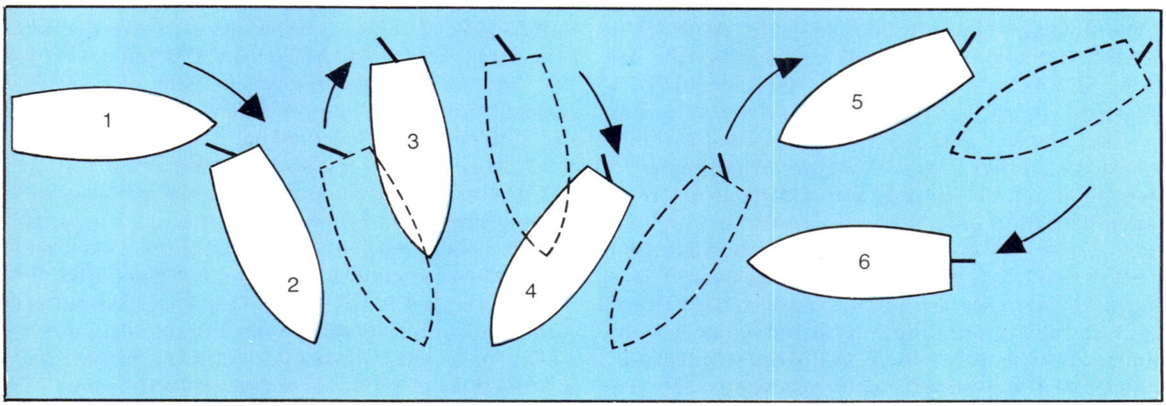

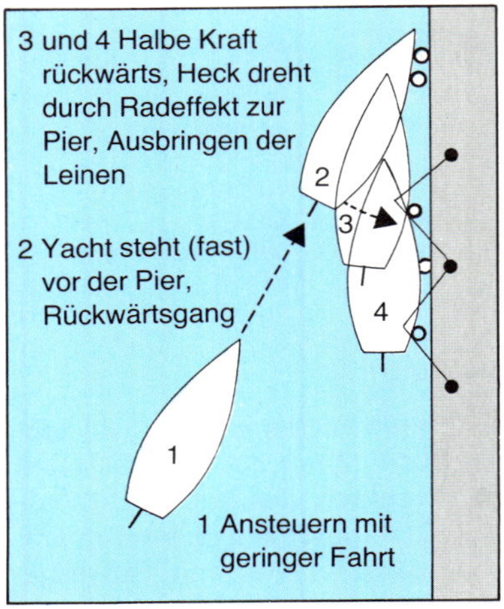

Anlegen mit linksgängigem Propeller an der »günstigen Seite«.

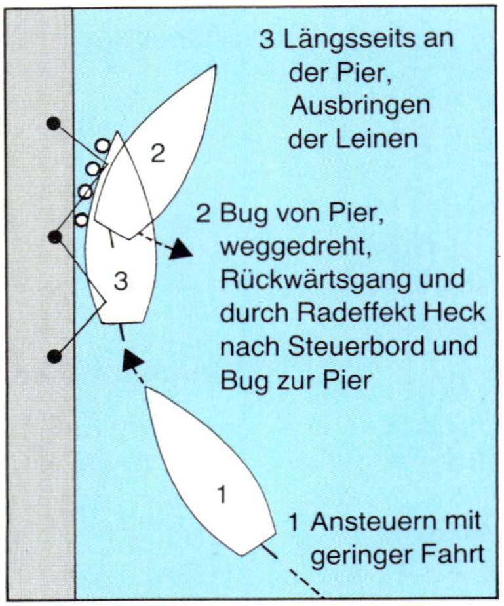

Anlegen mit linksgängigem Propeller an der »ungünstigen Seite«.

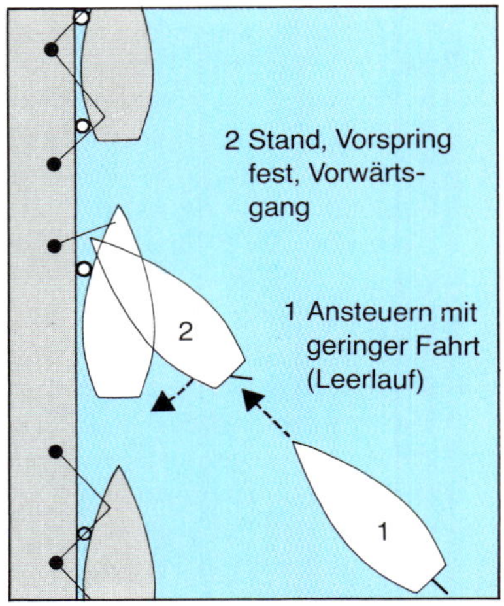

Anlegen mit linksgängigem Propeller in Lücke an der »ungünstigen Seite«.

Manöver bei einem rechtsgängigen Propeller, der beim Rückwärtsgang nach links dreht und somit das Heck nach links versetzt. Während des ganzen Drehmanövers bleibt das Ruder unverändert hart Steuerbord.

An- und Ablegen

Jedes **Anlegemanöver** sollte vorher gut durchdacht werden. Rechtzeitig werden die Festmacher und bei Bedarf der Anker klargelegt, dazu natürlich auch die Fender. Grundsätzlich sollte gegen Wind und Strom angelegt werden, weil sich das Boot in diesem Falle besser manövrieren läßt. Weht der Wind genau in entgegengesetzter Richtung zum Strom, so legt man gegen den Wind an, sofern dessen Wirkung auf die Yacht größer als der Strom ist. Überwiegt dagegen die Stromwirkung, dann erfolgt das Drehen mit dem Bug zum Strom. Ist kein Stromeinfluß zu berücksichtigen, so steuert man eine Pier beim Anlegen in langsamster Fahrt und in einem sehr spitzen Winkel von etwa 20°–30° an. Wichtig ist jeweils wieder das Berücksichtigen des Radeffektes, wobei jetzt je nach Drehrichtung des Propellers zwischen einer »günstigeren« und »ungünstigeren« Anlegeseite unterschieden werden muß. Für eine Yacht mit linksgängigem Propeller ist die Steuerbordseite die günstigere Anlegeseite. Auch beim **Ablegen** muß der Radeffekt berücksichtigt werden, wobei man die Yacht zuerst mit Hilfe des Bootshakens von der Pier absetzt. Eine Hartruderlage ist sodann zu vermeiden, damit weder Bug noch Heck mit der Pier kollidieren. Die genaue Folge der An- und Ablegemanöver ist aus den jeweils obenstehenden Abbildungen zu ersehen.

Bei auflandigem Wind und bei beengten Häfen ist das Ablegemanöver mit »Eindampfen in die Spring« von großer Bedeutung. Das Grundprinzip dieses Manövers besteht darin, daß bei durch die Vorspring fixiertem Bug das Heck der Yacht mit Hilfe des Schraubenstroms auf das zur Pier hin gelegte Ruder so weit weggedreht wird, daß sie anschließend im Rückwärtsgang wegfahren kann. Voraussetzung zum Gelingen dieses Manövers sind folgende Punkte:

- Das Vorschiff muß mit Fendern gesichert sein.

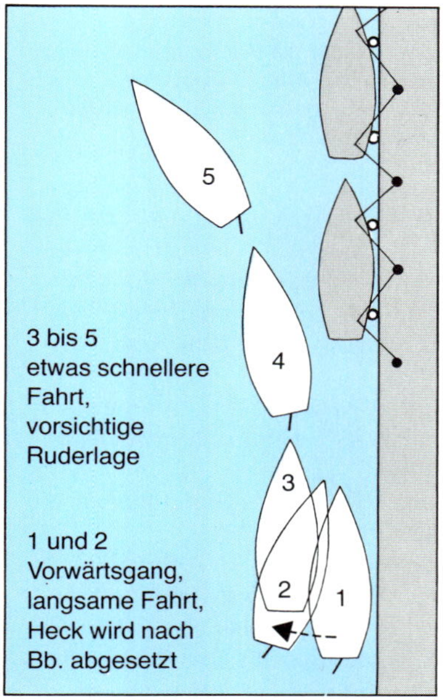

Ablegen mit linksgängigem Propeller, Pier an Steuerbord.

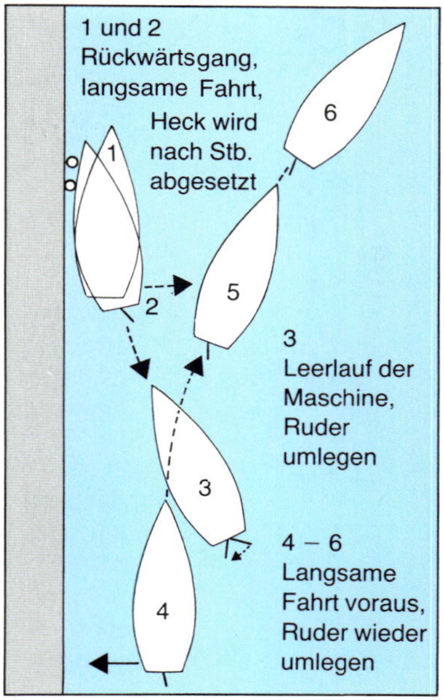

Ablegen mit linksgängigem Propeller, Pier an Backbord.

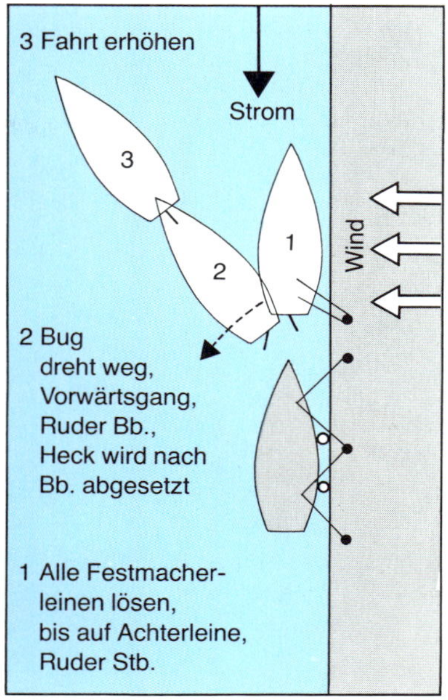

Ablegen mit linksgängigem Propeller, Pier an Steuerbord, bei ablandigem Wind oder Strom von vorne.

- Die Vorspring muß auf Slip laufen.
- Das Ruder wird zur Pier hin gelegt (unabhängig von der Drehrichtung des Propellers!).
- Erst wenn auf der Vorspring Zug herrscht, stellt man die Maschine zuerst auf halbe, dann auf volle Kraft voraus (siehe Abbildung nächste Seite!).

Sehr häufig kann das Anlegen nicht längsseits an einer Pier ausgeführt werden, sondern muß mit **Bug** oder **Heck zur Pier** und mit Ankerhilfe erfolgen. Will man mit dem Bug voraus in einer Liegeplatzlücke anlegen (in der Abbildung auf der nächsten Seite 1A–3A), so steuert man in langsamster Fahrt an, läßt an geeigneter Stelle in ausreichendem Abstand vor der Lücke den Anker über Heck fallen und treibt langsam zur Pier. Kleiner Nachteil dieser einfachen Anlegeart: Wir müssen uns zum Ablegen Heck voraus zum Anker verholen, wobei mit Motorhilfe jetzt ein seitliches Wegdriften erfolgt (eine auf Slip gelegte Leine vom Bug zum Land verhindert das Wegdriften). Beim Anlegen mit dem Heck zur Pier und mit ausgebrachtem Anker über Bug muß jetzt der Radeffekt berücksichtigt werden, da beim Rückwärtsfahren nach ausgelegtem Anker das Heck seitlich wegdriftet. Bei einem linksgängigen Propeller, der im Rückwärtsgang rechts dreht, wird das Versetzen des Hecks nach rechts in der Art berücksichtigt, indem man etwas über die geplante Ankerketten- bzw. Trossenlinie hinaussteuert und dann, leicht schräg stehend, den Anker über Bug ausbringt. Im Verlauf der nun folgenden langsamen Rückwärtsfahrt wird das Boot etwas nach rechts versetzt und erreicht somit die Lücke (in der Abbildung Nr. 1–5).

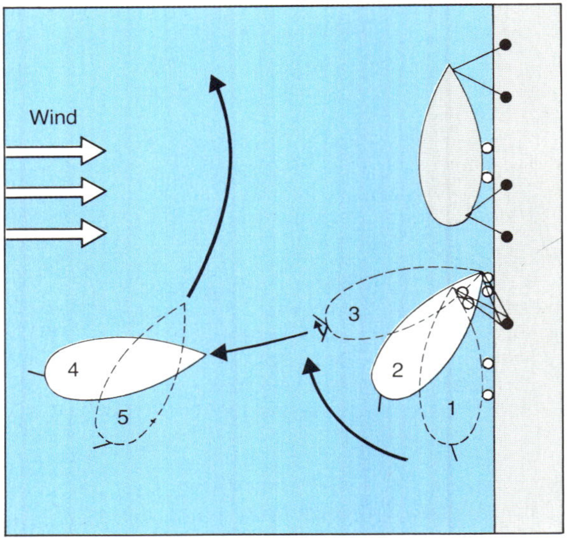

◀ »Eindampfen in die Spring:«
1 + 2 Zunächst langsam voraus, bis Vorspring den Bug zur Pier drückt. Dann halbe bis volle Kraft voraus
3 Vorspring los, Rückwärtsgang und Ruder umlegen
4 Rückwärtsfahrt beenden
5 Vorwärts weg

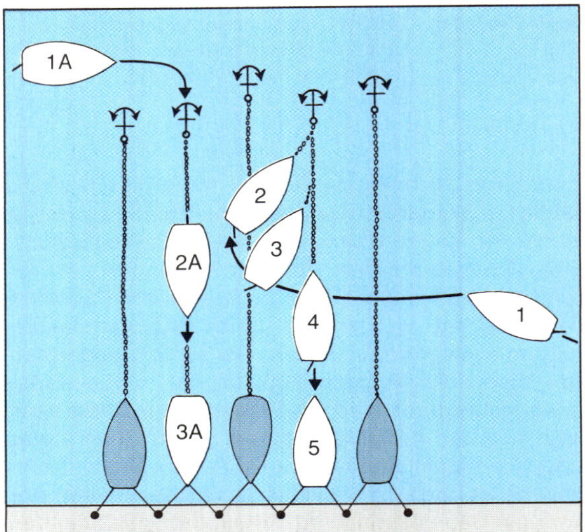

Anlegen vor Buganker (1 – 5) und vor Heckanker (1A – 3A).

Zusammengefaßt

- Beim Wenden auf engem Raum Radeffekt ausnützen, dabei wiederholt zwischen Vorwärts- und Rückwärtsgang hin- und herschalten.
- Günstigster Anlaufwinkel beim Anlegen an der Pier längsseits ohne Stromeinfluß: 20°–30°.
- Gegen Wind und Strom Anlegen wegen besserer Manövrierbarkeit.
- Radeffekt berücksichtigen beim Anlegen und, wenn möglich, die günstigere Seite wählen. Bei rechtsgängigem Propeller z.B. ist die Backbordseite günstiger, da im Rückwärtsgang das Heck nach Backbord versetzt wird.
- Beim Ablegen mit Bootshaken absetzen, keine Hartruderlage.

4. Sicherheit

Sicherheitsausrüstung

Prüfungsfragen für den Sportbootführerschein: 317–320. Dazu bei der Praxisprüfung: Anlegen einer Rettungsweste.

Mit dem Thema Sicherheitsausrüstung befaßt sich speziell die kleine Broschüre »Internationale und nationale Richtlinien für die Ausrüstung und Sicherheit seegehender Segelyachten«, herausgegeben von der Kreuzer-Abteilung des Deutschen Segler-Verbandes. Ausrüstungsempfehlungen sind auch in dem Heft-

chen »Sicherheit im See- und Küstenbereich«, herausgegeben vom Bundesamt für Seeschiffahrt und Hydrographie (BSH), zu finden.
Nahezu alle Ausrüstungsgegenstände einer Yacht dienen – wenn auch teilweise in weiterem Sinne – der Sicherheit für Mannschaft und Schiff. Diese gemeinten Ausrüstungsgegenstände nun auf einen Blick:

Gesetzliche Ausrüstungspflicht	**Empfohlene Mindestsicherheitsausrüstung**		
Positionslaternen Signalkörper Schallsignalgeräte	Ohnmachtsichere Rettungsweste mit Signalpfeife für jede Person Kompaß Lenzpumpe Eimer Ösfaß Riemen oder Paddel	Bootshaken Taschenleuchte Feuerlöscher Anker mit Kettenvorläufer und Leine Signalhorn oder Trillerpfeife Sicherheitsleine mit Karabinerhaken	Auftriebskörper mit Wurfleine Notsignale und Sturmstreichhölzer Erste-Hilfe-Kasten Fernglas Schleppleine Rundfunkempfänger Seekarten, Seebücher

Empfohlene Zusatzausrüstung

Allgemein	**Navigation**	**Schwerwetter**	**Seenot**
Seefunkanlage Empfangsanlage für Schiffssicherheitsinformationen Radarreflektor Reservekanister Ersatzteile Werkzeug Signalflaggen Intern. Signalbuch Bordapotheke	Peilkompaß Echolot Log, Uhr Barometer Seekarten Seebücher Kartenzirkel Kursdreiecke Logbuch Funkpeiler/Navigator Chronometer Sextant	Sturmfock Trysegel Reffeinrichtung Reserveruderpinne Treibanker Kappbeil Drahtschere Leckdichtungsmaterial	Mann-über-Bord-Boje oder Rettungsring mit Nachtrettungslicht Rettungsinsel Seenotfunkbake Radartransponder

Die **Rettungswesten** müssen ohnmachtssicher sein, d.h., sie müssen selbsttätig die Atmungsöffnungen einer Person über Wasser halten. Besonders zweckmäßig für das Fahrtensegeln sind die aufblasbaren Westen, die mit einer Druckgas-Aufblasevorrichtung ausgerüstet sein müssen, die bei der Berührung mit Wasser automatisch ausgelöst wird, und die zusätzlich auch von Hand ausgelöst werden kann. Diese Weste muß auch nach dem Anlegen mit dem Mund aufgeblasen werden können.
Bei schwerem Wetter muß jedes Crewmitglied neben der Schwimmweste unbedingt den **Sicherheitsgurt** anlegen. Mit Hilfe der dazugehörigen Sorgleine muß sich jeder am jeweiligen Arbeitsplatz mittels eines Karabinerhakens an einem möglichst stabilen Befestigungspunkt einhaken, um im Falle eines Überbordgehens beim Schiff gehalten zu werden.
Zum Abgeben von **Notsignalen** dienen rote Fallschirm-Leuchtraketen, rote Handfackeln, Signalpistole mit der dazugehörigen Munition, orangefarbige Rauchsignale (siehe im Kapitel bei »Notsignale«, Seiten 108/109).

Die aufblasbare Rettungsweste legt man in unaufgeblasenem Zustand so an, daß die Luftkammer vor der Brust liegt (Bild 1). Dann schließt man sofort den Gurt und zurrt ihn entsprechend fest (Bild 2). Aufgeblasen wird die Weste im Wasser mit einer CO_2-Preßgas-Patrone, entweder automatisch oder durch Handauslösung mittels Zugbändsel. An jeder Rettungsweste sollte noch eine Pfeife (möglichst Doppeltonpfeife) befestigt sein.

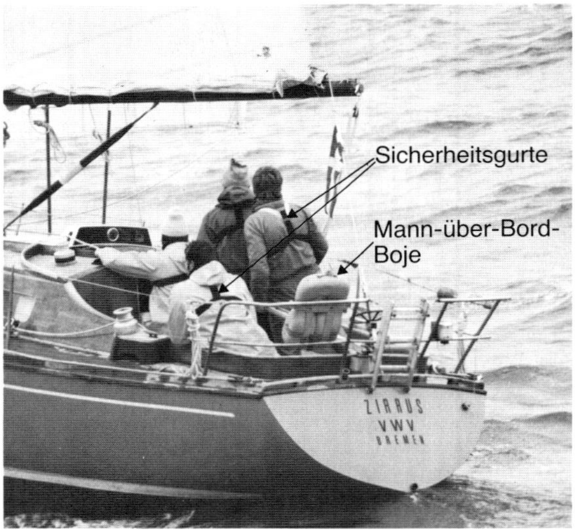

Bei dieser Crew erkennt man deutlich die Sicherheitsgurte. Am Heckkorb ist auch eine Mann-über-Bord-Boje zu sehen.

Ein wichtiger Sicherheits-Ausrüstungsgegenstand bei Fahrten über längere freie Strecken ist die Rettungsinsel, die sich beim Überbordwerfen selbsttätig aufbläst und im Notfall die ganze Crew aufnehmen können muß.

Ein paar Tips noch zu den Notsignalmitteln:

- Beachten Sie das Verfallsdatum.
- Verstauen Sie die Signalmittel an Bord gut erreichbar in wasserdichten Behältern.
- Machen Sie sich mit der Bedienungsanleitung schon vor Antritt eines Törns vertraut.
- Schießen Sie die Signale mit Bedacht ab, immer in Windrichtung und in Zweiergruppen.

Die **Mann-über-Bord-Boje** ist der Nachfolger des früheren Rettungsringes. Sie sollte mit einer bei Wasserberührung automatisch in Funktion tretenden Blinkleuchte ausgestattet sein, außerdem mit einer schwimmfähigen Leine, die nicht an Bord belegt werden darf.

Beim **Feuerlöscher** (die Kreuzerabteilung des DSV fordert zwei Löscher von je 2 kg Inhalt!) soll es sich für Sportboote um einen mit Pulver gefüllten Trokkenlöscher handeln, der für die Brandklassen ABCE geeignet ist. Der Feuerlöscher muß leicht erreichbar angebracht sein, er muß mindestens alle zwei Jahre überprüft werden.

Bei den 2 **Lenzpumpen** muß eine von Deck oder vom Cockpit aus bedienbar sein. Ein Lenzkorb (regelmäßige Überprüfung und Reinigung!) am Ansaugstutzen oder Schlauch verhindert eine Verunreinigung und Verstopfung der Pumpe. Bei einer elektrischen Pumpe ist ein Schwimmschalter auf der Ebene des Saugkorbs angebracht, der bei steigendem Wasser aufschwimmt und einschaltet.

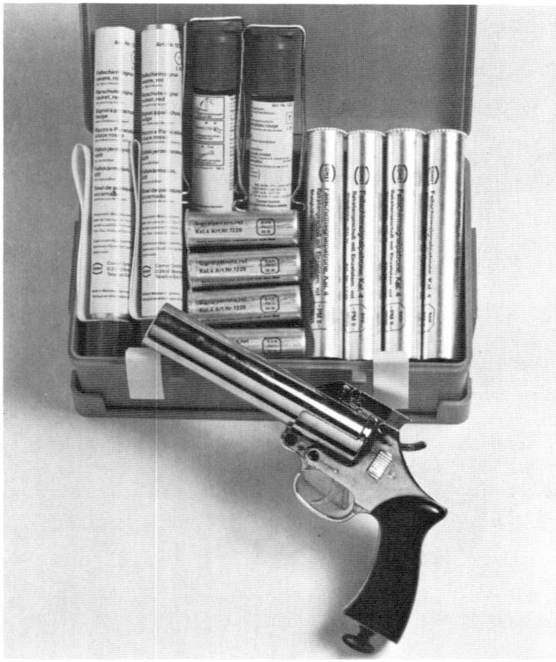

Beispiel für eine Notsignal-Ausrüstung für Fahrten in Landnähe und nach Küstennavigation
1 Signalpistole, Kal. 4
4 Fallschirmsignalpatronen, rot
4 Signalpatronen, rot
2 Fallschirmsignalraketen, rot
2 Handfackeln, rot

Zusammengefaßt

Zur allgemeinen Sicherheitsausrüstung eines Segelfahrzeuges in der Küstenfahrt gehören: Positionslaternen, 2 Anker, ohnmachtssichere Rettungsweste und Sicherheitsgurt mit Sorgleine für jeden, Rettungsbojen mit Tag- und Nachtsignal, evtl. Rettungsinsel, Handlampe, Ankerlaterne, Nebelschallgerät, Trillerpfeife, Seenotsignalmittel, Erste-Hilfe-Ausrüstung, Lenzpumpe, Pütz, Feuerlöscher, Radarreflektor, Fender, Leinen, Schlepptrosse, Riemen, Bootshaken, Bolzenschneider, Sturmstreichhölzer.

Sicherheitsmaßnahmen

Prüfungsfragen für den Sportbootführerschein: 307–316, 318–324.

Vor dem Auslaufen, vor Eintritt eines Sturmes, beim Umgang mit Flüssiggas, im Brandfalle, bei Havarien und Festkommen sind jeweils bestimmte Sicherheitsmaßnahmen zu treffen, auf die wir in der folgenden Übersicht hinweisen. Rechtliche Vorschriften über das Verhalten bei Zusammenstößen sind neben der SeeSchStrO in zwei Verordnungen enthalten: *Verordnung über die Sicherung der Seefahrt* und *Seeunfalluntersuchungsgesetz*. Jeder Skipper ist übrigens zur Hilfeleistung in Seenot verpflichtet – sofern dies ohne erhebliche Gefahr für Crew und Yacht möglich ist.

Gegebenheit, Situation	Verhaltensweisen, Maßnahmen
Vor dem Auslaufen	Wetterbericht einholen; Treibstoff-, Öl- und Wasservorrat überprüfen und ergänzen; alle Rettungsmittel und Notsignalmittel kontrollieren
Eine Crew wird bei einem Törn, z. B. wegen schlechten Wetters länger als vorgesehen aufgehalten	Angehörige verständigen, damit keine aufwendige Suchaktion eingeleitet wird
Eine Crew hat Grund zur Annahme, daß sie vermißt wird, und daß eine Suchaktion gestartet wurde	Die nächste Wasser- und Schiffahrtsdirektion oder die Seewarndienstzentrale in Cuxhaven benachrichtigen, damit die kostspielige Suchaktion beendet wird
Vor oder bei Eintritt von Starkwind oder Sturm	Rettungswesten und Sicherheitsgurte anlegen; bei Segelyachten entsprechend stark reffen; weitere Rettungsmittel bereithalten; alle Öffnungen vor Wassereinbruch sichern und lose Gegenstände festzurren; prüfen, ob ein Schutzhafen noch sicher erreicht werden kann
Lagerung von Flüssiggas (Flüssiggas ist gefährlich, es bildet mit Luft ein explosionsfähiges Gemisch, es ist schwerer als Luft und geruchlos!)	Möglichst an Deck lagern vor Sonneneinwirkung geschützt; sonst in einem besonderen Raum für Gasbehälter, der in Bodenhöhe eine Öffnung nach außen hat
Vor Inbetriebnahme einer Flüssiggasanlage	Die Dichtigkeit aller Leitungen und Anschlüsse überprüfen, die den Sicherheitsvorschriften entsprechen müssen
Außerbetriebsetzen einer Flüssiggasanlage	Alle Absperrventile (einschließlich Haupthahn) schließen
Ein Brand soll bekämpft werden	Luftzufuhr vermeiden und unterbinden; Feuerlöscher erst am Brandherd betätigen; Brand möglichst von unten bekämpfen; evtl. den Kurs im Hinblick auf den Wind ändern
Sicherheitskontrolleinrichtung für Gaskocheranlage	Montage eines Gaswarngeräts an einem tiefliegenden Punkt in der Bilge. Gas ist schwerer als Luft und schlägt sich wie Benzin am tiefsten Punkt nieder

Gegebenheit, Situation	Verhaltensweisen, Maßnahmen
Leck und Wassereinbruch	Pumpen betätigen – Leck genau lokalisieren – vorläufige Abdichtung mit verformbaren Gegenständen (z. B. Kojenpolster), die mit einem Brett über das Leck gepreßt werden; sehr gut eignet sich auch eine hineingepreßte aufblasbare Schwimmweste. Von außen kann man ein Lecksegel darüberziehen. Lenzpumpen betätigen und nächsten Hafen zu erreichen versuchen. Steigt das Wasser weiter, auf Aussteigen vorbereiten (Schwimmwesten an, Rettungsinsel klar), wenn möglich seichteres Wasser anlaufen, Notsignale geben
Mastbruch	Herunterhängende und außenbords liegende Teile an Bord nehmen (stehendes Gut kappen); Notmast z. B. mit Hilfe des Spinnakerbaumes errichten
Schaden beim stehenden Gut (z. B. Bruch einer Want oder eines Stags)	Yacht unverzüglich so zum Wind legen, daß dieser dem betroffenen Bruch entgegenwirkt und den beschädigten Teil entlastet; dann Reparaturversuch, z. B. mit Hilfe von Tauwerk, einer Talje oder Klemmschrauben oder Ersatz durch ein Fall; evtl. Fortsetzung der Fahrt mit verminderter Segelfläche
Auf Grund gelaufen	Bei Gefahr, weiter auf die Untiefe getrieben zu werden (z. B. bei Raum- und Vorwindkurs), Segel bergen und Anker ausfahren; anschließend Tiefgang verringern durch Krängung, Gewichtsverlagerung oder -minderung; Versuch, den Bug durch Staken mit Bootshaken zum freien Wasser zu drehen und mit Motorhilfe freizukommen
Kollision	Beide so lange zusammenbleiben und sich Hilfe leisten, bis klar ist, daß keine Gefahr mehr droht; vor Weiterfahrt Namen und alle erforderlichen Schiffsdaten austauschen; Eintrag ins Logbuch; ist ein Schiff gesunken, dann Stelle durch Boje markieren
Luvwant bricht am Wind	Sofort Großschot fieren und wenden zur Entlastung des gebrochenen Wants. Ersatz durch ein Fall oder Dirk bzw. Reparaturversuch. Gegebenenfalls Großsegel reffen oder bergen
Ruderschaden auf Fahrt	Schaden feststellen und Reparaturversuch. Wenn Reparatur nicht möglich, dann ein Notruder versuchen herzurichten (Riemen, an Bootshaken angelaschtes Holzteil usw.), evtl. durch entsprechende Segelführung steuern
Vergaserbrand	Brennstoffzufuhr abstellen, Vergaser zur Unterbrechung der Sauerstoffzufuhr abdecken, Vollgas geben zwecks Leerung des Vergasers

Manöver bei schwerem Wetter

Prüfungsfragen für den Sportbootführerschein: 282, 313.

In einem geschützten Hafen einen Sturm abzuwettern ist der Idealfall. Man sollte also einerseits versuchen, einen geeignteten Hafen zu erreichen (was im BR-Schein-Bereich = in gewisser Küstennähe immer möglich sein müßte!), andererseits nicht auslaufen bei schlechtem Wetterbericht. Kann kein Hafen angelaufen werden, so verläßt man nach dem Sturmklarmachen ein betonntes Fahrwasser oder hält sich äußerst rechts (ausschließen von Kollisionsgefahr mit großen Schiffen), meidet die gefährliche Luvseite einer Küste und stellt Position und Uhrzeit fest, die in der Seekarte eingetragen werden. Diese letzte Tätigkeit dient dazu, daß man sich bei schlechter Sicht durch Koppeln über die jeweilige Position fortlaufend informieren und somit auch Maßnahmen ergreifen kann, um mögliche Gefahren abzuwettern. Gefährlich oder zumindest problematisch wäre bei schwerem Wetter das Anlaufen eines Schutzhafens in Luv der Küste, weil sich hier eine gefährliche Brandung und Grundseen aufbauen können. Empfangen wir von zwei verschiedenen Radiostationen deutlich voneinander abweichende Wetterberichte, so sollen wir grundsätzlich die ungünstigsten Angaben für unsere Entscheidungen zugrundelegen.
Prinzipiell ist die erste »bootstechnische Amtshandlung« bei zu erwartendem schweren Wetter das rechtzeitige Reffen bzw. Setzen der Sturmbesegelung. Die Möglichkeiten zum Abwettern eines Sturmes sind dann – unter der Voraussetzung von freiem Seeraum und tiefem Wasser – das Beiliegen, das Ablaufen vor der Sturmfock, Lenzen vor Topp und Takel und das umstrittene Liegen vor Treibanker.

Reffen

Das Verkleinern der Segelfläche mittels Reffen war bereits Stoff beim Binnenschein, weshalb wir nur kurz wiederholen.
Wir unterscheiden das Dreh- oder Rollreff und das Bindereff. Beim *Drehreff* (Rollreff) wird das Großsegel um den Baum gewickelt, wobei ein Crewmitglied den Großbaum mittels Kurbel dreht, ein zweites das Großfall fiert und ein drittes das Achterliek faßt. Zu beachten dabei:

- Vorliek so neben- und übereinander führen, daß ein übertriebener Wulst vermieden wird, Achterliek gut nach achtern ausholen, um Falten zu vermeiden.

Tip: Die Reffkurbel mittels Bändsel sichern, um ein Überbordgehen auszuschließen.

Das *Bindereff* weist deutliche Vorteile auf und ist deshalb heute verbreiteter. Ein für dieses Reffsystem vorgesehenes Großsegel besitzt mehrere Reihen (meist zwei) von kleinen Kauschen *(Reffgatchen)*, versehen mit *Reffbändseln* oder mit einer *Reihleine*, wobei die jeweils erste und letzte Kausch stärker ausgeführt ist *(Reffkausch)*.

Der Reffvorgang:

- Reffkauschen des Vor- und Achterlieks niederholen, vordere Kausch in *Reffhaken* am Großbaum einhaken, achtere Kausch nach achtern holen und somit das neugebildete Unterliek strecken, das lose Tuch beim neuen Unterliek auftuchen und mittels Reffbändsel bzw. Reihleine festzurren.

Zum Strecken der achteren Kausch dient im Idealfall eine achtern am Großbaum an einer Öse befestigte und durch die Kausch geführte Reffleine *(Schmeerreep)*, die dann über eine Umlenkrolle in Nähe der Baumnock angeholt werden kann.

Die Vorteile des Bindereffs:

- Das Segel wird mehr geschont und sein Profil bleibt besser ausgeprägt.
- Es ist weniger »Personal« erforderlich.
- Jede Art der Großschotführung kann verwendet, der Baumniederholer weiter gefahren werden.
- Die unterste Segellatte muß nicht (wie oft beim Drehreff) entfernt werden, dazu sinkt der Großbaum achtern nicht ab.

Einziger Nachteil gegenüber dem Drehreff: Wegen der festgelegten Reihen der Reffgatchen können wir nicht stufenlos reffen.

da die Yacht, abgesehen von der hohen Verletzungsgefahr durch den Propeller, rückwärts zu ungenau gesteuert werden kann. Man wird also einen Wendekreis vorwärts fahren, wobei für Motorfahrzeuge aller Größe der *Williamson-Turn* (siehe Abbildung) erprobt ist.

Zum Ansteuern des »Mannes« beachten wir dann:

- Einige Meter nach Luv halten, damit wir mit ausgekuppeltem Propeller hintreiben können (in Lee würden wir wegtreiben!).

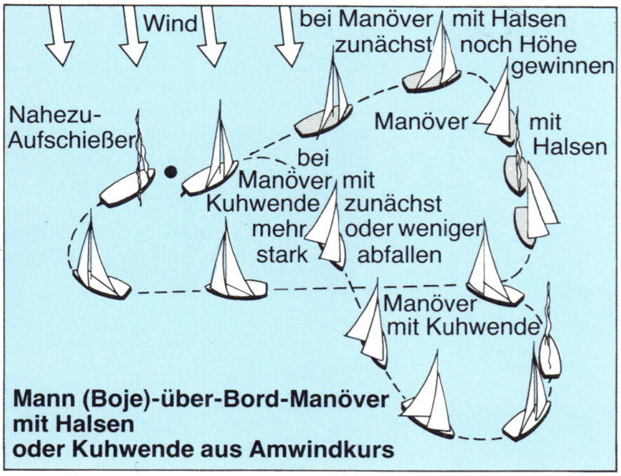

Mann (Boje)-über-Bord-Manöver mit Halsen oder Kuhwende aus Amwindkurs

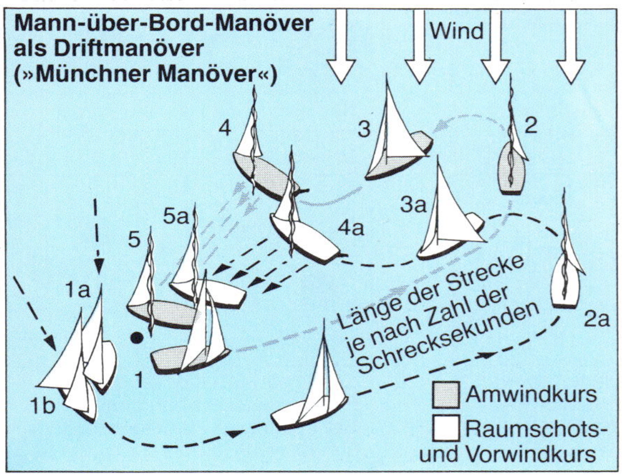

Mann-über-Bord-Manöver als Driftmanöver (»Münchner Manöver«)

- Zum Bergen selbst den Motor ganz abschalten (Leerlauf alleine genügt nicht!); durch Unachtsamkeit oder unkontrollierte Bewegungen könnte der Propeller eingekuppelt werden und die an Bord zu nehmende Person erheblich verletzen.

Bei einer Segelyacht unterscheidet man zwei verschiedene Arten von Mann-über-Bord-Manövern:

1. Manöver mit einem sog. Nahezuaufschießer nach einer Wende oder Halse: Diese Art ist sehr problematisch, da der »Mann« beim Aufschießer gefährdet wird, außerdem besteht die Gefahr, den Mann aus den Augen zu verlieren.
2. Manöver, bei welchem man in beigedrehtem Zustand zu dem Mann driftet (auch »Münchner Manöver« bzw. »Quick-Stop« genannt).

Problematisch ist auch das Bergen der gefaßten Person. Hierfür erweist sich als beste Möglichkeit, mit Hilfe einer mitgeführten Rettungstalje zu arbeiten.

Die einzelnen Mann-über-Bord-Manöver und das Bergen sind – da bereits Thema für das Binnensegeln – ausführlich in den einschlägigen Büchern des Verlages (Neue Segelschule und Handbuch Segeln) dargestellt. Wir beschränken uns deshalb zwecks Erinnerung auf die Wiedergabe von Abbildungen der Manöver.

Zusammengefaßt

- Vorbeugung durch Sicherheitsgurte.
- Sofort Rettungskörper nachwerfen, Person speziell beobachten.
- Bei Manöver unter Motor nicht rückwärts sondern einen Wendekreis (Williamson-Turn) fahren, dabei zunächst Ruder hart auf die Seite des Überbordgefallenen legen, anschließend zur entgegengesetzten Seite steuern und auf Gegenkurs zurückkommen. Person so ansteuern, daß sie in Lee liegt. Zum Bergen Motor ganz abschalten.
- Unter Segeln entweder Manöver mit Nahezuaufschießer nach Wende bzw. Halse oder Driftmanöver.

Eine rote Fallschirm-Leuchtrakete.

Eine rote Handfackel.

Ein Seewasserfärber.

Das Notzeichen NC des Internationalen Signalbuchs.

Ein Rauchsignal mit orangefarbenem Rauch.

Das Sprechfunksignal aus dem gesprochenen Wort Mayday.

Von einer Seenotfunkboje ausgestrahlte Funksignale.

Kanonenschüsse oder andere Knallsignale in Zwischenräumen von ungefähr einer Minute.

Anhaltendes Ertönen eines Nebelsignalgeräts.

Flammensignale auf dem Fahrzeug, z.B. brennende Teertonnen, Öltonnen oder dergleichen.

Raketen oder Leuchtkugeln mit roten Sternen einzeln in kurzen Zwischenräumen.

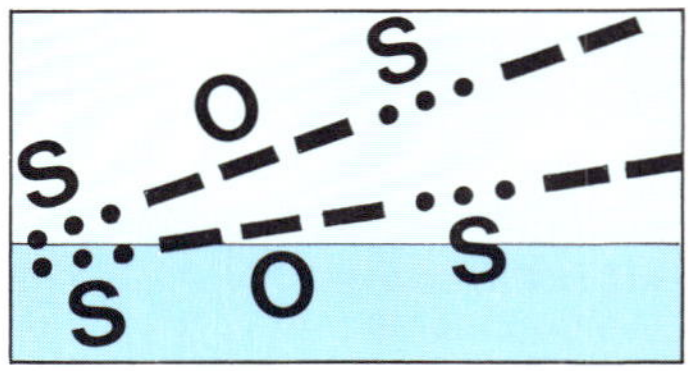

Das durch Telegraphiefunk oder eine andere Signalart gegebene Morsesignal SOS (. . . - - - . . .).

Diese Notsignale können gegeben werden, wenn Gefahr für Leib und Leben der Besatzung und daher die Notwendigkeit zur Hilfe besteht.

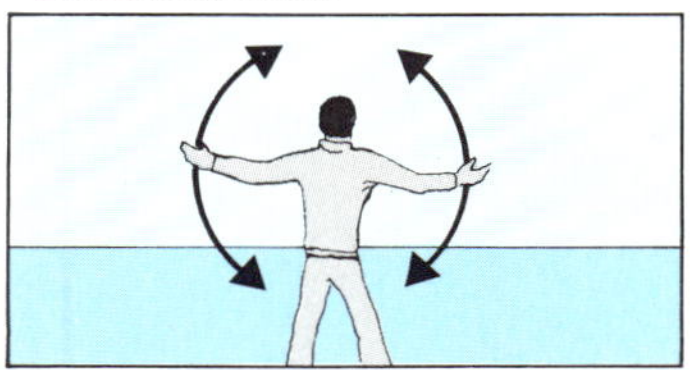
Langsames und wiederholtes Heben und Senken der nach beiden Seiten ausgestreckten Arme.

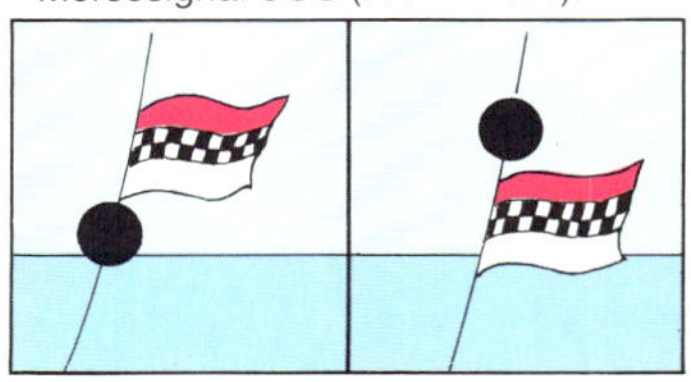
Ein Signal aus einer viereckigen Flagge, darüber oder darunter ein Ball oder etwas, das einem Ball ähnlich sieht.

Notsignale

Prüfungsfragen für den Sportbootführerschein: 330–341.

In den KVR ist am Schluß festgelegt, welche Signale zusammen oder einzeln als Notsignale verwendet werden. Diese Signale dürfen nur gegeben werden, wenn Not und die Notwendigkeit der Hilfe vorliegen. Eine anderweitige Verwendung von Signalen, die mit diesen Signalen verwechselt werden können, ist verboten. Bei der Anwendung eines Seenotsignals kann der gesamte Seenotrettungsdienst in Aktion treten – schon deshalb ist ein leichtfertiger Gebrauch nicht vertretbar. Übrigens ist auch jedes andere Schiff zur Fahrtunterbrechung verpflichtet.
Besonders wirkungsvoll sind die Feuerwerkssignale. Zu beachten ist aber dabei, daß der Erwerb, die Aufbewahrung, die Verwendung und die Beförderung solcher Signalmittel durch das Sprengstoffgesetz bzw. Waffengesetz von behördlichen Erlaubnissen abhängig gemacht werden. Wassersportler können sich einer freiwilligen Zusatzprüfung, in der ihre Sachkunde festgestellt wird, unterziehen und einen entsprechenden Vermerk in ihrem Führerschein erhalten. Auf Grund dieses Vermerks können dann rote Signalraketen, Fallschirm-Leuchtraketen und Rauchsignale im Handel erworben und verwendet werden. (Der Fragen- und Antwortenkatalog für die Prüfung über Seenotsignalmittel im Rahmen einer Prüfung für Wassersportführerscheine ist im Beiheft wiedergegeben!)

Hilfeleistung durch einen Hubschrauber

Prüfungsfrage für den Sportbootführerschein: 342.

Im Bereich der Nord- und Ostsee besteht auch die Möglichkeit der Rettung aus Seenot durch Hubschrauber (SAR-Hubschrauber, SAR = Search and Rescue). Soll eine Person von einer Yacht abgeborgen werden, so gelten bestimmte Verhaltensregeln:
Allgemein:

- Not- oder Signalmunition schräg gegen den Wind abschießen, wenn Hubschrauber in Sichtweite.
- Schwimmwesten anlegen, in Achterteil des Schiffes aufhalten, Besatzung zusammenhalten.
- Das Schiff gegen die Windrichtung bringen, nur im äußersten Notfall verlassen (Feuer, Leck).
- Wenn möglich, Segelmast umlegen. (In der Praxis während der Notfallsituation ist das Mastumlegen kaum möglich, deshalb werden Bergungen auch bei stehendem Rigg durchgeführt. In Zweifelsfällen – und wenn im Hinblick auf einen Verletzten möglich – kann das Abbergen von einem achteraus nachgeschleppten Beiboot bzw. von einer Rettungsinsel erfolgen.)

Bergung mit Rettungswinde/Schlinge:

- Beim Ablassen des Luftretters vom Hubschrauber mit der Winde zum Schiff ist Unterstützung durch Bootsbesatzung nicht notwendig. (Gefahr durch Überbordgehen oder Kentern.)
- Rettungsschlinge des Hubschraubers so anlegen, daß Haltegriff nach hinten zeigt. Haken vor der Brust mit Windenläufer. Schloß einhaken, danach beide Arme hängen lassen. Bei einer geschlossenen Schlinge mit beiden Armen voraus so »durchtauchen«, daß sie unmittelbar unter den Achseln anliegt, anschließend die Sicherungsschlaufe (bzw. Sicherungsring) herunter zum Körper ziehen.
- Fertig zum Hochziehen – einen Arm seitwärts strecken und den Daumen nach oben zeigen.
- Ruhig bleiben – kein Abstoßen, Springen oder Klettern beim Hochziehen.

Beim Bergen aus der Rettungsinsel könnte diese durch die Luftwirbel des Hubschraubers umschlagen. Deshalb sollten sich alle, bis sie zum Hochhieven an der Reihe sind, in der Mitte des Floßes aufhalten.

Hier erfolgt ein Hubschrauberabbergen aus einer Rettungsinsel mittels sog. Doppellift. Der mit der Winde heruntergelassene Luftretter wird gleich dem zu Bergenden die geöffnete Rettungsschlinge anlegen.

Wetterkunde

Prüfungsstoff laut DSV-Führerscheinvorschrift und SpbootFüV

BR-Schein:
Allgemeine Begriffe, Wolkenformen, Druckgebilde, Warmfront/Kaltfront, Gewitter, Wetterregeln, meteorologische Meßgeräte, Seewetterbericht/Wetterfax – Aufnahme und Auswertung, Lesen einer amtlichen Wetterkarte.

Sportbootführerschein:

- Funktion und Gebrauch des Barometers.
- Lesen von Wetterkarten.
- Wind und Sturm.

Anmerkung: Bis 1983 verwendete man das Wort Millibar (mbar) anstelle von Hektopascal (hPa) als Einheit zur Angabe des Luftdrucks.

Verschiedene Isobarenformen. Die Isobaren, die alle Orte mit gleichem Luftdruck verbinden, werden meist von 5 zu 5 hPa gezeichnet; bei Hochdruckgebieten nimmt der Luftdruck nach allen Seiten ab, bei Tiefdruckgebieten zu.

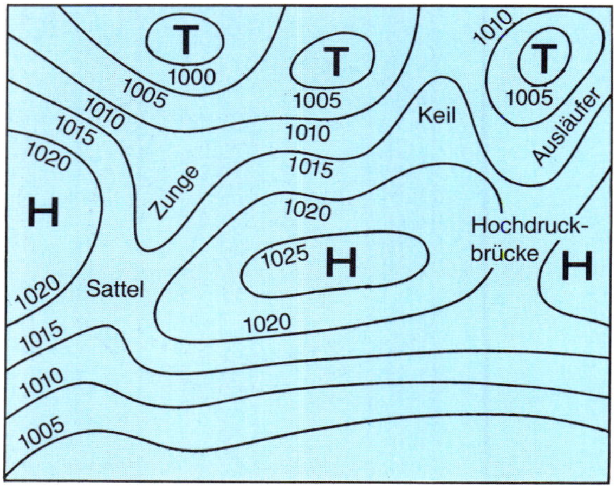

1. Grundlagen

Luftdruck und Isobaren

Prüfungsfragen für den Sportbootführerschein: 286–290.

Ein Hauptbestandteil des Wettergeschehens ist der *Luftdruck.* Die Meteorologie mißt die Stärke des Luftdrucks in Hektopascal (hPa), wobei der mittlere Luftdruck auf Meereshöhe 1013 hPa beträgt (entspricht 760 mm bzw. auch 760 Torr nach der alten Millimeterteilung der Quecksilbersäule). Mit der Höhe nimmt der Luftdruck ab, in den unteren Schichten der Lufthülle 1 hPa auf 8 m. Ein wesentlicher Bestandteil der Ausrüstung auf der Fahrtenyacht sind das *Barometer* oder der *Barograph,* die den Luftdruck messen und damit durch die regelmäßige Beobachtung des Luftdruckanstiegs oder -falls wichtige Hinweise auf die Wetterentwicklung geben. Einem Barometer ist der Barograph vorzuziehen, weil er auf einem Papierstreifen den Verlauf der Druckänderung und damit die Tendenz und nicht nur den augenblicklichen Luftdruck aufzeichnet.

Bei Gebieten mit unterschiedlichen Luftdruckverhältnissen ist die Tendenz gegeben, sich auszugleichen, wobei die Luft von Bereichen höheren in Bereiche des niedrigeren Drucks strömt und somit Wind erzeugt.

Folgendes gilt im allgemeinen:

- Bei großem Druckgefälle entsteht starker Wind.
- Bei geringem Druckgefälle entsteht schwacher Wind.
- Rasche Luftdruckänderung führt zu schneller Wetteränderung.
- Sehr schnelles Fallen des Luftdrucks führt meist zu Starkwind oder Sturm.

In der Wetterkarte verbindet man alle Orte mit gleichem Luftdruck durch *Isobaren* genannte Linien. An den Abständen dieser meistens von 5 zu 5 hPa gezeichneten Isobaren kann man die Stärke des

Druckgefälles erkennen. Ist der Verlauf der Linien eng, so ist das Druckgefälle groß, und der ausgleichende Wind wird stark sein (je größer der Druckunterschied, um so stärker der Wind!). Bei weit auseinander liegenden Isobaren dagegen herrscht ein kleines Druckgefälle, und es ist nur leichter Wind zu erwarten. Die Isobaren eines Hochdruckgebietes markieren vom Zentrum nach außen fallenden Luftdruck, und zwar im Gegensatz zu einem Tiefdruckgebiet, bei dem die Isobaren steigenden Druck anzeigen.

In dieser Weise weht auf der Nord- und Südhalbkugel der Wind in das Tief und aus dem Hoch. Zwischen einem Hoch und Tief ergibt sich auch die dargestellte Luftströmung.

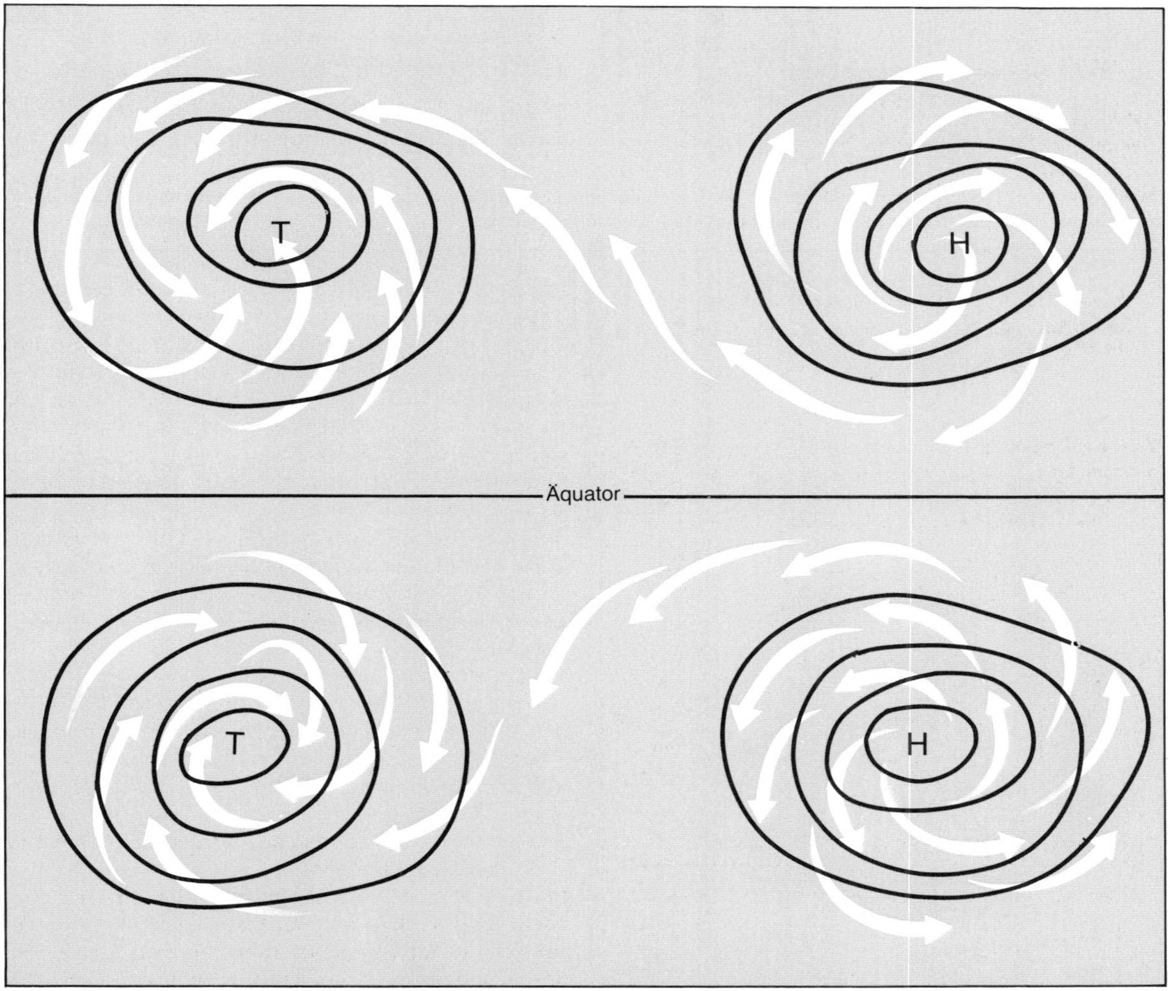

Zusammengefaßt

Der Luftdruck wird in Hektopascal (hPa) gemessen. Durch Luftdruckänderungen erhält man Hinweise auf die Wetterentwicklung:

- Rasche Luftdruckänderung = schnelle Wetteränderung.
- Rasches Fallen des Luftdruckes = Starkwind- oder Sturmgefahr.
- Fallen des Luftdruckes um mehr als 1 hPa pro Stunde = Starkwind oder Sturm.
- Je geringer das Druckgefälle, um so weniger Wind.

Die in den Wetterkarten um ein Hoch oder Tief gezogenen Linien sind Linien gleichen Luftdrukkes, genannt Isobaren.

Hoch und Tief

Prüfungsfragen für den Sportbootführerschein: 291, 292, 298, 303, 304.

Erwärmung und Abkühlung der Erdoberfläche verursachen die Bildung von Hochdruckgebieten (auch *An-*

Windgesetz von Buys-Ballot: Segeln wir auf der Nordhalbkugel vor dem Wind, dann liegt das Tief an Bb etwas vorlicher als querab, das Hoch an Stb etwas achterlicher als querab. (Größenverhältnisse vereinfacht, d. h. nicht wirklichkeitstreu!)

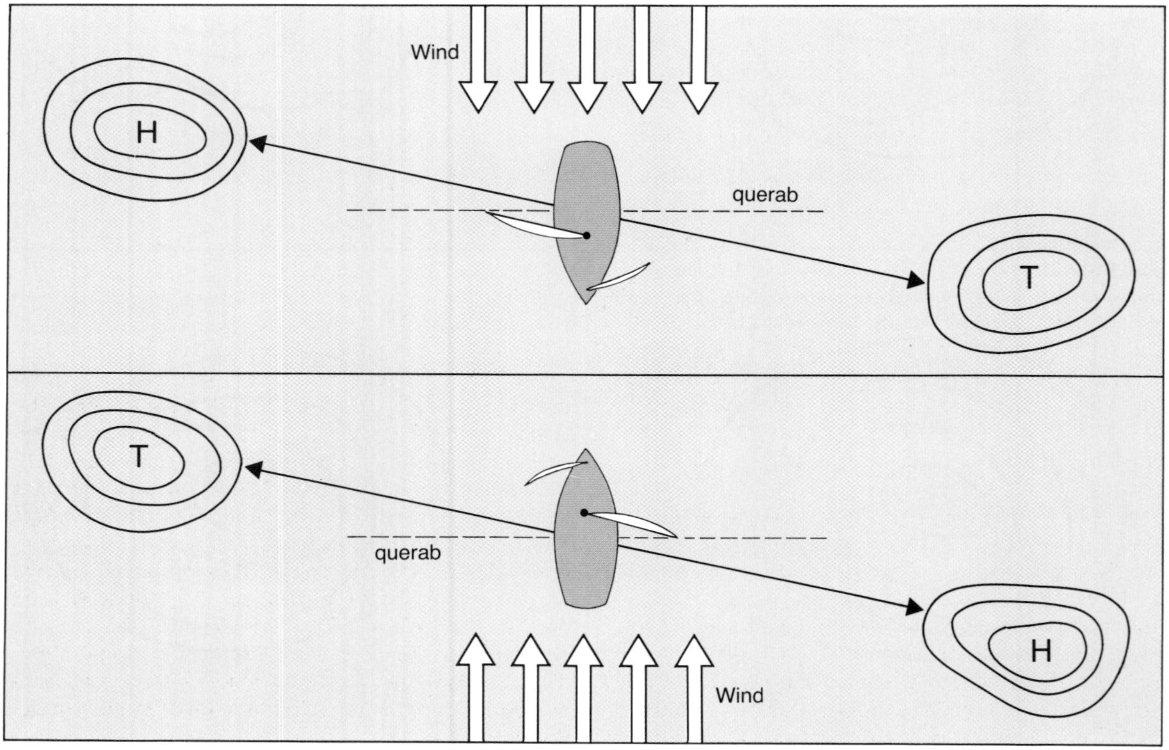

tizyklonen genannt) und Tiefdruckgebieten (auch *Zyklonen* genannt).

- Ein Tief bildet sich, wenn ein Teil der Erdoberfläche stärker erwärmt wird als die umliegenden Gebiete.
- Ein Hoch bildet sich, wenn ein Teil der Erdoberfläche stärker abgekühlt wird als die umliegenden Gebiete.

Wir haben bereits beim Luftdruck erwähnt, daß die Luft jeweils vom Hoch in das Tief einströmt. Dies geschieht aber nicht auf dem kürzesten Weg, da eine Ablenkung durch die Erddrehung stattfindet (»Corioliskraft«). Dabei gilt:

- Der Wind strömt in ein Tief in Spiralen hinein, und zwar auf der Nordbreite gegen den Uhrzeigersinn, auf der Südbreite umgekehrt.
- Der Wind strömt aus dem Hoch in Spiralen heraus, und zwar auf der Nordbreite im Uhrzeigersinn, auf der Südbreite umgekehrt.

Bei diesem Ein- oder Ausströmen weht der Wind in größeren Höhen parallel zu den Isobaren, während er in Bodennähe durch die Reibung gebremst wird und einen Winkel zu den Isobaren bildet. Diese Abweichung des Windes aus der Isobarenrichtung beträgt bei mittleren Verhältnissen und in mittleren Breiten über Land um 35° und über See ca. 10° bis 15°. Aus diesen Gegebenheiten folgert das *barische Windgesetz* von Buys-Ballot, mit dessen Hilfe man aus der Windrichtung auf die Position von Hoch- und Tiefdruckgebiet schließen kann. Das Gesetz besagt folgendes:
Segeln wir mit unserer Yacht auf Vorwindkurs, so liegt auf der Nordhalbkugel der tiefe Druck an Backbord etwas vorlicher als querab und der hohe Druck an Steuerbord etwas achterlicher als querab.
Aus den beschriebenen Gegebenheiten ergibt sich noch eine weitere Gesetzmäßigkeit: Auf der linken Seite der Zugrichtung eines Hochs oder Tiefs dreht der Wind im Verlauf des Durchzuges an einem ruhenden Beobachter gegen den Uhrzeiger = nach links.

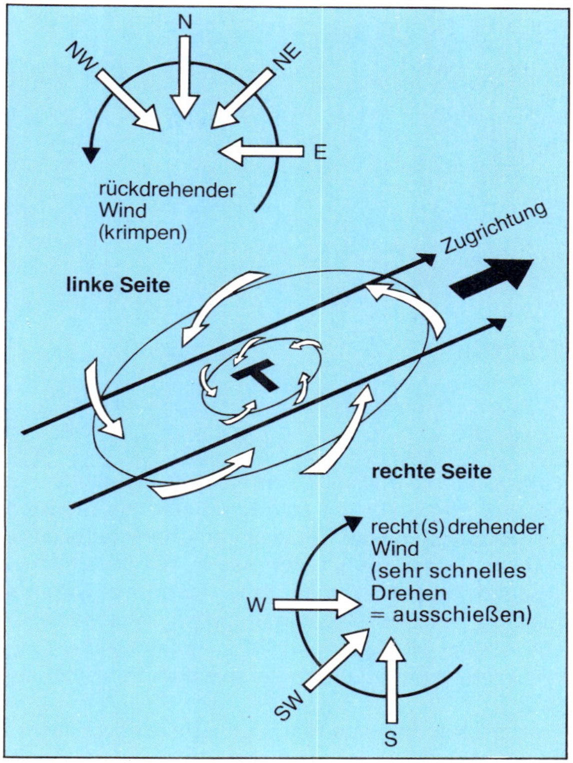

Dieses Linksdrehen bezeichnet man auch als *Rückdrehen* oder *Krimpen.* Auf der rechten Seite dreht der Wind im Uhrzeigersinn, man spricht auch von rechtsdrehendem bzw. rechtdrehendem Wind. Ein sehr schnelles Rechtsdrehen des Windes, z.B. wegen des Durchzuges einer Kaltfront, nennt man *Ausschießen.* Zieht also z.B. ein Tief von Südwest nach Nordost, und befindet sich der eigene Standpunkt südlich davon, so dreht südlicher Wind auf SW, W und NW. Ist der Standpunkt im Norden von diesem Tief, so dreht der Wind zurück, z.B. von Ost (international abgekürzt E) auf NE, N und NW (siehe auch unsere Abbildung). Umgekehrt herrschen die Verhältnisse auf der Südhalbkugel.

Zusammengefaßt

Der Wind strömt spiralenförmig im Uhrzeigersinn (Nordhalbkugel) aus dem Hoch heraus und spiralenförmig gegen den Uhrzeigersinn (Nordhalbkugel) in das Tief hinein. Auf der linken Seite der Zugrichtung eines H oder T ist der Wind links- oder rückdrehend, auf der rechten Seite recht(s)drehend (schnelles Recht(s)drehen = ausschießen).

Fronten

Keine Prüfungsfragen für den Sportbootführerschein!

Treffen warme und kalte Luftmassen aufeinander, so mischen sie sich nicht sofort, sondern sie behalten zunächst auch an der Grenze ihren Charakter bei. Die vordere Grenze jeder Luftmasse in der Bewegungsrichtung bezeichnet man dabei als Front. Gekennzeichnet ist das Zusammentreffen verschiedener Luftmassen oft durch plötzliche Änderung des Luftdruckverlaufs, der Lufttemperatur und der Windrichtung.

Trifft heranströmende Warmluft auf die davor liegende ruhende Kaltluft und gleitet dabei auf (Aufgleitfront), so ergibt sich die **Warmfront** mit nachfolgender wärmerer Luft.

Die angehobene Warmluft wird kälter und feuchter, es bilden sich zunächst die verschiedensten Wolkenformationen in allen Höhen, zuletzt eine tiefe Wolkendecke, und es beginnt zu regnen (Landregen). Typisch sind dabei auch die tief treibenden Wolkenfetzen, dazu fällt der Luftdruck. Warmfronten wandern nur langsam (mehrere Stunden), der Wind dreht auf der Nordhalbkugel normalerweise von südöstlicher über südliche nach südwestlicher Richtung. Eine Warmfront kündigt sich an, wenn nach schönen Tagen die Sonne abends vom Aufgleitwolkenschirm, der die Dämmerungsfarben auflöst, verdeckt wird. Das Abendrot bleibt aus, mit Regen und Winddrehung nach rechts ist zu rechnen.

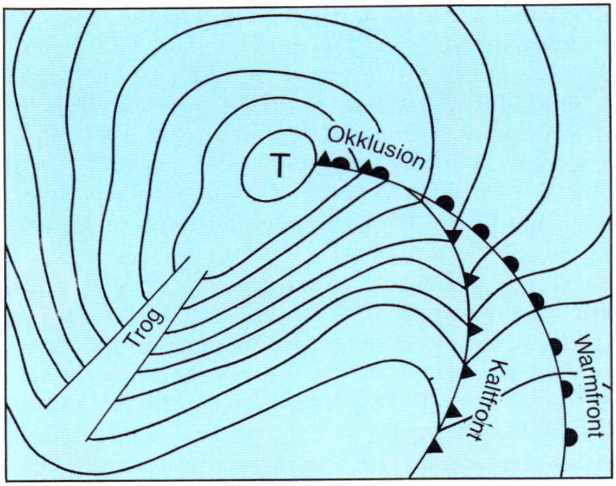

Die Fronten werden in der Wetterkarte durch leicht gekrümmte Linien dargestellt mit aufgesetzten kleinen Halbkreisen (= Warmfront), spitzen Dreiecken (= Kaltfront) oder mit Halbkreisen + Dreiecken im Wechsel (= Okklusionsfront). Bei der Trogbildung erkennt man ein Zusammenziehen der Isobaren und die starke zyklonare Isobarenausbuchtung hinter der Kaltfront. Der starke Druckabfall der Troglage ist wegen der Stürme für den Segler besonders unangenehm.

Bei der **Kaltfront** bricht schneller wandernde Kaltluft in die Warmluft ein. Der Durchzug einer Kaltfront dauert etwa ein bis zwei Stunden mit ausschießendem Wind. Begleitet wird die Front durch heftige Regenschauer und Böen i.a. aus W–NW, charakteristisch sind teilweise die mächtigen Haufenwolken. Anschließend herrscht an der Frontseite (= Rückseitenwetter) frisches, aufklarendes Wetter bei steigendem Luftdruck und meist nordwestlichen Winden. Die Wetterbesserung ist aber meist nicht von Dauer, es kommt wieder zu Niederschlägen bzw. insgesamt zu einer unbeständigen Wetterlage – manchmal mit kräftiger Schauertätigkeit.

Durch Vermischung einer Kaltfront mit einer Warmfront entsteht die **Okklusionsfront.** Dabei werden die Warmfronten von den schneller ziehenden Kaltfronten eingeholt, die Kaltluft unterwandert die Warmluft und hebt sie vom Boden ab.

Das Erscheinungsbild ähnelt dabei der Kaltfront. Besonders unangenehm – wegen der Stürme – ist für den Segler beim Tiefdruckwettergeschehen die **Troglage.** Es entsteht dabei ein starker Luftdruckabfall auf der Rückseite eines Tiefdruckgebietes hinter einer Kaltfront (starke Zusammenziehung der Isobaren). Ein Kennzeichen der Trogbildung ist auch ein leichtes oder stärkeres Rückdrehen des Windes nach dem sprunghaften Rechtsdrehen an der Kalt- bzw. Okklusionsfront. Auffällig ist das vorübergehende Nachlassen des Windes hinter der Kaltfront, wobei es dann im Trog in der Regel zu schweren Stürmen kommt.

Zusammengefaßt

Beim Zusammentreffen verschiedener Luftmassen entstehen Fronten:

- Auftreffen von Warmluft auf ruhende Kaltluft = Warmfront.
- Einbrechen von schneller wandernder Kaltluft in Warmluft = Kaltfront.
- Vermischung von Warm- und Kaltfront = Okklusionsfront.
- Trogbildung: Starker Luftdruckabfall auf Rückseite eines T hinter einer Kaltfront, verbunden mit Stürmen.

Wind, Seegang, Gewitter

Prüfungsfragen für den Sportbootführerschein: 285, 296, 297, 299, 300, 301, 302, 305, 306, 309.

Wie bereits beim Luftdruck erwähnt, ist der Wind meteorologisch gesehen jene Luftbewegung, die entsteht, wenn Luft von einem Ort höheren Luftdrucks zu einem Ort niedrigeren Luftdrucks strömt. Richtung und Stärke charakterisieren den Wind, die Windstärken werden mit Hilfe der international gebräuchlichen **Beaufort-Skala** angegeben. Da die Kenntnis dieser Skala mit den Einheiten der Windstärke von 0–12 und den Auswirkungen des Windes auf die See bereits zum Binnensegeln gehört, ist diese Skala ausführlich in einschlägigen Büchern dargestellt. Neben-

Windstärke nach Beaufort	Geschw. Knoten (m/s)	Seegang-skala (Petersen)	Seegang (ungefähre Wellenhöhe in m)
0 Windstille	0 (0–0,2)	0	glatte See (0)
1 leiser Zug	1–3 (0,3–1,5)	1	ruhige See (0,1–0,5)
2 leichte Brise	4–6 (1,6–3,3)	2	schwach bewegte See (0,5–0,7)
3 schwache Brise	7–10 (3,4–5,4)		
4 mäßige Brise	11–15 (5,5–7,9)	3	leicht bewegte See (0,7–1,25)
5 frische Brise	16–21 (8–10,7)	4	mäßig bewegte See (1,25–2,5)
6 starker Wind	22–27 (10,8–13,8)	5	grobe See (2,5–4)
7 steifer Wind	28–33 (13,9–17,1)	6	sehr grobe See (4–6)
8 stürmischer Wind	34–40 (17,2–20,7)	7	hohe See (6–9)
9 Sturm	41–47 (20,8–24,4)		
10 schwerer Sturm	48–55 (24,5–28,4)	8	sehr hohe See (9–14)
11 orkanartiger Sturm	56–63 (28,5–32,6)	9	außergewöhnlich schwere See (über 14)
12 Orkan	über 63 (über 32,6)		

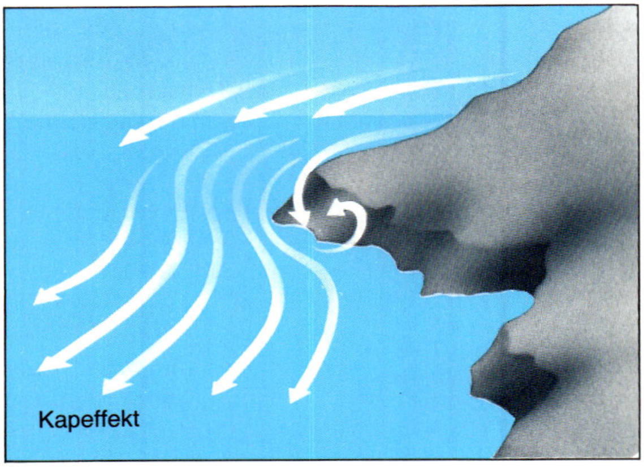

Umströmt der Wind ein hohes Kap bzw. eine Ecke, so paßt er sich den Formen an und verstärkt sich zugleich. Daneben kann sich auch Turbulenz entwickeln. Im Küstenbereich zeigt der Wind also manchmal andere Eigenschaften als weiter draußen.

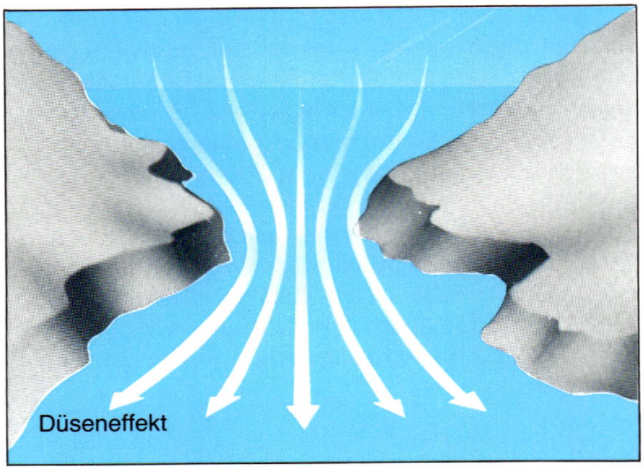

Ein Düseneffekt mit wesentlicher Verstärkung des Windes tritt auf, wenn der Luftstrom durch z. B. Inseln mit Gebirgen eingeschnürt wird. Nach der Verengung fächert der Wind wieder aus. Bei härterem Wetter sollte der Segler den Düseneffekt nicht unterschätzen.

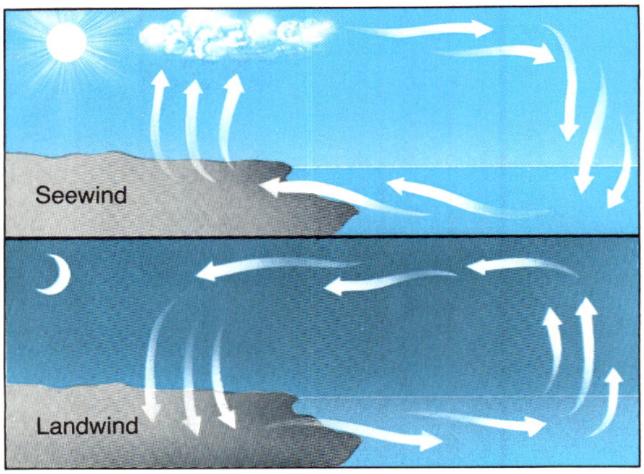

Infolge der Erwärmung bildet sich an den Küsten bei schönem Wetter über Land ein Tief, in das der Wind von See her einströmt (Seewind). Nachts kühlt das Land stärker ab als das Meer, es bildet sich ein Hoch, und der Wind strömt hinaus aufs Meer (Landwind). Bei warmer Schönwetterlage herrschen also tagsüber Seewinde, nachtsüber Landwinde vor.

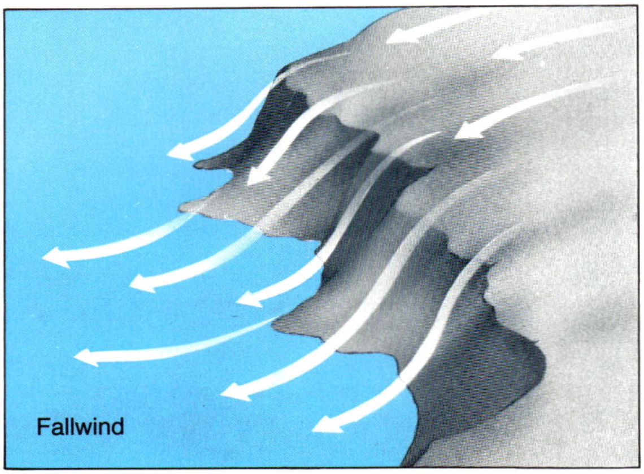

Überströmt der Wind hohes Land (Gebirge), das steil zur Küste abfällt, so entsteht ein Fallwind, wenn über Land höherer Druck herrscht und über See ein Tief. Die kalten, schwereren Luftmassen fallen herab. Fallwinde sind z. B. die Bora an der Adria, der Mistral an der südfranzösischen Küste oder der Schirokko an der nordafrikanischen Küste.

stehend begnügen wir uns deshalb mit einer Kurzfassung, jetzt allerdings zusammen mit der Seegangskala.
Unmittelbar in Zusammenhang mit der Windstärke steht der **Seegang.** Unterschieden wird zwischen *Windsee* und *Dünung.* Die Windsee verursacht der unmittelbar wehende Wind. Die Dünung ist ein Seegang, der indirekt von Winden in Bewegung gebracht wird, die anderenorts wehen oder geweht haben. Während die Wellen der Dünung wenig steil, aber dafür sehr lang sind, kennzeichnet die Wellen der Windsee Steilheit (= Verhältnis der Wellenhöhe zur Wellenlänge). Dabei ist aber auffällig, daß auf offenem Meer mit zunehmender Windstärke die Wellenlängen mehr zunehmen als die Wellenhöhen.
Für die Schiffahrt gefährlich werden kann der Seegang in *Kreuzseen.* Das ist eine Erscheinung in den Oberflächenwellen der Meere, die durch die Überlagerung zweier Wellensysteme mit verschiedenen Fortbewegungsrichtungen entsteht.
Typische **Winderscheinungen** sind der durch Thermikeinfluß entstehende Land- und Seewind, der durch Gebirge und Geländeformen beeinflußte Kap- und Düseneffekt und der durch Gebirge und Thermik bewirkte Fallwind.
Fallwinde, mit denen sich der Mittelmeersegler auseinanderzusetzen hat, sind *Bora* und *Mistral* – sie gehören aber bereits zum BK-Schein-Stoff!

Eine besondere, die Segler betreffende Wettererscheinung ist das **Gewitter**. Folgende Gefahren und Erscheinungen können auftreten:
- Heftige Böen bis Orkanstärke.
- Winddrehungen bis 180°.
- Blitzschlag, der tödlich enden kann.
- Miserable Sicht.
- Starker Regen und Hagelschlag.
- Starker Temperatursturz.

Man unterscheidet zwei Arten von Gewittern: *Frontgewitter* und *Wärmegewitter*. Frontgewitter sind innerhalb eines Tiefs in der Regel an eine Kaltfront gebunden, und sie drohen immer, wenn nach einer Hochdrucklage mit warmer Luft eine Kaltfront anrückt. Wärmegewitter bilden sich örtlich bei sommerlichen Schönwetterperioden aus, wenn erhitzte Luft nach oben drängt und dabei kühlere darüberlagernde Luftmassen durchstößt.
Woran ist ein aufziehendes Gewitter zu erkennen? Typisch sind die Haufenwolken (Cumuluswolken), die sich blumenkohlartig auftürmen (Cumulus congestus) und zur imposanten Gewitterwolke (Cumulonimbus) entwickeln, die sehr in die Höhe reicht und oben einen weit auseinanderfließenden »Amboß« aus Feder- oder Eiswolken (Cirruswolken) zeigt. War Wind vorhanden, so setzt nun zunächst, bevor die Böen eintreffen, Flaute ein. Anschließend frischt der Wind wieder auf und zwar zunächst in Richtung Gewitterwolke *(Saugwind)*. Übrigens ertönen bei einem aufziehenden Gewitter aus einem auf Mittelwelle geschalteten Radio starke Störgeräusche. Gewitter ziehen vorwiegend in nordöstliche Richtung. Wenn also im SW oder W Gewitterwolken zu beobachten sind, so ist besondere Vorsicht geboten!
Und wie verhält man sich bei Gewittergefahr?
Man trifft alle Maßnahmen, wie sie auch vor Eintritt von Starkwind oder Sturm angemessen sind (siehe »Sicherheitsmaßnahmen«, S. 100!). Dazu ist es wichtig, die Funkanlagen auszuschalten, möglichst keine Metallteile zu berühren, ferner die Position zu ermitteln und in die Seekarte einzutragen.

Zusammengefaßt

Windstärken werden von 0–12 in der Beaufort-Skala angegeben.
Unmittelbar im Zusammenhang mit dem Wind steht der Seegang (Seegang-Skala von 0–9).
Typische Winderscheinungen sind der Land- und Seewind, der Kapeffekt, der Düseneffekt und der Fallwind.
Gewitter: Haufenwolken, Flaute und Saugwind, Radiostörgeräusche. Böen, Blitz, Regen, Hagel, verminderte Sicht. Reffen oder Segel weg, Sicherheitsgurte, Rettungswesten, Gegenstände seefest laschen, Position eintragen, Funk aus, keine Metallteile berühren.

2. Wetterinformation

Wetterbericht

Prüfungsfragen für den Sportbootführerschein: 293–295.

Eine wichtige und grundlegende Sicherheitsmaßnahme vor jedem Auslaufen mit einer Yacht ist die Information über das Wetter. Ein Rundfunkempfänger gehört deshalb zur Mindest-Sicherheitsausrüstung. Eine Zusatzausrüstung in Form von UKW-Sprechfunk, Wetterkartenschreiber und NAVTEX-Gerät bietet noch mehr Informationsmöglichkeiten.
Seewetterberichte mit detaillierten Windprognosen, dazu mit einem ganztägigen Warndienst für Wind und Sturm, veröffentlicht der Deutsche Wetterdienst, Seewetteramt in Hamburg.

Eine Starkwindwarnung wird für Windstärke 6–7 herausgegeben, eine Sturmwarnung für Windstärke 8 und mehr nach der Beaufort-Skala.

Speziellere Informationen über die Seewetterberichte kann man erhalten:

- Über diverse Rufnummern der Telekom, beginnend mit 0190 (regional gegliedert).
- Über Telefax beim Seewetteramt in Hamburg.
- Über Küstenfunkstellen.
- Über Rundfunksender (Deutschlandfunk, Deutschlandradio, Radio Bremen, NDR).
- Über T-Online (BTX) und PC-Telefon-Mailbox.

Einzelheiten über Vorhersagegebiete, Frequenzen, Sendezeiten, Küstenfunkstellen usw. können dem vom BSH herausgegebenen *Nautischen Funkdienst*, dem *Jachtfunkdienst* dem BSH-Sonderdruck *Wetter- und Warnfunk* und einem vom Seewetteramt herausgegebenen Merkblatt *Sturmwarnungen und Seewetterberichte für die Sport- und Küstenschiffahrt* entnommen werden.

Zusammengefaßt

Wetterberichte kann man ganz allgemein erhalten über Zeitung, Rundfunk und Fernsehen. Seewetterberichte vom Deutschen Wetterdienst, Seewetteramt in Hamburg, sind zugänglich über Küstenfunkstellen, spezielle Radiosender, über den Telekom-Telefondienst beginnend mit 0190, über Fax, T-Online oder Mailbox. Schriftliches: Nautischer Funkdienst, Jachtfunkdienst, Wetter- und Warnfunk, Sturmwarnungen und Seewetterberichte für die Sport und Küstenschiffahrt.

Wetterkarte

Prüfungsfragen für den Sportbootführerschein: 284, 291, 292.

Die Beobachtungen vieler hunderter Stationen werden in den täglichen Wetterkarten verarbeitet. In einfachster Form findet sich die tägliche Wetterkarte in vielen Tageszeitungen.
Über die Post können fünfmal wöchentlich erscheinende Wetterkarten abonniert werden, z.B.:

- Wetterkarte des Seewetteramtes mit Meldungen und Vorhersagen für die Deutsche Bucht und westliche Ostsee, Hamburg und Unterelbegebiet, Bremen und Weser–Emsgebiet, Schleswig-Holstein.

Eine Wetterkarte wird nach einem bestimmten Schema angefertigt, wobei eine Reihe von Symbolen verwendet wird. Das Symbol einer **Stationsmeldung** besteht zunächst aus folgenden drei Teilen:

1. Stationskreis, der den **Grad der Bewölkung** anzeigt, wobei die Schätzung der Gesamtbewölkung in Vierteln der sichtbaren Himmelsfläche eingetragen ist.
2. Anzeige der **Windrichtung** durch einen am Stationskreis angefügten Windpfeil (die Pfeile fliegen mit dem Wind).

3. Anzeige der **Windstärke** (in Beaufortgraden) durch die Art der Befiederung: Eine Feder (Strich) bedeutet 2 Windstärken, eine halbe Feder 1 Windstärke. Bei Windstärke 10 benützt man statt 5 Federn als Art Sturmwimpel ein Dreieck. Bei Windstille wird ein Kreis um die Station gezogen.

Man verwendet daneben noch eine Reihe weiterer Symbole, welche die Niederschläge und die Sichtigkeit angeben. Dazu kommen noch die Angaben über den Luftdruck, die Lufttemperatur und gegebenenfalls die Wassertemperatur. Typisch bei der Wetterkarte sind jeweils die um ein Hochdruckgebiet (H) oder Tiefdruckgebiet (T) gezogenen Linien gleichen Luftdrucks, die Isobaren.

Verwendete Symbole bei der Wetterkarte

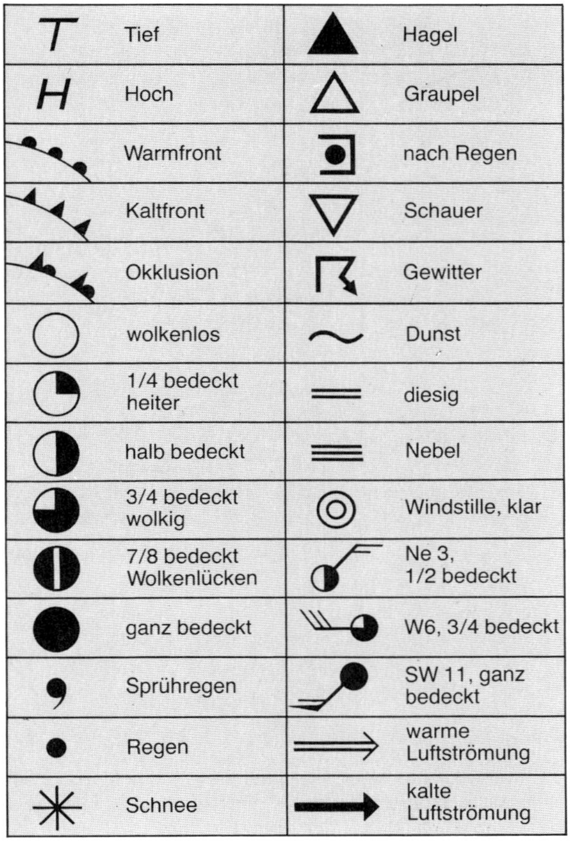

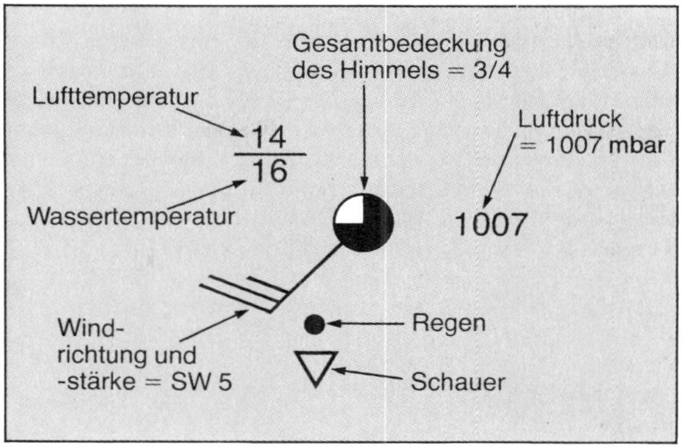

Beispiel einer Stationsmeldung. Der Stationskreis gibt den Grad der Bewölkung an (hier $^3/_4$), der Windpfeil die Windrichtung und Windstärke (hier SW, $2^1/_2$ Federn = 5 Windstärken nach Beaufort). Der Punkt und das Dreieck zeigen Regen und Schauer an.

Fronten werden durch kräftige Linien kenntlich gemacht, wobei die Linie einer Warmfront kleine Halbkreise trägt, die der Kaltfront kleine Dreiecke und die der Okklusionsfront nebeneinandergestellte Halbkreise und Dreiecke. Bei einer farbigen Wetterkarte sind die Warmfront rot, die Kaltfront blau und die Okklusionsfront violett angelegt. Niederschlagsgebiete sind durch schraffierte Flächen angegeben (auf farbigen Karten grün schraffiert), und entsprechend der jeweiligen Strömungsrichtung sind in die Wetterkarte auch noch Strömungspfeile eingezeichnet, wobei konturierte Pfeile (= rot auf farbiger Karte) Warmluft darstellen und vollgetönte Pfeile (= blau auf farbiger Karte) Kaltluft.

Bei diesen Wetterkarten handelt es sich um sog. *Bodenwetterkarten.* Daneben gibt es noch die *Höhenwetterkarten,* die Einblick in das Druck- und Stromfeld der freien Atmosphäre geben.

Als Beispiel zum Lesen einer Wetterkarte sei eine Musterwetterkarte des Deutschen Wetterdienstes (»Wetterkundliche Lehrmittel Nr. 5«) betrachtet. Die Karte zeigt zwischen Irland und Island ein ausgedehntes Gebiet geschlossener Isobaren eines Tiefdruckgebietes, wobei das Zentrum dieses Tiefs von einer Isobare mit dem Luftdruck 980 hPa umschlossen wird. Die Windbeobachtungen im Bereich dieses Tiefs zeigen, wie die Strömung das Gebiet entgegen dem Uhrzeigersinn umkreist. Auf der rechten Seite nach Südwesten hin herrschen höhere Barometerstände, dementsprechend sind diese Gebiete in ihrem Kern mit H (= Hoch) bezeichnet.

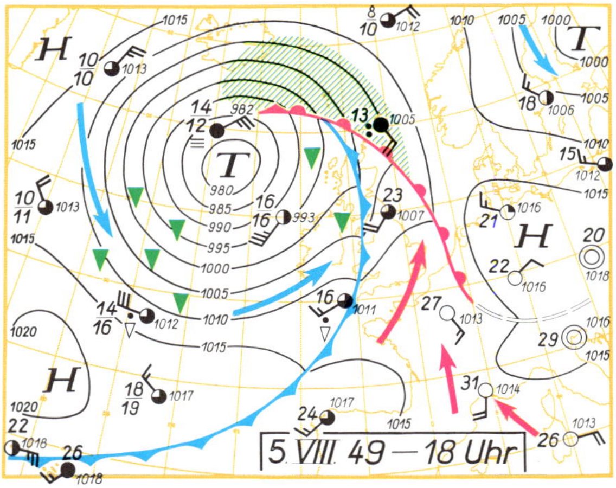

Im Bereich der Zyklone zeigen die Stationsmeldungen teilweise beträchtliche Unterschiede in der Lufttemperatur. Über England–Schottland werden Thermometerstände von 23° beobachtet. Der Wind weht hier aus Südwest mit Stärke 4. Nördlich von Schottland weist die Station auf den Shetland-Inseln jedoch nur 13° auf. Bei völlig bedecktem Himmel fällt hier anhaltend *Landregen.*

Auf Grund dieses Temperaturgegensatzes und der Änderung in Wetter und Windrichtung schließt man auf eine Warmfront (Linie mit den Halbkreisen) mit aus Südwesten anströmender wärmerer Luft. Südwestlich davon rückt eine Kaltfront heran mit Schauerbewölkung, Regenschauern und kühlerer Luft. Die auf der Spitze stehenden Dreiecke südwestlich des Zyklonenzentrums zeigen, daß in diesem Gebiet rasch wechselnde Bewölkung und kräftige Schauer auftreten bei einer Windrichtung um NW und Stärke 6. Im nördlichen Teil der Zyklone hat die Kaltfront die Warmfront eingeholt, und es hat sich eine Okklusionsfront gebildet. Rechts oben in der Karte sehen wir über Skandinavien ein abziehendes Tiefdruckgebiet mit einem Strömungspfeil, der auf aus NW nachfließende Kaltluft (Rückseitenkaltluft) hinweist.

Die Warmfront auf diesem Kartenbeispiel schließlich ist nach Osten hin über Frankreich und Deutschland unterbrochen und ohne die Halbkreise weitergezeichnet. Nördlich davon herrschen Temperaturen von etwas über 20°, südlich davon bis zu 29° bei Windstille.

Zusammengefaßt

Einen wichtigen Aufschluß über das Wettergeschehen erhält man durch das Lesen einer Wetterkarte, die die Beobachtungen vieler Stationen wiedergeben. Typisch an der Wetterkarte sind die *Isobaren* (Luftdrucklinien), die Linien zur Kennzeichnung einer *Front* (Warmfront = Linie mit Halbkreisen, auch rot, Kaltfront = Linie mit Dreiecken, auch blau, Okklusionsfront = Linie mit Dreiecken + Halbkreisen, auch violett) und die vielen Symbole zum Anzeigen von *Niederschlägen* und der *Sichtigkeit.* Bei einer Stationsmeldung zeigt der Kreis den *Grad der Bewölkung* an, der angefügte Windpfeil die *Windrichtung* und die Befiederung die *Windstärke* in Beaufortgraden (1 Feder = 2 Windstärken), Strömungspfeile geben die *Strömungsrichtung* an, rote bzw. nur konturierte Pfeile bedeuten Warmluft, blaue bzw. vollgetönte Pfeile Kaltluft.

Die Fotos auf den beiden folgenden Seiten zeigen den Bewegungszustand des Wassers (bei Windstärken 1, 3, 5, 6, 7 und 9), wie ihn der Fahrtensegler antreffen kann. ▶

Windstärke 1 (Leiser Zug): Kräuselwellen ohne Schaumkämme.

Windstärke 3 (Schwache Brise): Allmählich beginnen die Kämme zu brechen.

Windstärke 5 (Frische Brise): Überall weiße Schaumkronen. Längere Wellen.

Windstärke 6 (Starker Wind): Beim Brechen der Kämme bilden sich weiße Schaumflächen. Große Wellen entstehen.

Windstärke 7 (Steifer Wind): Die Schaumflächen bilden Streifen in die Windrichtung.

Windstärke 9 (Sturm): Sichtbehinderung durch Gischt. Hohe Wellenberge. See »stampft«.

Rechtskunde

Prüfungsstoff laut DSV-Führerscheinvorschrift und SpbootFüV

BR-Schein:
Schiffspapiere: Standerschein, internationaler Bootsschein, Meßbrief, Personalpapiere, Schiffstagebuch, Logbuch.
Seeverkehrsrecht: KVR, SeeSchStrO, Hafenordnung.
Sicherheitsrichtlinien: Richtlinien der KA, Verhalten bei Seeunfällen.
Zoll; Wettsegelbestimmungen, mindestens Verhalten gegenüber Fahrzeugen in einer Regatta; Yachtgebräuche; Umweltschutz.

Sportbootführerschein:

Kenntnisse der maßgebenden schiffahrtspolizeilichen Vorschriften:

- Kollisionsverhütungsregeln (Begriffe und Allgemeines, Lichter und Signalkörper, Ausweich- und Fahrregeln, Schall- und Lichtsignale)
- Seeschiffahrtsstraßen-Ordnung/Schiffahrtsordnung Emsmündung (Allgemeine Bestimmungen, Grundsätze für die Bezeichnung der Küstengewässer)
- Schiffahrtspolizeiverordnung über Sicherungsmaßnahmen für militärische Sperr- und Warngebiete an der schleswig-holsteinischen Ost- und Westküste und am Nord-Ostsee-Kanal.

Anmerkung: Das Wort »Kollisionsverhütungsregeln« ist ein Begriff, der 1989 eingeführt wurde und die lange vertraute Bezeichnung »Seestraßenordnung (SeeStrO)« abgelöst hat.

1. Allgemeines

Geltungsbereich, Fahrzeugführer, Definitionen, Positionslaternen

Prüfungsfragen für den Sportbootführerschein: 1–29. 1–3: Verkehrsvorschriften. 5–9: Verantwortung des Fahrzeugführers. 10–19, 22, 26–28: Definitionen. 20, 21, 23–25, 29: Verwendung von Positionslaternen.

KVR und SeeSchStrO

An deutschen Küsten gelten folgende Verordnungen:

- Kollisionsverhütungsregeln (KVR)
- Seeschiffahrtsstraßen-Ordnung (SeeSchStrO).
- Schiffahrtsordnung Emsmündung.

Die **Kollisionsverhütungsregeln** haben internationalen Charakter und gelten auf hoher See. Sie gelten zwar auch in den deutschen Hoheitsgewässern, da aber ihre Bestimmungen für die deutschen Seeschiffahrtsstraßen nicht ganz ausreichen, tritt dazu noch

Kollisionsverhütungsregeln
Hafengesetze
SeeschStrO bzw. im Mündungsgebiet der Ems und auf der Leda Schiffahrtsordnung Emsmündung

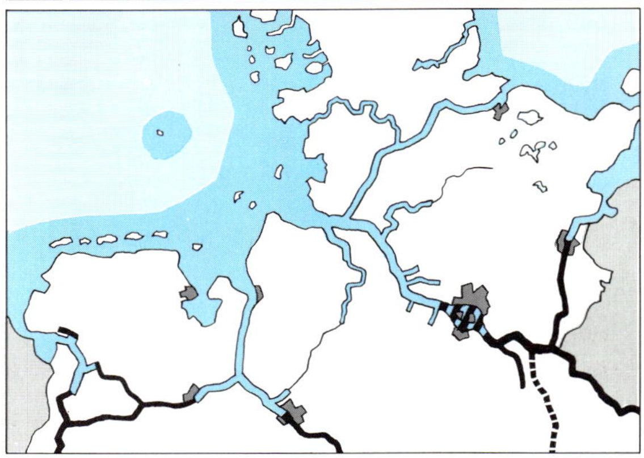

die nationale Vorschrift, nämlich die **Seeschiffahrtsstraßen-Ordnung,** in Kraft. Für den Bereich des Mündungsgebietes der Ems und auf der Leda gilt die nationale **Schiffahrtsordnung Emsmündung.** Die SeeSchStrO (+ Schiffahrtsordnung Emsmündung) ist also als ergänzende und manchmal abweichende Spezialregelung zu den KVR anzusehen.
In den deutschen Küstengewässern bzw. im Mündungsgebiet der Ems und auf der Leda haben die SeeSchStrO und die Schiffahrtsordnung Emsmündung Vorrang vor den KVR, sofern Bestimmungen in Widerspruch zueinander stehen.
Welche Wasserflächen Seeschiffahrtsstraßen sind, ist in § 1 der SeeSchStrO und in § 1 der Einführungsverordnung zur Schiffahrtsordnung Emsmündung (EmsSchEV) festgelegt.
Dazu sind noch die *Bekanntmachungen der Wasser- und Schiffahrtsdirektionen Nord und Nordwest* und örtliche Hafenvorschriften zu beachten.

Fahrzeugführer und Definitionen

- **Fahrzeugführer:** Er ist auf einem Fahrzeug für die Befolgung der strom- und schiffahrtpolizeilichen Vorschriften verantwortlich. Steht vor Antritt der Fahrt nicht fest, wer der Fahrzeugführer ist, und sind mehrere Personen zum Führen eines Fahrzeuges berechtigt, dann ist vorher zu bestimmen, wer der verantwortliche Fahrzeugführer ist. Ist jemand infolge des Genusses alkoholischer Getränke oder anderer berauschender Mittel in der sicheren Fahrzeugführung behindert, so ist ihm diese Führung verboten.
- Ein Fahrzeug ist **in Fahrt,** wenn es weder vor Anker liegt, noch an Land fest gemacht ist, noch auf Grund sitzt.
- Fährt ein **Segelfahrzeug mit Maschinenkraft,** auch wenn es gleichzeitig unter Segel ist, so gilt es als Maschinenfahrzeug.
- Kann jedes Fahrzeug vom andern optisch wahrgenommen werden, dann gelten sie als einander **in Sicht befindlich.**
- **Verminderte Sicht** besteht bei Sichteinschränkung durch dickes Wetter, Nebel, Schneefall, heftige Regengüsse oder ähnliche Umstände. In solchem Falle müssen mit sicherer Geschwindigkeit gefahren, Nebelsignale gegeben, Positionslichter eingeschaltet, dazu verstärkt Ausguck gegangen werden.
- Ein **kurzer Ton** dauert etwa 1 Sekunde (dargestellt: •).
- Ein **langer Ton** dauert etwa 4–6 Sekunden (dargestellt: ▬).
- **Am Tage** bedeutet den Zeitraum von Sonnenaufgang bis Sonnenuntergang.
- **Bei Nacht** bedeutet den Zeitraum von Sonnenuntergang bis Sonnenaufgang.
- Ein **Manöver des letzten Augenblicks** ist ein vom Kurshalter notfalls eingeleitetes Ausweichmanöver. Es muß gefahren werden, wenn der Kurshalter dem Ausweichpflichtigen aus irgendeinem Grund so nahe gekommen ist, daß ein Zusammenstoß durch Manöver des Letzteren allein nicht vermieden werden kann. Normalerweise dreht man nach Stb ab. Macht ein Kurshalter von der Möglichkeit Gebrauch, in gefährlich erscheinender Lage selbst rechtzeitig zu manövrieren, so wäre das ein Manöver des vorletzten Augenblicks.
- Als **Überholer** gilt man, wenn man sich einem anderen Fahrzeug aus einer Richtung von mehr als 22,5° achterlicher als querab (Hecklichtbereich!) nähert. Im Zweifelsfalle hat man sich als Überholer zu betrachten.
- Kann ein Fahrzeug wegen außergewöhnlicher Umstände nicht wie vorgeschrieben manövrieren und daher nicht ausweichen, so gilt es als **manövrierunfähiges Fahrzeug.**
- Ist ein Fahrzeug durch die Art seines Einsatzes behindert, so wie vorgeschrieben zu manövrieren, und kann es deshalb nicht ausweichen, so gilt es als *manövrierbehindertes Fahrzeug* (z. B. Fahrzeug, das Seezeichen oder anderes auslegt, das baggert, andere Arbeiten oder Versorgungsmanöver ausführt, Fahrzeug beim Minenräumen oder erheblich behindert beim Schleppvorgang).
- Schiffahrtswege, die durch Trennlinien oder Trennzonen in Einbahnwege geteilt sind und jeweils nur in Verkehrsrichtung rechts befahren werden dürfen, heißen **Verkehrstrennungsgebiet.**

- Jedes Fahrzeug muß mit einer **sicheren Geschwindigkeit** fahren, so daß es geeignete Maßnahmen treffen kann, um einen Zusammenstoß zu vermeiden. Es muß dabei innerhalb einer Entfernung zum Stehen gebracht werden können, die den gegebenen Umständen und Bedingungen entspricht.

Verwendung von Positionslaternen

- Laternen, die nach den KVR und nach der SeeSchStrO zur Lichterführung vorgeschrieben sind, nennt man **Positionslaternen**.
- Positionslaternen müssen ständig an Bord mitgeführt werden. Sie müssen von Sonnenuntergang bis Sonnenaufgang und bei verminderter Sicht gezeigt werden.
- Nur solche Laternen, deren Baumuster vom Bundesamt für Seeschiffahrt und Hydrographie (BSH, früher DHI) zur Verwendung auf hoher See oder auf Seeschiffahrtsstraßen zugelassen sind, dürfen als Positionslaternen verwendet werden.
- Laternen, Leuchten und Scheinwerfer dürfen nicht blenden und dadurch die Schiffahrt gefährden oder behindern.
- Auf Fahrzeugen unter Ruder oder Segel und von weniger als 20 m Länge, auf denen keine ausreichende Stromquelle vorhanden ist, dürfen weiterhin zugelassene Petroleum-Positionslaternen nach DIN 89950 verwendet werden.

2. Kollisionsverhütungsregeln

Lichter- und Signalkörperführung

Prüfungsfragen für den Sportbootführerschein: 30–63, 86, 87, 101–105.

Die vorgeschriebenen Lichter sind zwischen Sonnenunter- und Sonnenaufgang zu führen, außerdem bei verminderter Sicht auch tagsüber.

Man unterscheidet:

- **Topplicht:** Weißes Licht über der Längsachse des Fahrzeuges, das über einen Horizontbogen von 225° scheint (von recht voraus bis 22,5° achterlicher als querab nach jeder Seite). Bei Fahrzeugen zwischen 12 und 20 Meter z. B. muß das Topplicht in einer Höhe von mindestens 2,5 m über dem Schandeck angebracht sein (bei Booten unter 12 m Länge mindestens 1 m über den Seitenlichtern), die Tragweite muß 3 sm (unter 12 m = 2 sm, ab 20 m = 5 sm) betragen.
- **Seitenlichter:** Sie sind an der Steuerbordseite grün, an der Backbordseite rot und scheinen über einen Horizontbogen von jeweils 112,5° (von recht voraus bis jeweils 22,5° achterlicher als querab). Bei Fahrzeugen unter 20 m Länge dürfen die Seitenlichter in einer Zweifarbenlaterne über der Längsachse geführt werden. Tragweiten: Unter 12 m = 1 sm, über 12 m = 2 sm, über 50 m = 3 sm.
- **Hecklicht:** Weißes Licht, das so nahe wie möglich am Heck angebracht ist und unbehindert in einem Horizontbogen von 135° scheint. Tragweite: 2 sm (über 50 m = 3 sm).
- **Rundumlicht:** Weißes oder farbiges Licht, das über einen Horizontbogen von 360° scheint.
- **Schlepplicht:** Ein gelbes Licht mit den Eigenschaften eines Hecklichtes.
- **Funkellicht:** Ein Licht mit 120 oder mehr regelmäßigen Lichterscheinungen in der Minute.

Mit Hilfe dieser Lichter zeigen Wasserfahrzeuge bei Nacht ihre Position bzw. Lage an. Sofern nicht nur die Minimalforderung für kleine Boote – nämlich das »Rundumlicht« – vorhanden ist, kann man infolge des Sichtwinkels der verschiedenen Lichter erkennen, ob ein Schiff auf einen Beobachter zufährt, davon wegfährt oder quert. Durch die Anordnung weiterer Lichter kann man auch Rückschlüsse auf Größe und Art des betreffenden Wasserfahrzeuges ziehen.
Tagsüber müssen die Regeln über Signalkörper befolgt werden. Die Signalkörper sind schwarz und haben ein Erscheinungsbild als Ball, Zylinder, Kegel, Rhombus und Stundenglas (siehe Abbildung).

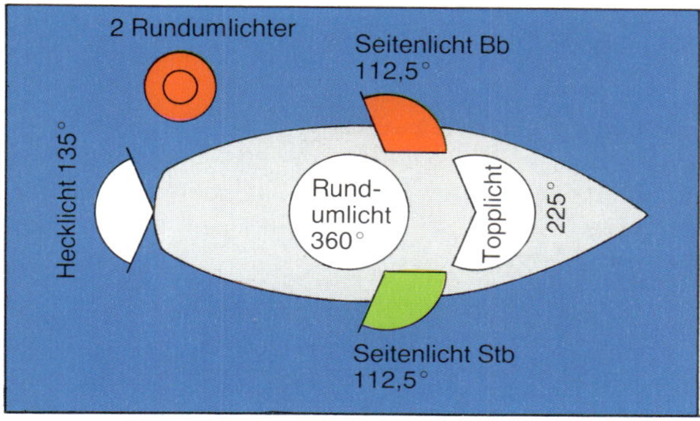

Ein Rundumlicht kann weiß oder farbig sein und ist über den ganzen Horizontbogen sichtbar. Topp- und Hecklicht sind immer weiß, die Seitenlichter sind grün (Stb) und rot (Bb).

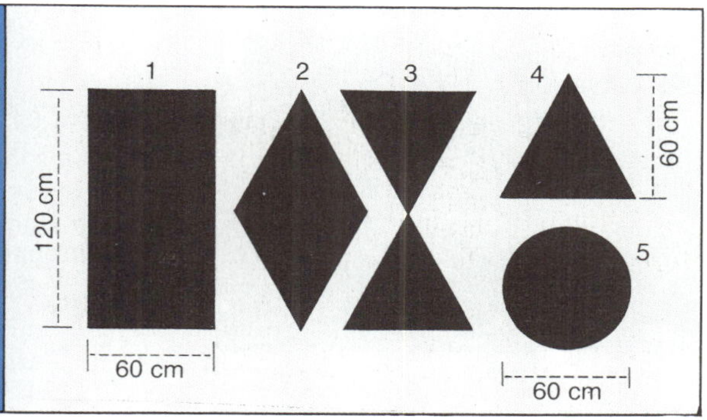

Signalkörper: 1 = Zylinder, 2 = Rhombus, 3 = Stundenglas, 4 = Kegel, 5 = Ball. Auf einem Fahzeug unter 20 m dürfen auch geringere Abmessungen verwendet werden.

Ruder- und Segelfahrzeuge

Ein **Segelfahrzeug unter 7 m Länge** und ein **Ruderfahrzeug** sollen (Segelboot: »muß, wenn möglich«, Ruderboot: »darf«) die für Segelfahrzeuge vorgeschriebenen Lichter führen. Ist dies nicht möglich, muß eine elektrische Lampe oder eine angezündete Laterne mit einem weißen Licht gebrauchsfertig zur Hand gehalten und rechtzeitig gezeigt werden.

Ein **Segelfahrzeug in Fahrt** muß Seitenlichter und ein Hecklicht führen.
Auf einem Segelfahrzeug von **weniger als 20 m Länge** dürfen Seitenlichter und Hecklicht in einer Dreifarbenlaterne vereinigt werden, die an oder nahe der Mastspitze dort angebracht ist, wo sie am besten gesehen werden kann.

Ein Segelfahrzeug in Fahrt **darf zusätzlich** zu den vorgeschriebenen Lichtern an oder nahe der Mastspitze zwei Rundumlichter senkrecht übereinander führen, und zwar das obere rot und das untere grün. Diese Lichter dürfen aber nicht zusammen mit der Dreifarbenlaterne geführt werden.

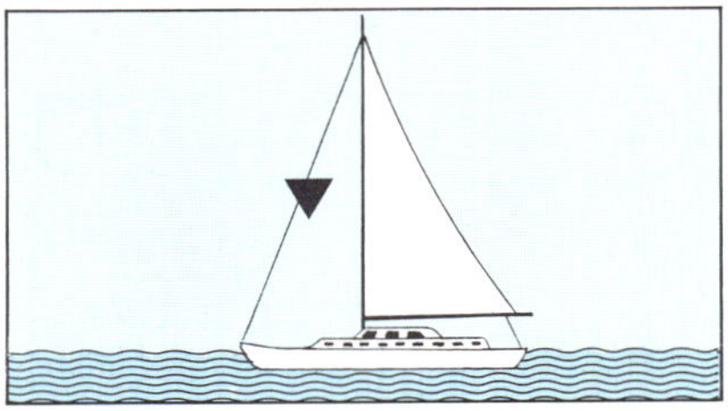

Ein Fahrzeug unter Segel, das **gleichzeitig mit Maschinenkraft** fährt, muß im Vorschiff einen Kegel – Spitze unten – dort führen, wo er am besten gesehen werden kann.

Maschinenfahrzeuge

Ein **Maschinenfahrzeug** in Fahrt **unter 50 m Länge** führt ein Topplicht vorn, Seitenlichter und ein Hecklicht. Es kann auch ein zweites Topplicht führen, so wie es ein Maschinenfahrzeug von 50 m Länge und darüber führen muß.

Ein **Maschinenfahrzeug** in Fahrt von **50 m Länge und darüber** führt zusätzlich ein zweites Topplicht achterlich und höher als das vordere.

Fahrzeuge unter 20 m Länge dürfen die Seitenlichter in einer Zweifarbenlaterne führen. Auf Maschinenfahrzeugen von mindestens 12 m, jedoch weniger als 20 m Länge muß das Topplicht mindestens 2,50 m über dem Schandeck angebracht sein. Tiefer liegen darf das Topplicht auf einem Maschinenfahrzeug unter 12 m Länge, es muß dabei aber mindestens 1 m über den Seitenlichtern angebracht sein.

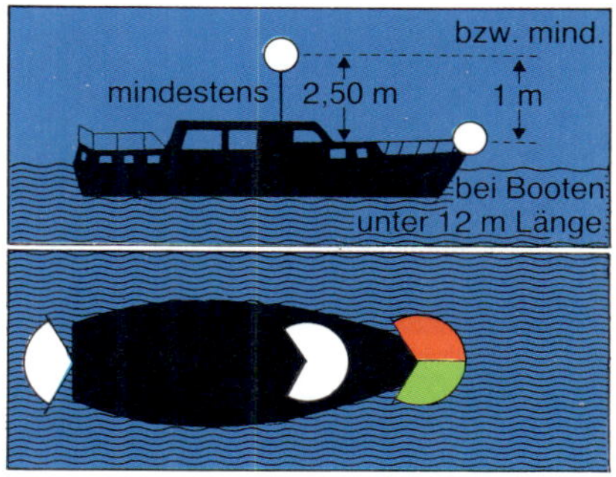

Ein Maschinenfahrzeug von weniger als 12 m Länge darf an Stelle der für Maschinenfahrzeuge vorgeschriebenen Lichter ein weißes Rundumlicht und Seitenlichter führen. Das Rundumlicht muß (ebenso wie ein Topplicht) mindestens 1 m höher als die Seitenlichter geführt werden. An Stelle der beiden Seitenlaternen kann auch eine Zweifarbenlaterne geführt werden.

Ein Maschinenfahrzeug von weniger als 7 m Länge, dessen Höchstgeschwindigkeit 7 kn nicht übersteigt, darf ein weißes Rundumlicht und muß, **wenn möglich,** außerdem Seitenlichter führen.

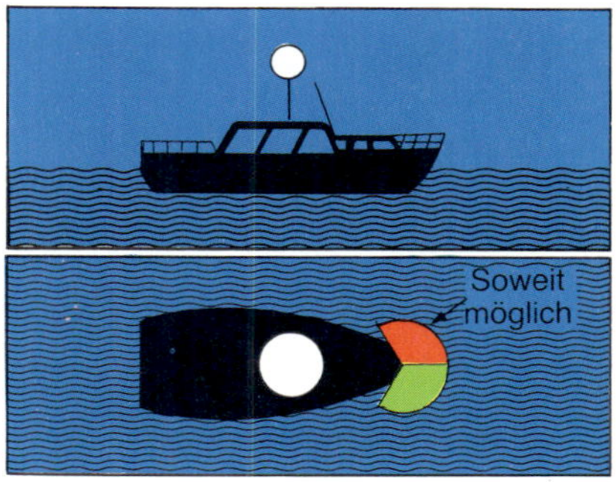

Manövrierunfähige und manövrierbehinderte Fahrzeuge

(Fahrzeuge von weniger als 12 m Länge – ausgenommen bei Taucherarbeiten – brauchen die hier vorgeschriebenen Lichter und Signalkörper nicht zu führen!)

Ein **manövrierunfähiges Fahrzeug** führt zwei rote Rundumlichter senkrecht übereinander dort, wo sie am besten gesehen werden können. Tags führt es zwei Bälle oder ähnliche Signalkörper senkrecht übereinander.

Ein **manövrierunfähiges Fahrzeug** führt bei **Fahrt** durchs Wasser zusätzlich Seitenlichter und ein Hecklicht.
Ein manövrierunfähiges Fahrzeug kann wegen außergewöhnlicher Umstände nicht so manövrieren, wie es die Regeln vorschreiben. Maschinen- und Segelfahrzeuge müssen ihm deshalb immer ausweichen.

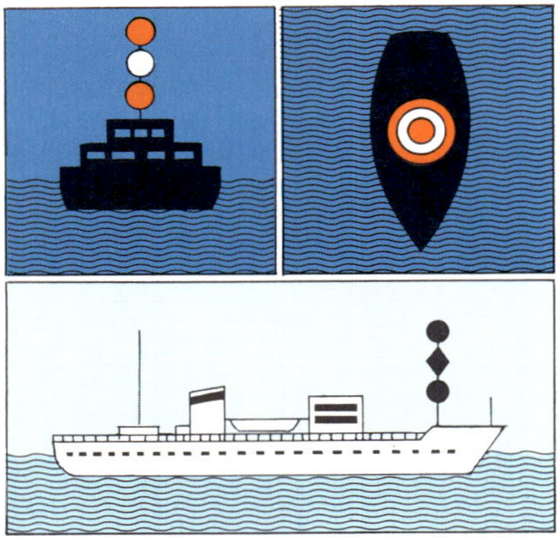

Ein **manövrierbehindertes Fahrzeug,** ausgenommen ein Fahrzeug beim Minenräumen, führt drei Rundumlichter senkrecht übereinander dort, wo sie am besten gesehen werden können. Das obere und das untere Licht müssen rot, das mittlere muß weiß sein. Tags führt es drei Signalkörper übereinander: oben und unten Bälle, in der Mitte ein Rhombus.
Ein manövrierbehindertes Fahrzeug (z.B. Bagger, Kabelleger, Seezeichenfahrzeuge, Rohrleger, Vermesser, Versorger) ist durch die Art seines Einsatzes behindert, so wie vorgeschrieben zu manövrieren, deshalb müssen wir ausweichen.

Ein **manövrierbehindertes Fahrzeug** führt bei **Fahrt** durchs Wasser zusätzlich ein Topplicht oder mehrere Topplichter sowie Seitenlichter und ein Hecklicht.

Ein manövrierbehindertes Fahrzeug, das **baggert** oder **Unterwasserarbeiten** ausführt, zeigt bei Behinderung neben den drei Rundumlichtern (tags neben den drei Signalkörpern):
1. zwei rote Rundumlichter oder zwei Bälle senkrecht übereinander, um die Seite anzuzeigen, an der die Behinderung besteht.

2. zwei grüne Rundumlichter oder zwei Rhomben senkrecht übereinander, um die Passierseite für ein anderes Fahrzeug anzuzeigen.

Befinden sich auf beiden Seiten die grünen Rundumlichter oder die zwei Rhomben (b), so ist an der Seite vorbeizufahren, die in Fahrtrichtung rechts liegt.

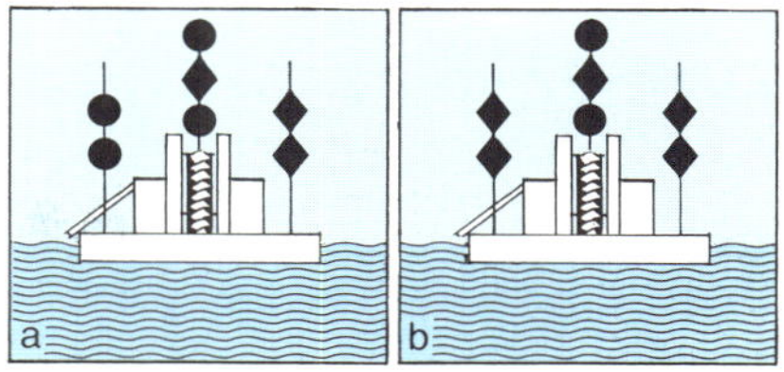

Ein manövrierbehindertes Fahrzeug, **das baggert oder Unterwasserarbeiten** ausführt, zeigt bei Fahrt durchs Wasser zusätzlich noch ein Topplicht oder mehrere Topplichter sowie Seitenlichter und ein Hecklicht.

Macht die Größe eines **Fahrzeugs bei Taucherarbeiten** es unmöglich, alle für ein manövrierbehindertes Fahrzeug, das baggert oder Unterwasserarbeiten ausführt, vorgeschriebenen Lichter und Signalkörper zu führen, so muß das Fahrzeug neben den 3 rot-weiß-roten Rundumlichtern die Flagge »A« des Internationalen Signalbuchs als Tafel von mindestens 1 Meter Höhe führen. Ihre Rundumsichtbarkeit muß sichergestellt sein.

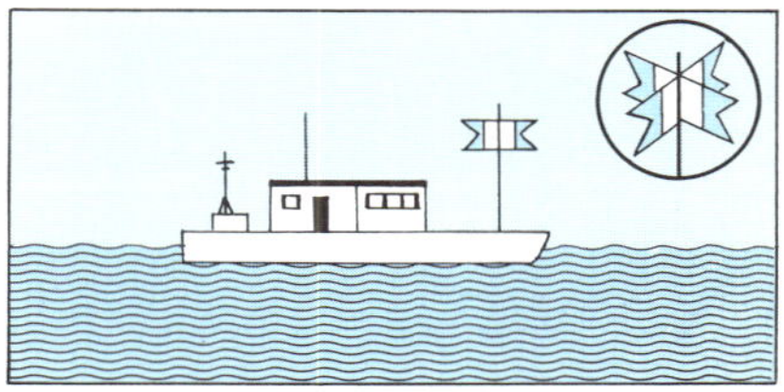

Hinweis zu den Lichtern und Tagsignalen: Über Minenräumer (zusätzlich 3 grüne Rundumlichter oder Bälle – 1 nahe Masttopp, 2 jeweils am Ende der vorderen Rah) und Lotsenfahrzeuge (zusätzlich 2 Rundumlichter, oben weiß, unten rot) sind keine Prüfungsfragen vorgesehen. Auf eine Darstellung wurde deshalb verzichtet!

Tiefgangbehindertes Fahrzeug und Schleppzug

Ein **tiefgangbehindertes Fahrzeug** darf zusätzlich zu den für Maschinenfahrzeuge vorgeschriebenen Lichtern drei rote Rundumlichter senkrecht übereinander oder einen Zylinder dort führen, wo sie am besten gesehen werden können. Es führt also neben 3 roten Rundumlichtern Seitenlichter, ein Hecklicht und ein Topplicht (bei 50 m Länge und mehr 2 Topplichter!).

Tagsüber führt es einen schwarzen Zylinder.
Ein tiefgangbehindertes Fahrzeug ist durch seinen Tiefgang im Verhältnis zur vorhandenen Tiefe und Breite des befahrbaren Gewässers erheblich behindert, von seinem zu verfolgenden Kurs abzuweichen. Es ist deshalb Wegerechtsschiff, d.h. seine sichere Durchfahrt darf nicht behindert werden.

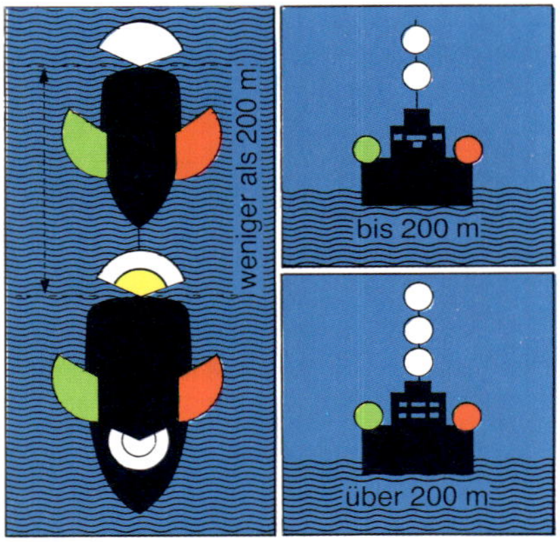

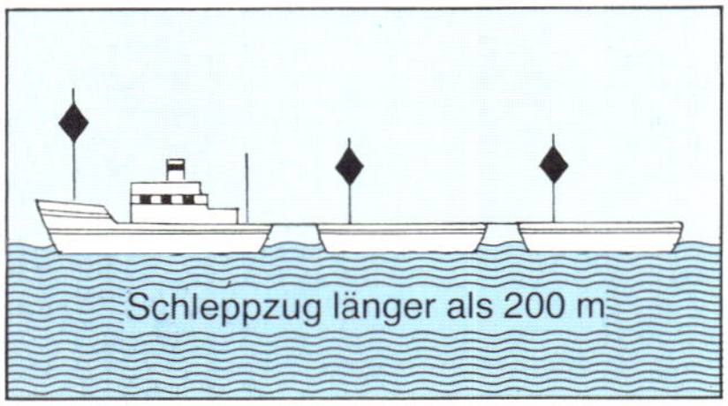

Ein **schleppendes Maschinenfahrzeug** muß zwei Topplichter senkrecht übereinander führen. Wenn der Schleppzug vom Heck des schleppenden Fahrzeugs bis zum Ende des Anhangs länger als 200 Meter ist, drei solche Lichter senkrecht übereinander. Dazu Seitenlichter, ein Hecklicht und ein Schlepplicht senkrecht über dem Hecklicht.
Die **geschleppten Fahrzeuge** führen jeweils Seitenlichter und ein Hecklicht.
Ist der Schleppzug **länger als 200 m** (gemessen vom Heck des Schleppers bis zum Ende des Anhangs), so führen Schlepper und jedes geschleppte Fahrzeug einen Rhombus.
Kann ein geschlepptes Fahrzeug die vorgeschriebenen Lichter oder Signalkörper aus einem vertretbaren Grund nicht führen, so müssen alle möglichen Maßnahmen getroffen werden, das geschleppte Fahrzeug zu beleuchten oder seine Anwesenheit zumindest erkennbar zu machen.
Ist der Schleppverband erheblich **behindert, vom Kurs abzuweichen,** so führt das schleppende Fahrzeug zusätzlich 3 Rundumlichter übereinander – das obere und untere rot, das mittlere weiß (tags: 3 Signalkörper übereinander – oben und unten Bälle, in der Mitte Rhombus).

Fischende Fahrzeuge

Es handelt sich um Fahrzeuge, die mit Netzen, Leinen, Schleppnetzen oder anderen Fanggeräten fischen, welche die Manövrierfähigkeit einschränken; jedoch nicht um Fahrzeuge, die mit Schleppangeln oder anderen Fanggeräten fischen, welche die Manövrierfähigkeit nicht einschränken.

Ein **trawlender Fischer** führt zwei Rundumlichter übereinander, das obere grün, das untere weiß, dazu ein Topplicht achterlicher und höher als das grüne Rundumlicht.
Ein Fahrzeug unter 50 m Länge muß dieses Topplicht nicht führen, darf es aber zeigen.

Bei **Fahrt durchs Wasser** kommen zusätzlich noch Seitenlichter und ein Hecklicht dazu.
Ein Trawler ist ein Fahrzeug, das ein Schleppnetz oder ein anderes Fanggerät durchs Wasser schleppt.

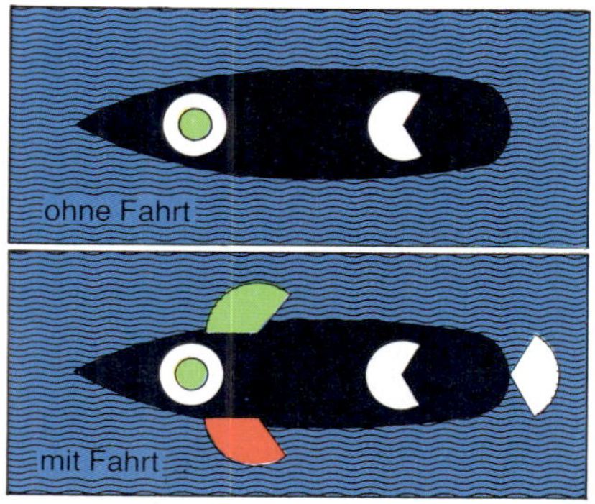

Ein **nicht trawlender Fischer** führt zwei Rundumlichter senkrecht übereinander, das obere rot, das untere weiß.
Bei **Fahrt durchs Wasser** kommen zusätzlich noch die Seitenlichter und ein Hecklicht dazu.
Ist ein Fanggerät ausgebracht, das waagrecht mehr als 150 m ins Wasser reicht, muß noch ein weißes Rundumlicht (tags ein Kegel, Spitze oben) in Richtung dieses Geräts geführt werden.
Ein nicht trawlender Fischer ist ein Fahrzeug, das mit Treibnetzen oder Ringwaden fischt.

Tags führen trawlende Fischer und fischende Fahrzeuge, die nicht trawlen als Signalkörper ein Stundenglas.

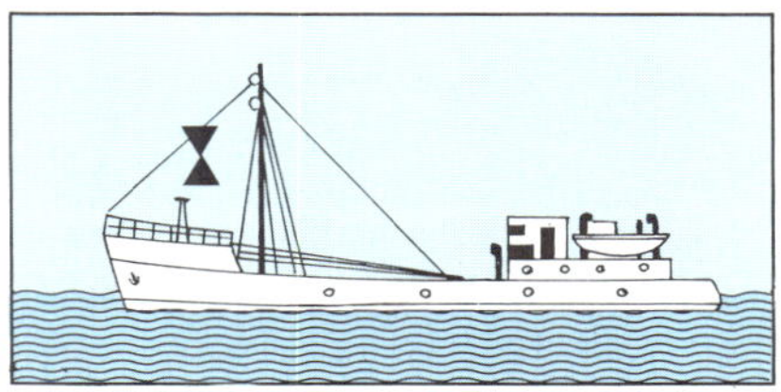

Ankerlieger und Grundsitzer

Ein **Fahrzeug vor Anker unter 50 m Länge** führt nachts ein weißes Rundumlicht dort, wo es am besten gesehen werden kann. Tags führt es im vorderen Teil einen schwarzen Ball.
Es dürfen auch 2 Rundumlichter – wie bei den Fahrzeugen von 50 m und mehr – gezeigt werden. Auch die Decksbeleuchtung darf eingeschaltet werden.
Ein Fahrzeug von **weniger als 7 m Länge** vor Anker, das sich nicht in einem engen Fahrwasser, einer Fahrrinne oder auf einer Reede oder in der Nähe davon befindet, wo andere Fahrzeuge in der Regel fahren, braucht kein Ankerlicht oder den Signalkörper zu führen.

Ein **Fahrzeug vor Anker von 50 m und mehr Länge** führt neben dem vorderen weißen Rundumlicht zusätzlich noch ein zweites weißes Rundumlicht, und zwar beim Heck und niedriger als das vordere Licht.
Die Decksbeleuchtung darf eingeschaltet werden, bei Fahrzeugen ab 100 m **muß** sie eingeschaltet werden.
Der Signalkörper bei Tage ist auch hier ein schwarzer Ball.

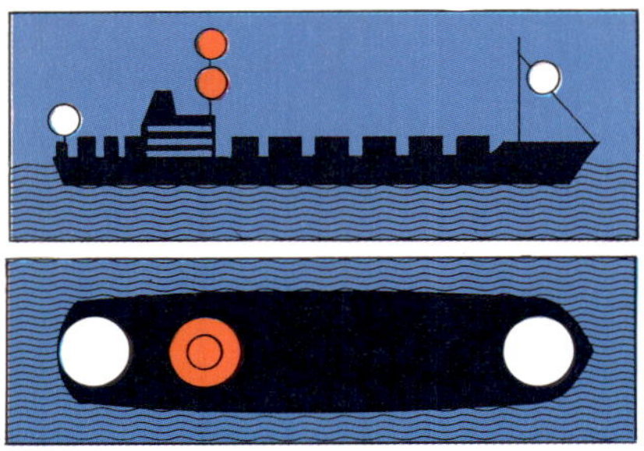

Ein **Fahrzeug auf Grund** führt neben den vorgeschriebenen Ankerlichtern (weißes Rundumlicht vorne unter 50 m Länge, je ein weißes Rundumlicht vorne und hinten über 50 m Länge) zwei rote Rundumlichter senkrecht übereinander.

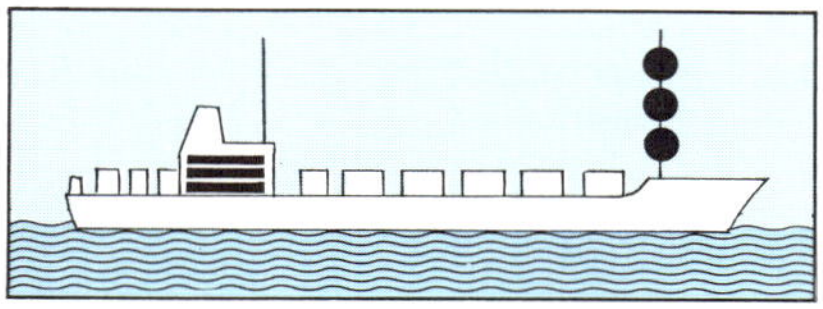

Tags führt es drei Bälle übereinander.
Ein Fahrzeug von weniger als 12 m Länge auf Grund braucht nicht die roten Rundumlichter und die 3 Bälle zu führen.

Übungsaufgabe

- Welche Boote können Sie auf der folgenden Abbildung auf Grund der Tag-Signalkörper identifizieren?

1. ....
2. ....
3. ....
4. ....
5. ....
6. ....
7. ....
8. ....
9. ....
10. ....

Lösungen zur Übungsaufgabe:
1: Fahrzeuge unter Segel und Motor. 2: Manövrierunfähiges Fahrzeug. 3: Auf Grund sitzendes Fahrzeug. 4: Manövrierbehindertes Fahrzeug. 5: Fischendes Fahrzeug. 6: Tiefgangbehindertes Fahrzeug. 7: Ankerlieger. 8: Manövrierbehindertes Fahrzeug, das baggert oder Unterwasserarbeiten ausführt (vorbeifahren an der Seite, die in Fahrtrichtung rechts liegt). 9: Wie Nr. 8, aber an der Seite der Rhomben passieren. 10: Fahrzeug bei Taucherarbeiten, das nicht alle Signale führen kann.

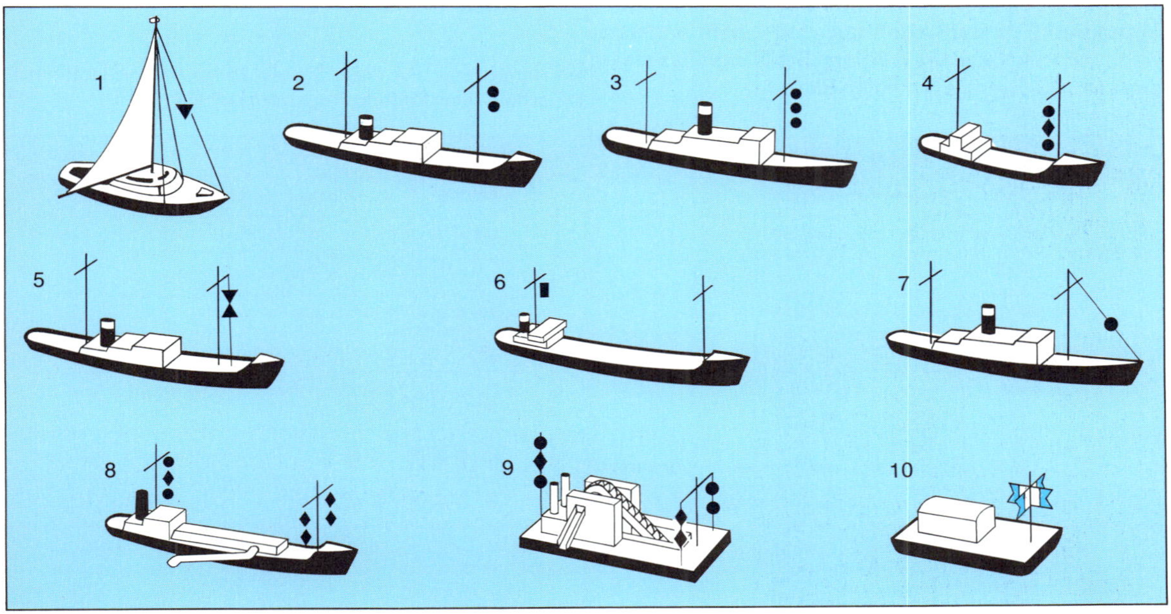

Signale

Prüfungsfragen für den Sportbootführerschein:
64–74, 91–96

Manöver-, Warn- und Nebelsignale

Wir unterscheiden:

- Manöver- und Warnsignale für Fahrzeuge in Sicht. Sie werden mit der Pfeife gegeben und können teilweise durch entsprechende Lichtsignale ergänzt werden.
- Schallsignale bei verminderter Sicht (Nebelsignale). Sie werden alle 2 Minuten mit der Pfeife gegeben bzw. bei Ankerliegern und Grundsitzern jede Minute mit Glocke und teilweise Gong.

Zum Abgeben von Schallsignalen müssen ein Fahrzeug von 12 und mehr Meter Länge mit einer Pfeife und einer Glocke, ein Fahrzeug von 100 und mehr Meter Länge zusätzlich mit einem Gong versehen sein. Ein Fahrzeug von weniger als 12 Meter Länge braucht dagegen keine solchen Schallsignalanlagen mitzuführen, es muß dann aber mit einem anderen Gerät zur Abgabe eines kräftigen Schallsignals versehen sein. Die Signale auf einen Blick:

Wenn sich die Kompaßpeilung eines sich nähernden Fahrzeuges nicht merklich ändert (= die Peilung steht), dann besteht Möglichkeit eines Zusammenstoßes.

Darstellung der Schallsignale:	
▬	1 langer Ton
●	1 kurzer Ton
	Glockenschlag
	Rasches Läuten der Glocke (5 sec)
	Rasches Schlagen des Gongs

* Anmerkung: Für diese Signale ist beim Sportbootführerschein keine Prüfungsfrage vorgesehen!

Manöver- und Warnsignale für Maschinenfahrzeuge in Fahrt

●	Kursänderung nach Stb
● ●	Kursänderung nach Bb
● ● ●	»Ich arbeite rückwärts«
▬ ▬ ●	Überholen an der Stb-Seite*
▬ ▬ ● ●	Überholen an der Bb-Seite*
▬ ● ▬ ●	Einverstanden mit Überholung*
● ● ● ● ●	Zweifel an der Absicht des anderen bzw. »Ich mache auf Ihre Ausweichpflicht aufmerksam!
▬	Achtung vor Fahrwasserkrümmung*

Schallsignale bei verminderter Sicht alle 2 Minuten

▬	Maschinenfahrzeug/Fahrt d. Wasser
▬ ▬	Maschinenfahrzeug/Maschine stop
▬ ● ●	manövrierunfähiges und -behindertes Fahrzeug, tiefgangbehindertes Fahrzeug, Segelfahrzeug, Fischer, Schlepper
▬ ● ● ●	geschlepptes Fahrzeug

Jede Minute

	Ankerlieger unter 100 m
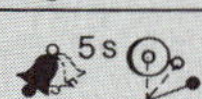	Ankerlieger über 100 m (Gong auf Achterschiff)
	Grundsitzer unter 100 m
	Grundsitzer über 100 m

Ein Fahrzeug vor Anker darf zwecks Standortanzeigung bei verminderter Sicht zusätzlich noch das Signal ● ▬ ● geben. Ein Fahrzeug unter 12 m Länge braucht bei verminderter Sicht obige Signale nicht zu geben, es muß dann aber mindestens alle 2 Minuten ein anderes kräftiges Schallsignal geben.

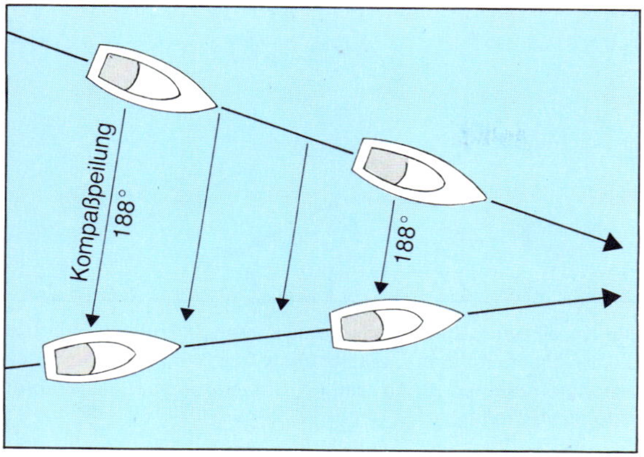

Fahr- und Ausweichregeln

Prüfungsfragen für den Sportbootführerschein: 73–92, 97–105.
73–92: Ausweichregeln und Durchführung der Ausweichmanöver. 97–100: Verhalten im Bereich von Verkehrstrenngebieten. 101–105: Vorbeifahren an manövrierbehinderten Fahrzeugen.

Durchführung der Ausweichmanöver

Jedes Fahrzeug muß mit allen Mitteln entsprechend den gegebenen Umständen und Bedingungen feststellen, ob die Möglichkeit der Gefahr eines Zusammenstoßes besteht. Eine solche Möglichkeit ist z.B. anzunehmen, wenn sich zwei Fahrzeuge einander nähern und die Kompaßpeilung zu dem anderen Fahrzeug sich nicht bzw. nicht merklich ändert (= sog. »stehende Peilung«). Jedes Manöver zur Vermeidung eines Zusammenstoßes muß, wenn es die Umstände zulassen, entschlossen rechtzeitig und so ausgeführt werden, wie gute Seemannschaft es erfordert.
Zu unterscheiden ist zwischen einem ausweichpflichtigen Fahrzeug und dem Kurshalter. Der Ausweichpflichtige muß möglichst frühzeitig Kurs oder Geschwindigkeit ändern, um sich gut klar zu halten. Der Kurshalter dagegen muß Kurs und Geschwindigkeit beibehalten. Stellt ein Kurshalter fest, daß ein anderes Fahrzeug seiner Ausweichpflicht nicht nachkommt, kann er durch 5 kurze Töne auf diese Pflicht hinweisen. Wird trotzdem nicht ausgewichen, darf der Kurshalter zur Abwendung eines Zusammenstoßes selbst manövrieren.
Hört man bei verminderter Sicht vorlicher als querab das Nebelsignal eines anderen Fahrzeuges, so muß die Fahrt auf das für die Erhaltung der Steuerfähigkeit geringstmögliche Maß verringert werden. Erforderlichenfalls ist sogar jegliche Fahrt wegzunehmen, bis die Gefahr eines Zusammenstoßes vorüber ist.

Die Regeln

Die Regeln, die Sie für die Prüfung wissen müssen, nun in folgenden Abbildungen:

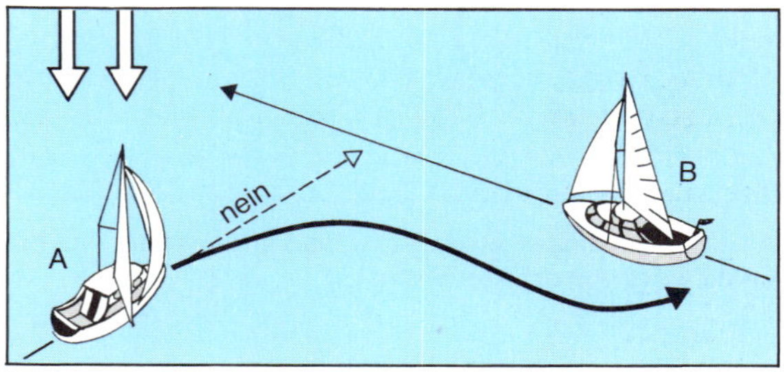

A hat den Wind von Backbord und muß ausweichen.

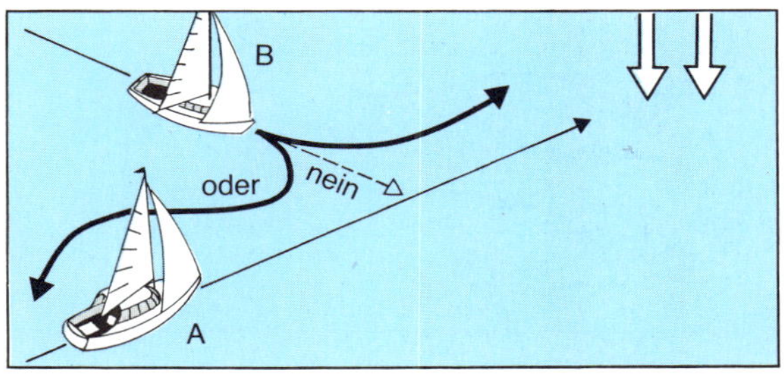

A und B haben den Wind von derselben Seite, B ist das luvwärtige Boot und muß ausweichen.

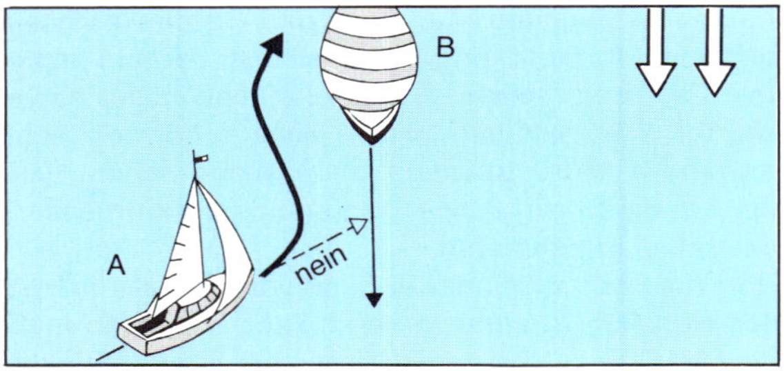

A hat den Wind von Backbord, es kann aber bei der Luvyacht nicht mit Sicherheit feststellen, ob sie den Wind von Bb. oder Stb. hat. A muß daher ausweichen.

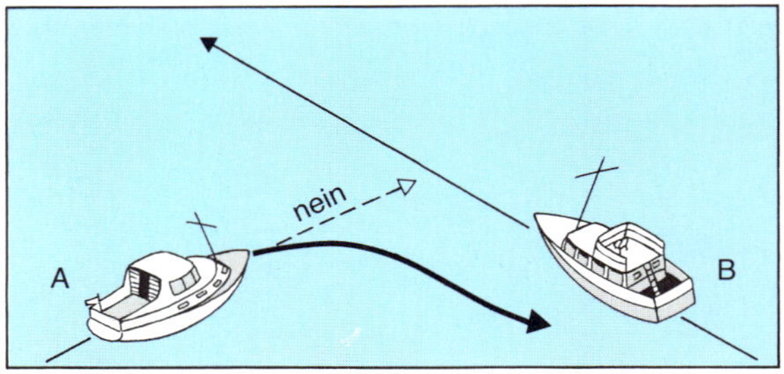

Die Kurse der beiden Maschinenfahrzeuge kreuzen sich. Da die Möglichkeit eines Zusammenstoßes besteht muß A ausweichen, weil es B an seiner Stb.-Seite hat (Merkregel: »rechts vor links«).

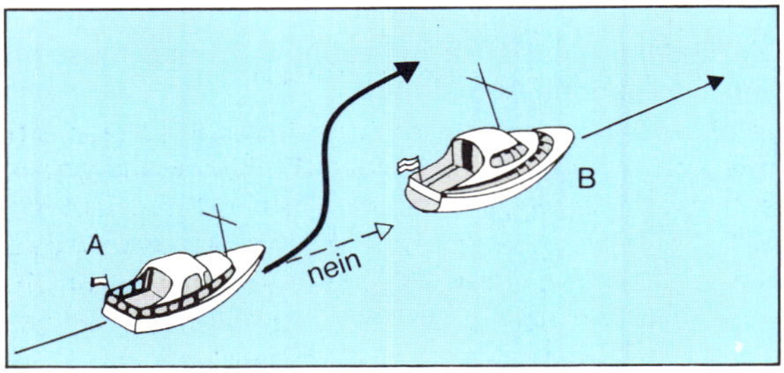

A ist überholendes Fahrzeug und muß ausweichen. Dies gilt unabhängig von der Antriebsart.

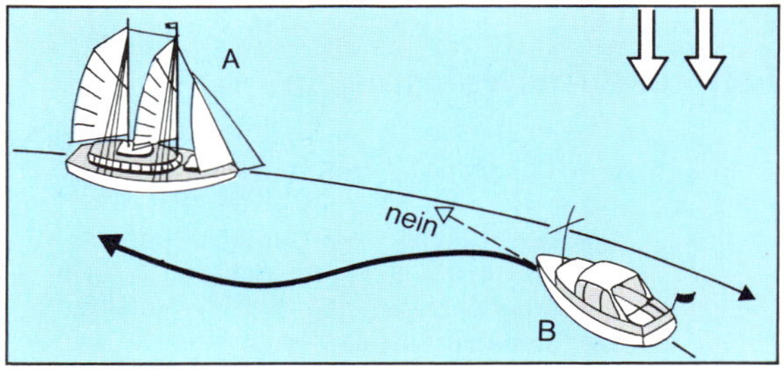

B ist Maschinenfahrzeug und muß dem Segelfahrzeug A ausweichen.

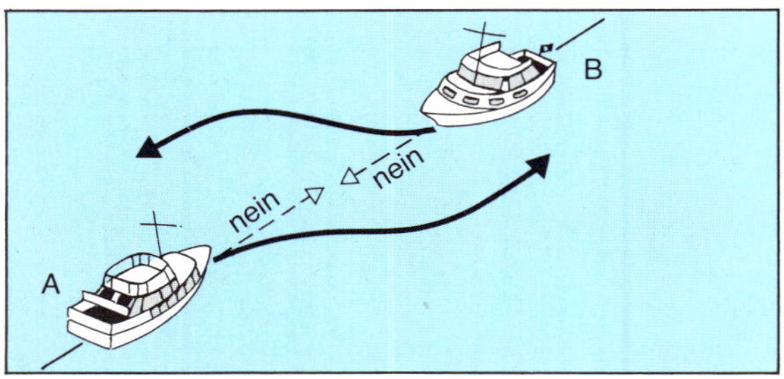

Die Maschinenfahrzeuge A und B nähern sich auf entgegengesetztem Kurs. Beide müssen den Kurs nach Stb. so ändern, daß sie einander an der Bb.-Seite passieren.

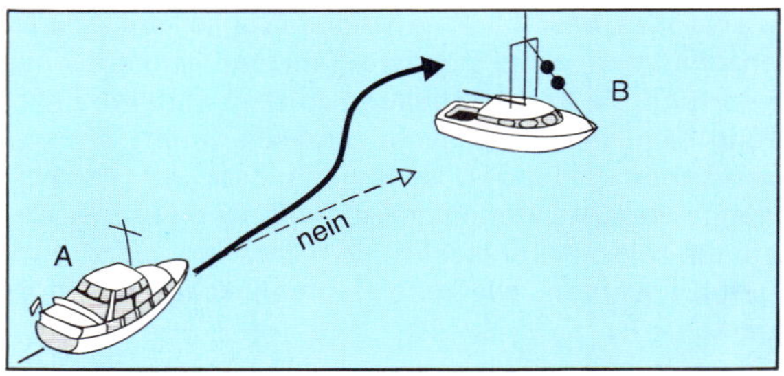

A (Motor- oder Segelboot) muß dem manövrierunfähigen Fahrzeug B ausweichen.

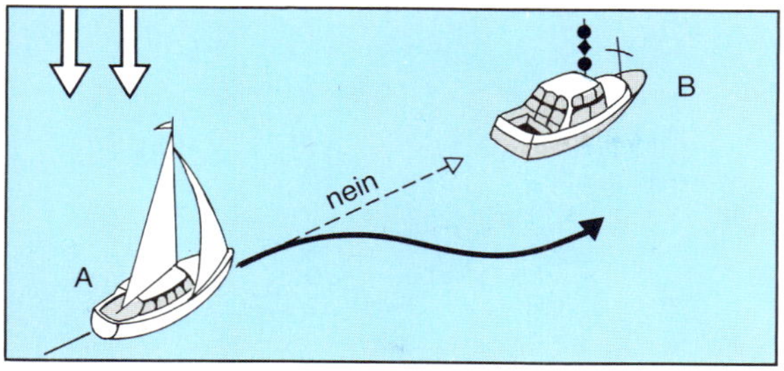

A (Segel- oder Motorboot) muß dem manövrierbehinderten Fahrzeug B ausweichen.

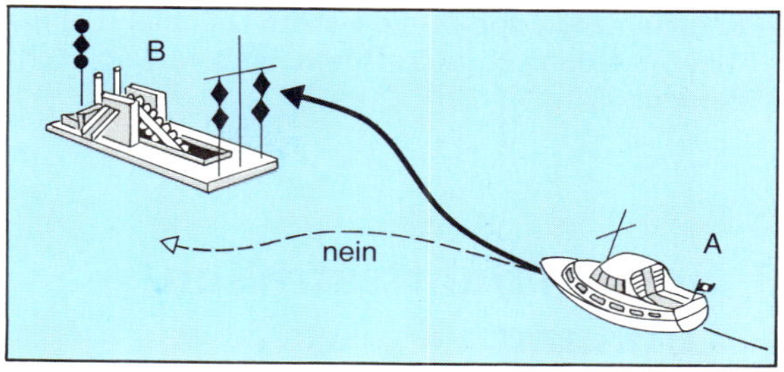

B ist ein manövrierbehindertes Fahrzeug, das baggert und dabei die Schiffahrt behindert. Dabei ist hier die Vorbeifahrt an beiden Seiten möglich (jeweils 2 Rhomben!). A muß im Fahrwasser rechts vorbeifahren.

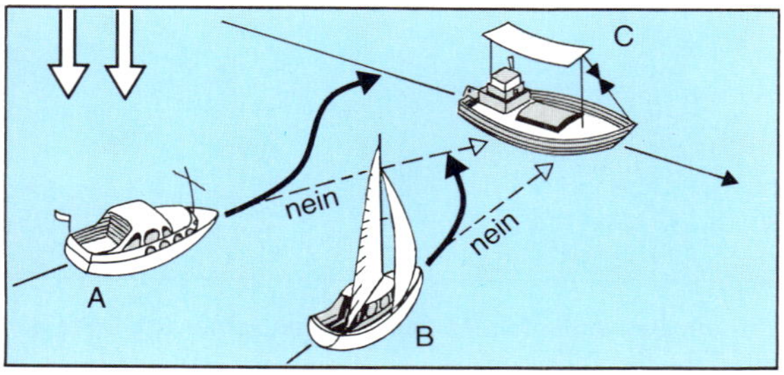

C ist fischendes Fahrzeug. Das Maschinenfahrzeug A und das Segelfahrzeug B müssen ausweichen.

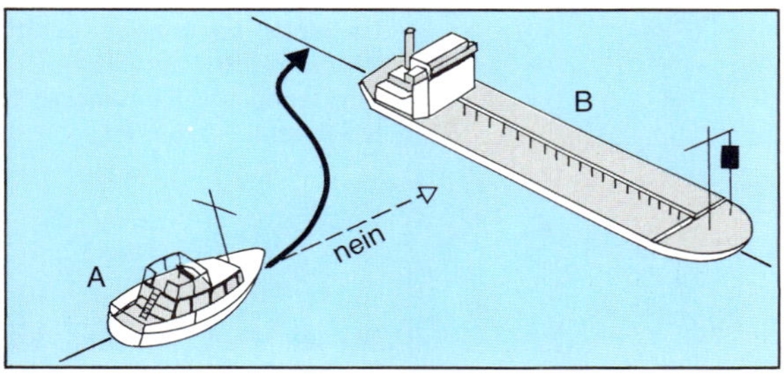

B ist ein tiefgangbehindertes Fahrzeug. A muß vermeiden, dessen sichere Durchfahrt zu behindern und somit ausweichen.

Verhalten im Bereich von Verkehrstrennungsgebieten

Bei Verkehrstrennungsgebieten handelt es sich um eine Art Autobahnen auf See, in Einbahnwege geteilte Schiffahrtswege, auf denen nur in Fahrtrichtung rechts gefahren werden darf. Abgesehen davon, daß kleinere Yachten solche Wege meiden sollten, da z. B. auch bei verminderter Sicht dort ziemlich schnell gefahren wird, gelten folgende Verhaltensregeln:

- In der Nähe von Verkehrstrennungsgebieten ist mit besonderer Vorsicht und mit möglichst großem Abstand zu fahren.
- In den Gebieten muß man der allgemeinen Verkehrsrichtung der Einbahnwege folgen.
- Es ist klar Abstand (so weit möglich) von der Trennlinie oder der Trennzone zu halten.
- Das Ein- und Auslaufen darf in der Regel nur an den Enden des Einbahnweges erfolgen.
- Das Queren ist möglichst zu vermeiden.
- Außer beim Queren oder beim Einlaufen in einen Einbahnweg oder beim Verlassen eines Einbahnweges darf ein Fahrzeug in der Regel nicht in eine Trennzone einlaufen oder eine Trennlinie überfahren.
- Ist man zum Queren gezwungen, so muß dies möglichst im rechten Winkel zur allgemeinen Verkehrsrichtung erfolgen.
- Ein Fahrzeug von weniger als 20 m Länge oder ein

Segelfahrzeug dürfen die sichere Durchfahrt eines Maschinenfahrzeugs auf dem Einbahnweg nicht behindern.

3. Seeschiffahrtsstraßen-Ordnung

Allgemeines

Prüfungsfragen für den Sportbootführerschein: 106, 107, 110, 111.

Geltungsbereich und Fahrwasser

Die Seeschiffahrtsstraßen-Ordnung (SeeSchStrO) gilt auf den *Seeschiffahrtsstraßen,* das sind die Wasserflächen

- zwischen der Küstenlinie bei mittlerem Hochwasser oder der seewärtigen Begrenzung der Binnenwasserstraßen und der seewärtigen Begrenzung des Küstenmeeres.

Dazu gehören noch einige in der SeeSchStrO näher bezeichnete Teile der angrenzenden Binnenwasserstraßen. *Fahrwasser* im Sinne der SeeSchStrO sind Wasserflächen,

- die durch Seezeichen begrenzt oder gekennzeichnet sind
- oder die – soweit nicht begrenzt oder gekennzeichnet – für die durchgehende Schiffahrt bestimmt sind.

Die *Steuerbordseite* eines Fahrwassers ist die Seite, die bei den von See einlaufenden Schiffen an Steuerbord liegt. Verbindet ein Fahrwasser zwei Meeresteile oder zwei durch Gründe voneinander getrennte Wasserflächen, so gilt als Steuerbordseite die Seite, die von den Fahrzeugen an Steuerbord gelassen wird, wenn sie aus westlicher Richtung kommen, d.h. von Nord (einschließlich) über West bis Süd (ausschließlich). Ist ein solches Fahrwasser stark gekrümmt, so

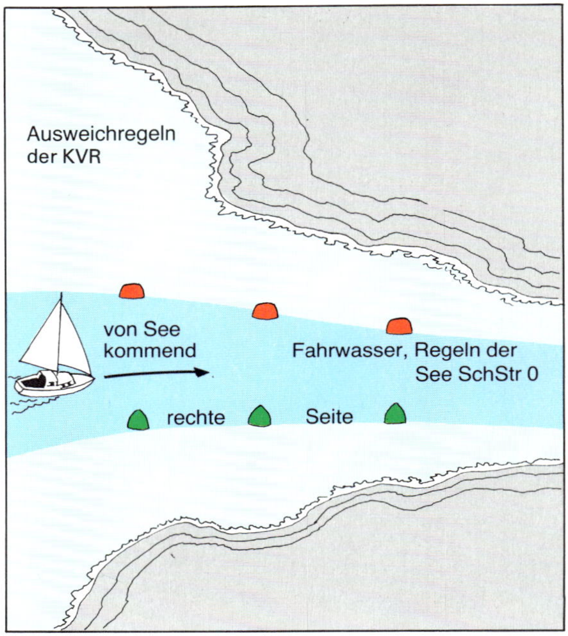

Ein von See einlaufendes Schiff hat an seiner Stb-Seite die Stb-Seite des Fahrwassers.

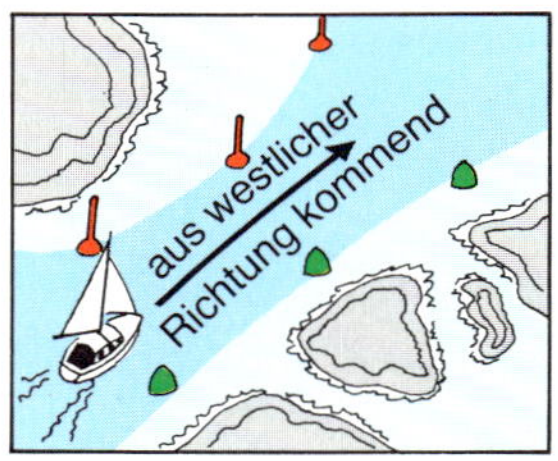

Das aus dem westlichen Halbkreis kommende Schiff bestimmt die Fahrwasserseiten, wenn ein Fahrwasser 2 Meeresteile verbindet.

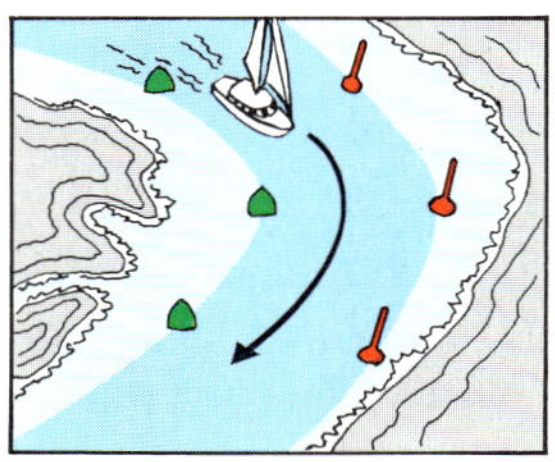

Bei starker Krümmung des Fahrwassers bestimmt die am weitesten nördlich liegende Einfahrt die Fahrwasserseiten.

ist die am weitesten nördlich liegende Einfahrt für das gesamte zusammenhängende Fahrwasser maßgebend.
Die Fahrregeln der SeeSchStrO gelten nur innerhalb der Fahrwasser, außerhalb gelten die KVR. Steht innerhalb eines Fahrwassers eine Regel der SeeSchStrO im Widerspruch mit einer solchen der KVR, so gilt die SeeSchStrO.

Örtliche Sondervorschriften

Örtliche Sondervorschriften zusätzlich zur SeeSchStrO sind in den *Bekanntmachungen der Wasser- und Schifffahrtsdirektionen Nord und Nordwest zur SeeSchStrO und zur Schiffahrtsordnung Emsmündung* festgelegt. Es handelt sich um Strom- und Schiffahrtspolizeibehörden, die u. a. zum Erlaß von Bekanntmachungen und Rechtsverordnungen ermächtigt sind. Die Bekanntmachungen werden im Bundesanzeiger veröffentlicht, außerdem sind sie in der BSH-Publikation Nr. 2114 zusammengefaßt. Auch verschiedene Textausgaben der SeeSchStrO enthalten oft einige Bekanntmachungen.

Grundregeln

Der§ 3 der SeeSchStrO enthält drei Grundregeln für das Verhalten im Verkehr. Insbesondere die Regel 1 ist als die vielleicht wichtigste Verhaltensvorschrift, aus der sich alle Einzelregelungen der Verordnung herleiten lassen, anzusehen.
In allen Fällen, in welchen keine besondere Verhaltensvorschrift besteht, findet diese Grundregel Anwendung.

Die Regeln lauten:

1. Jeder Verkehrsteilnehmer hat sich so zu verhalten, daß die Sicherheit und Leichtigkeit des Verkehrs gewährleistet ist und daß kein anderer geschädigt, gefährdet oder, mehr als nach den Umständen unvermeidbar, behindert oder belästigt wird. Er hat insbesondere die Vorsichtsmaßregeln zu beachten, die Seemannsbrauch oder die besonderen Umstände des Falles erfordern.
2. Zur Abwehr einer unmittelbar drohenden Gefahr müssen unter Berücksichtigung der besonderen Umstände auch dann alle erforderlichen Maßnahmen ergriffen werden, wenn diese ein Abweichen von den Vorschriften der SeeSchStrO notwendig machen.
3. Wer infolge körperlicher oder geistiger Mängel oder des Genusses alkoholischer Getränke oder anderer berauschender Mittel in der sicheren Führung des Fahrzeuges behindert ist, darf ein Fahrzeug nicht führen.

Lichter- und Signalkörperführung

Prüfungsfragen für den Sportbootführerschein: 108, 109, 114, 119.

Die Lichterführung entspricht im wesentlichen der der KVR. Es handelt sich hier also nur um einige Ergänzungen und Abweichungen.
Folgende Lichter- bzw. Signalkörperführungen müssen Sie für die Prüfungen wissen:

Fahrzeuge des öffentlichen Dienstes bei Erfüllung polizeilicher Aufgaben führen neben der normalen Beleuchtung (also bei Motorboot = Seitenlichter, Hecklicht, Topplicht) ein blaues Funkellicht, wenn dadurch die Sicherheit und Leichtigkeit des Verkehrs gefährdet wird.
Tagsüber führen sie die Dienstflagge.

Fahrzeuge der Bundeswehr und des **Bundesgrenzschutzes,** von denen ein ausreichender Abstand zu halten ist (z.B. wegen militärischer Übungen) schießen Leuchtkugeln mit weißen Sternen ab.

Fahrzeuge, die **bestimmte gefährliche Güter** befördern und nicht gereinigte und entgaste Tankfahrzeuge führen neben den »üblichen« Lichtern (Seitenlichter, Hecklicht, 1–2 Topplichter bei Länge über oder unter 50m) ein rotes Rundumlicht. Tagsüber wird die Flagge »B« des Internationalen Signalbuches (= roter Doppelstander) gezeigt.

Fahrzeuge von weniger als 50m (auch Sportfahrzeuge) haben ein weißes Rundumlicht mittschiffs an der Fahrwasserseite zu führen, wenn sie festgemacht haben und keine ausreichende Beleuchtung vom Ufer her vorhanden ist.
Bei 50m Länge und mehr muß ein weißes Rundumlicht vorne und hinten geführt werden.

Abweichungen von den KVR, kleine Boote betreffend:

1. Fahrzeuge unter Segel von weniger als 12m Länge und Fahrzeuge unter Ruder haben mindestens ein weißes Rundumlicht zu führen, wenn sie die nach den KVR vorgeschriebenen Lichter (= Seitenlichter und Hecklicht) nicht zur Verfügung haben.
2. Fahrzeuge unter Segel von weniger als 12 m Länge, Fahrzeuge unter Ruder und Maschinenfahrzeuge unter 7 m Länge dürfen, wenn sie nicht minde-

stens das weiße Rundumlicht führen können, in der Zeit, in der die Lichterführung vorgeschrieben ist, nicht fahren – es sei denn, es liegt ein Notstand vor.
Ein Fahrzeug, das die vorgeschriebenen Lichter nicht führen kann, muß auf Seeschiffahrtstraßen bei einem Notstand eine elektrische Leuchte oder eine Laterne mit einem weißen Licht (eines von beiden ist ständig gebrauchsfertig mitzuführen) rechtzeitig zeigen, um einen Zusammenstoß zu verhüten.

Schallsignale

Prüfungsfragen für den Sportbootführerschein:
120–124 ,166, 170.

Für die Sportbootführerscheinprüfung müssen Sie folgende Schallsignale wissen:

▬	Achtungssignal
▬ ●●●● ▬ ●●●●	Allgemeines Gefahr- und Warnsignal
● ▬	Bleib-weg-Signal (mindestens 5mal hintereinander in jeder Minute mit jeweils 2 s Zwischenpause)
● ▬ ● ●	Anhaltesignal durch Fahrzeuge des öffentlichen Dienstes (auch als Lichtsignal!)
▬ ▬ ▬ ▬ ▬ ▬	Sperrung der Seeschiffahrtstraße

Das **Achtungssignal** ist in allen Fällen zu geben, in denen die Verkehrslage ein solches Signal erfordert, insbesondere

- beim Einlaufen in andere Fahrwasser und Häfen,
- beim Auslaufen aus ihnen sowie aus Schleusen,
- beim Verlassen von Liege- und Ankerplätzen.

Das in zwei Gruppen tönende **allgemeine Gefahr- und Warnsignal** muß gegeben werden, wenn

- ein Fahrzeug durch ein anderes oder es durch dieses selbst gefährdet wird.

Werden auf Fahrzeugen einschließlich Schub- und Schleppverbänden bestimmte gefährliche Güter oder radioaktive Stoffe frei oder besteht Explosionsgefahr, muß das **Bleib-weg-Signal** solange wie die Verkehrslage es erfordert, gegeben werden.
Das von Fahrzeugen des öffentlichen Dienstes gegebene **Schall- oder Lichtsignal L** des Morsealphabetes kurz-lang-kurz-kurz (tagsüber zusammen mit Flagge L) bedeutet für das andere Fahrzeug: »Anhalten!«
Sofern eine **Vollsperrung** einer ganzen Schiffahrtstraße oder einer längeren Strecke davon, z.B. wegen Festkommen großer Schiffe, veranlaßt werden muß, erfolgen die zwei Gruppen der je drei langen Töne als akustisches Signal.
Folgende, die KVR ergänzende **Nebelsignale** sind nach der SeeSchStrO vorgesehen (Prüfungsfragen sind für keinen der beiden Führerscheine fixiert!):

 jede Minute	Schräg/quer im Fahrwasser vor Anker liegend bzw. Grundsitzer unter 100 m
 jede Minute	Schräg/quer im Fahrwasser vor Anker liegend bzw. Grundsitzer über 100 m
 jede Minute	Bei Schiffahrtshindernissen liegende oder schwimmende Geräte im Einsatz – an Stb-Seite des Fahrwassers
 jede Minute	Bei Schiffahrtshindernissen liegend, usw. – an Bb-Seite des Fahrwassers
 jede Minute	Bei Schiffahrtshindernissen liegend, usw. – in Fahrwassermitte

🔔🔔🔔🔔🔔 usw.	Nebelsignal einer nicht freifahrenden Fähre
● ▬ ▬	Nebelsignal einer freifahrenden Fähre

Fahrzeuge unter 12 m Länge brauchen die Nebelsignale nicht zu geben, müssen aber mindestens alle zwei Minuten ein anderes kräftiges Schallsignal ertönen lassen.

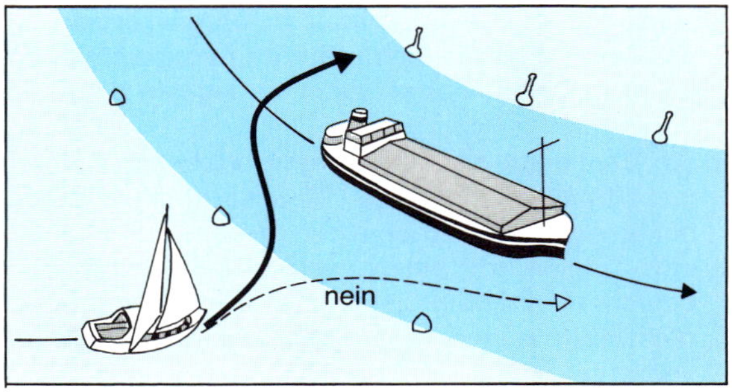

Fahrzeuge, die in ein Fahrwasser einlaufen oder es queren, müssen die Vorfahrt der im Fahrwasser fahrenden Schiffe beachten.

Fahr- und Ausweichregeln

Prüfungsfragen für den Sportbootführerschein: 125–130, 132–145, 153.

Es handelt sich um Regeln, die innerhalb eines Fahrwassers gelten. Außerhalb des Fahrwassers muß nach den Kollisionsverhütungsregeln ausgewichen werden!
Die wichtigsten Regeln:

1. Vorfahrt im Fahrwasser

In einem Fahrwasser fahrende Fahrzeuge haben Vorfahrt gegenüber Fahrzeugen, die

- in das Fahrwasser einlaufen,
- das Fahrwasser queren,
- in dem Fahrwasser drehen,
- ihre Anker- oder Liegeplätze verlassen.

2. Rechtsfahrgebot

Im Fahrwasser muß

- so weit wie möglich rechts gefahren werden.

Innerhalb von Fahrwasserabschnitten, die von der Strom- und Schiffahrtpolizeibehörde bekanntgemacht werden, darf von allen oder von bestimmten Fahrzeuggruppen links gefahren werden. Von der Strom- und Schiffahrtpolizeibehörde besonders bekanntgemachte Fahrzeuggruppen haben die einmal gewählte linke Fahrwasserseite beizubehalten.

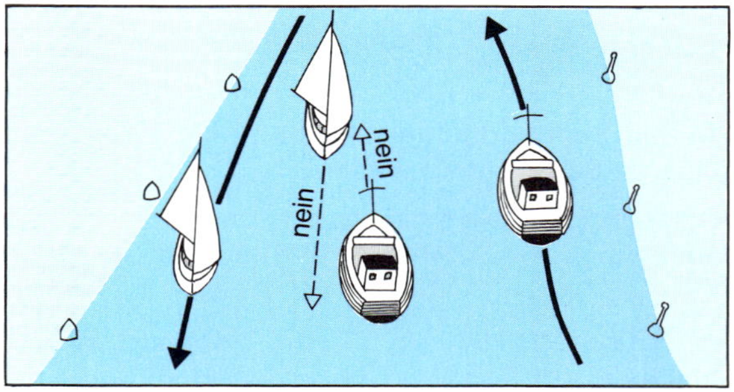

Im Fahrwasser muß grundsätzlich so weit wie möglich rechts gefahren werden.

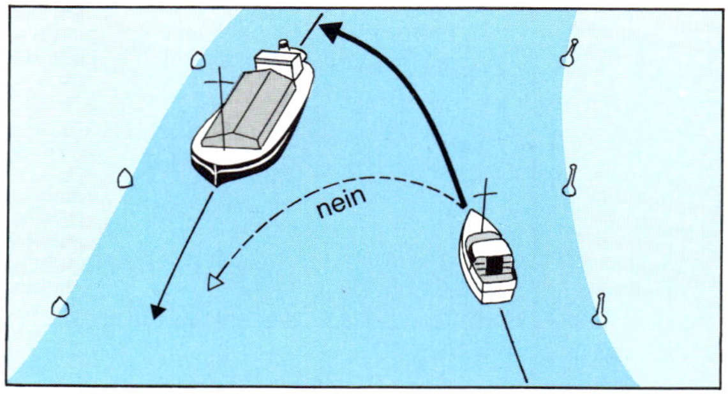

Beim Drehen im Fahrwasser muß die Vorfahrt beachtet werden, man muß also erst warten, bis ein anderes Fahrzeug passiert hat.

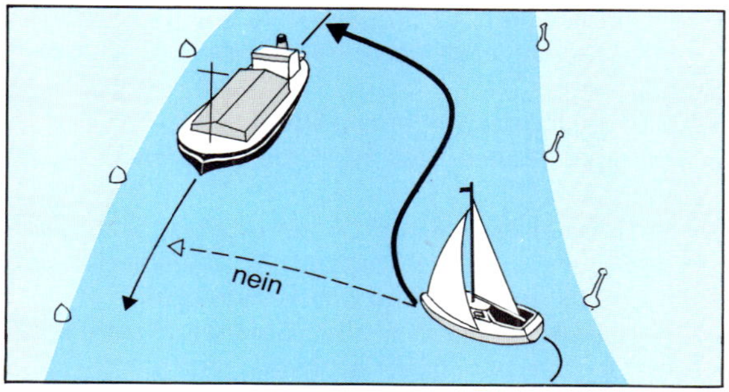

Beim Kreuzen im Fahrwasser muß die Vorfahrt beachtet werden, man muß mit den Kreuzschlägen warten, bis die andere Seite frei ist.

3. Außerhalb des Fahrwassers

Außerhalb des Fahrwassers ist so zu fahren, daß

- Nichtbenutzung des Fahrwassers klar erkennbar.

Eine bestimmte Seite oder Fahrtrichtung braucht nicht eingehalten zu werden. Ausgewichen muß nach den KVR werden.

4. Überholen

Das Überholen ist nur erlaubt, wenn genügend Raum vorhanden ist, und wenn der Gegenverkehr nicht gefährdet wird.

- Grundsätzlich muß links überholt werden.

Soweit die Umstände des Falles es erfordern, darf rechts überholt werden.

Das Überholen ist verboten,

- wenn das vorausfahrende Fahrzeug nicht das Schallsignal »Ich bin mit dem Überholen einverstanden« (▬●▬●) aus den KVR gegeben hat (nur wenn nach Aufforderungssignal der zu Überholende am Überholvorgang mitwirken muß!)
- in der Nähe von in Fahrt befindlichen, nicht freifahrenden Fähren,
- an engen Stellen und unübersichtlichen Krümmungen,
- vor und innerhalb von Schleusen,
- an Stellen innerhalb von Strecken und zwischen bestimmten Fahrzeugen, die von der Strom- und Schiffahrtpolizeibehörde bekanntgemacht sind.

5. Begegnen

Beim Begegnen auf entgegengesetzten oder fast entgegengesetzten Kursen im Fahrwasser

- ist nach Steuerbord auszuweichen.

6. Fahrgeschwindigkeit

Die Fahrgeschwindigkeit ist so einzurichten,

- daß sie jederzeit der Verkehrslage und der Beschaffenheit der Seeschiffahrtsstraße entspricht und nötigenfalls das Fahrzeug rechtzeitig gestoppt werden kann,
- daß bei Regelung des Verkehrs durch Sichtzeichen und bei verminderter Sicht zusätzlich durch Schallsignale das Fahrzeug sofort gestoppt werden kann, sofern das Sichtzeichen oder Schallsignal kurzfristig geändert werden.

Überschreiten darf man nicht

- die betreffende Höchstgeschwindigkeit innerhalb von Strecken, deren Grenzen von der Strom- und Schiffahrtpolizeibehörde bekanntgemacht werden (Tafel »Geschwindigkeitsbegrenzung«, angegebene Zahl = zulässige Höchstgeschwindigkeit),
- eine Höchstgeschwindigkeit von 8 km (4,3 sm) in der Stunde vor Stellen mit erkennbarem Badebetrieb außerhalb des Fahrwassers in einem Abstand von weniger als 500 m von der Wasserlinie des Ufers (Zeichen: gelbes liegendes Kreuz).

Zu vermindern ist die Fahrgeschwindigkeit rechtzeitig und so weit wie erforderlich, um Gefährdungen durch Sog oder Wellenschlag zu vermeiden, insbesondere beim Vorbeifahren an

- Häfen, Schleusen, Sperrwerken,
- festliegenden Fähren,
- manövrierunfähigen und festgekommenen Fahrzeugen sowie an manövrierbehinderten Fahrzeugen nach Definition der KVR,
- schwimmenden Geräten und schwimmenden Anlagen,
- außergewöhnlichen Schwimmkörpern, die geschleppt werden,
- an Stellen, die durch die Sichtzeichen »Wellenschlag vermeiden« oder durch die Flagge »A« des Internationalen Signalbuches (»Ich habe Taucher unten...«) gekennzeichnet sind.

7. Durchfahrt durch Brücken, Sperrwerke, Schleusen
Ein wartepflichtiges Fahrzeug

- muß in ausreichender Entfernung vor einer Brükke, einem Sperrwerk oder einer Schleuse oder, wenn ein Halteschild vorhanden ist, vor diesem anhalten,
- darf nicht festmachen an den Leitwerken und Abweisedalben vor einer Brücke, einem Sperrwerk oder einer Schleuse.

8. Ankern
Mit Ausnahme auf den Reeden und den von der Strom- und Schiffahrtpolizeibehörde bekanntgemachten Wasserflächen

- ist das Ankern im Fahrwasser verboten.

Außerhalb des Fahrwassers ist das Ankern verboten

- an engen Stellen und in unübersichtlichen Krümmungen,
- im Umkreis von 300 m von schwimmenden Geräten, Wracks und sonstigen Schiffahrtshindernissen und Leitungstrassen,
- vor Hafeneinfahrten, Anlegestellen, Schleusen und Sielen sowie in den Zufahrten des Nord-Ostsee-Kanals,
- innerhalb von Fähr- und Brückenstrecken,
- in einem Abstand von weniger als 300 m von Hochspannungsleitungen bei verminderter Sicht,
- 100 m vor oder hinter Sperrwerken,
- an Stellen und innerhalb von Wasserflächen, die von der Strom- und Schiffahrtpolizeibehörde bekanntgemacht sind.

Auf einem in der Nähe des Fahrwassers oder auf einer Reede vor Anker liegenden Fahrzeug muß ständig Ankerwache gegangen werden. Dies gilt nicht für Fahrzeuge von weniger als 12 m Länge auf den besonders bezeichneten Ankerplätzen.

9. Anlegen und Festmachen
Die Schiffahrt darf durch das Anlegen und Festmachen nicht beeinträchtigt werden. Andererseits hat diese Schiffahrt rücksichtsvoll und mit der gebotenen Vorsicht zu navigieren, sobald ein Fahrzeug mit dem Anlegemanöver begonnen hat.
Das Anlegen und Festmachen ist verboten

- an Sperrwerken, Strombauwerken, Leitwerken, Pegeln, festen und schwimmenden Schiffahrtzeichen,
- an abbrüchigen Stellen am Ufer,
- an engen Stellen und in unübersichtlichen Krümmungen,
- vor Hafeneinfahrten und Anlegestellen, Schleusen und Sielen, den Zufahrten zum Nord-Ostsee-Kanal,
- innerhalb von Fähr- und Brückenstrecken,
- an Stellen, die durch die Sichtzeichen »Festmache- und Liegeverbot« gekennzeichnet sind.

10. Wasserskilaufen, Wassermotorradfahren und Segelsurfen
Wasserskilaufen und -motorradfahren darf man nur

- außerhalb des Fahrwassers mit Ausnahme auf den vor der Strom- und Schiffahrtpolizeibehörde bekanntgemachten Wasserflächen,
- innerhalb des Fahrwassers nur in den Bereichen, die durch die blaue Tafel mit dem entsprechendem weißen Symbol bezeichnet sind oder in besonders bekanntgemachten Abschnitten.

Verboten ist Wasserskilaufen und -motorradfahren

- bei Nacht und verminderter Sicht.

Ausweichen müssen

- die Wasserskiläufer und ihre Zugboote und die Wassermotorradfahrer allen anderen Fahrzeugen.

Bei Begegnungen haben die Wasserskiläufer sich im Kielwasser ihrer Zugboote zu halten.
Das Fahren mit einem Segelsurfbrett ist verboten

- im Fahrwasser mit Ausnahme der von der Strom- und Schiffahrtspolizeibehörde bekanntgemachten Fahrwasser,
- außerhalb des Fahrwassers auf den von der Strom- und Schiffahrtspolizeibehörde bekanntgemachten Wasserflächen.

Auf den freien Wasserflächen dürfen nachts, bei verminderter Sicht und während bekanntgemachter Zeiten o. g. Sportarten nicht ausgeübt werden.

11. Verhalten bei Schiffsunfällen

- Bei Gefahr des Sinkens ist das Fahrzeug möglichst so weit aus dem Fahrwasser zu schaffen, daß die Schiffahrt nicht beeinträchtigt wird.

- Der Platz eines gesunkenen Fahrzeuges ist vom Fahrzeugführer unverzüglich behelfsmäßig zu bezeichnen.
- Bei Bränden und sonstigen die Sicherheit und Leichtigkeit des Verkehrs gefährdenden Vorkommnissen ist das örtlich zuständige Wasser- und Schiffahrtsamt unverzüglich zu unterrichten.

12. Nord-Ostsee-Kanal

Auf dem Nord-Ostsee-Kanal gelten auch für Sportboote spezielle Vorschriften. Veröffentlicht sind diese Vorschriften

- in den Bekanntmachungen der WSD Nord zur SeeSchStrO, im Abschnitt *Ergänzende Vorschriften für den Nord-Ostsee-Kanal* der SeeSchStrO und im *Merkblatt für die Sportschiffahrt auf dem Nord-Ostsee-Kanal* des Kanalamtes Kiel-Holtenau.

Sportfahrzeuge ohne Lotsen dürfen den Kanal nur durchfahren

- während der Tagfahrzeiten und bei sichtigem Wetter.

Sportfahrzeuge ohne Lotsen dürfen von den Kanalreeden in die Schleusen nur einfahren

- bei einem weißen unterbrochenen Licht.

Schiffahrtszeichen

Prüfungsfragen für den Sportbootführerschein: 131, 146–148, 150–175.

Bei den Schiffahrtszeichen handelt es sich um Sichtzeichen, die Gebote, Verbote, Warnungen oder Hinweise enthalten. Die Sichtzeichen in Tafelform sind (abgesehen von einigen Ausnahmen) als Gebotszeichen rechteckige weiße, rotumrandete Tafeln mit schwarzem Symbol, als Verbotszeichen rechteckige weiße, rotumrandete Tafeln mit schwarzem Symbol und rotem Schrägstrich und als Hinweiszeichen rechteckige blaue Tafeln mit weißem Symbol. Dazu kommen noch Lichter, Signalkörper und Tonnen. Zusätzlich existieren einige Schallzeichen, mit denen auf besonders wichtige Sichtzeichen aufmerksam gemacht werden kann.

Die wichtigsten Zeichen in folgender Übersicht:

Überholverbot für alle Fahrzeuge.

Geschwindigkeitsbeschränkung wegen Gefährdung durch Sog und Wellenschlag.

Begegnungsverbot an Engstelle.

Geschwindigkeitsbeschränkung, hier: die Geschwindigkeit von 12 km/h darf nicht überschritten werden.

Liegeverbot, gilt vom Ufer aus.

Ankerverbot (in 300 m Abstand vor und hinter diesem Zeichen).

Festmacheverbot im Streckenbereich der Tafel.

Einhalten eines Fahrabstandes: Gebot, in der nachfolgenden Strecke einen Mindestabstand von dem Aufstellungsort des Zeichens einzuhalten.

Anhalten vor beweglichen Brücken, Sperrwerken, Schleusen, warten bis Durchfahrt freigegeben.

Das in der Zusatztafel angegebene Schallsignal (hier ein langer Ton) ist zu geben.

tags nachts

Schutzbedürftige Anlage: Geschwindigkeitsbeschränkung wegen Gefährdung durch Sog und Wellenschlag.

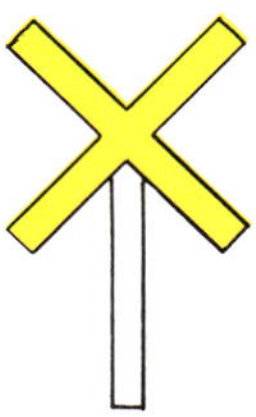

Geschwindigkeitsbeschränkung vor Stellen mit Badebetrieb: Verbot, vor Stellen mit erkennbarem Badebetrieb außerhalb des Fahrwassers in einem Abstand von weniger als 500 m von der jeweiligen Wasserlinie des Ufers mit einer Geschwindigkeit von mehr als 8 km (4,3 sm)/h (Fahrt durch das Wasser) zu fahren.

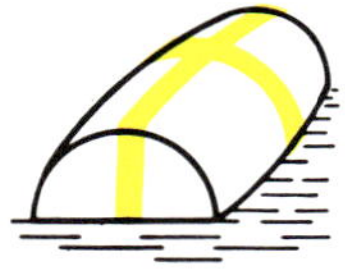

Für Maschinenfahrzeuge gesperrte Wasserfläche.

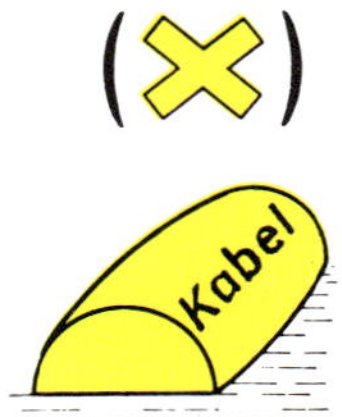

Kennzeichnung von Kabeltrassen (Ankerverbot 300 m beiderseits der Verbindungslinie).

Warngebiet für militärische und zivile Zwecke.

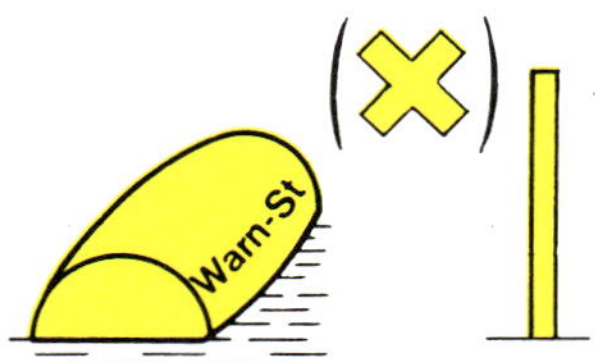

Warnstelle für militärische und zivile Zwecke.

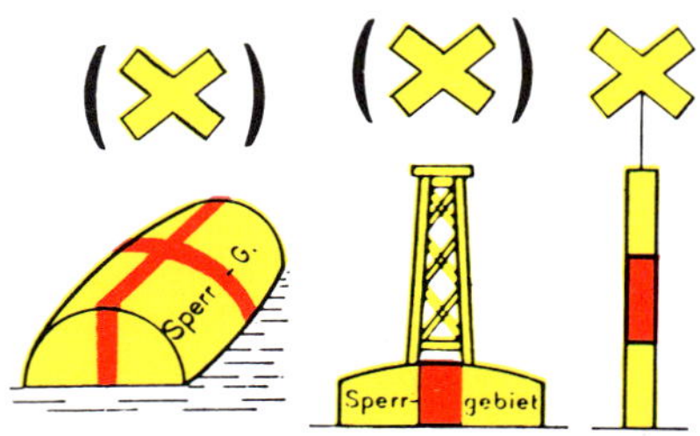

Sperrgebiet für militärische und zivile Zwecke, Befahren verboten.

Ende einer Gebots- oder Verbotsstrecke.

tags nachts

Dauernde Sperrung der Seeschiffahrtstraße.

Schallsignal

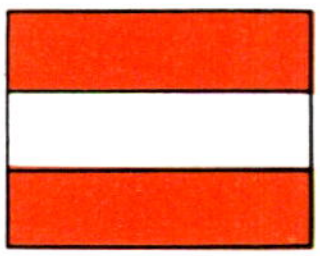

Dauernde Sperrung einer Teilstrecke der Seeschiffahrtstraße.

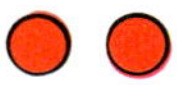

Brücke, Sperrwerk oder Schleuse geschlossen: Durchfahren oder Einfahren verboten.

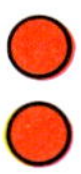

An Brücken, Sperrwerken, Schleusen: Die Anlage ist für die Schiffahrt gesperrt.

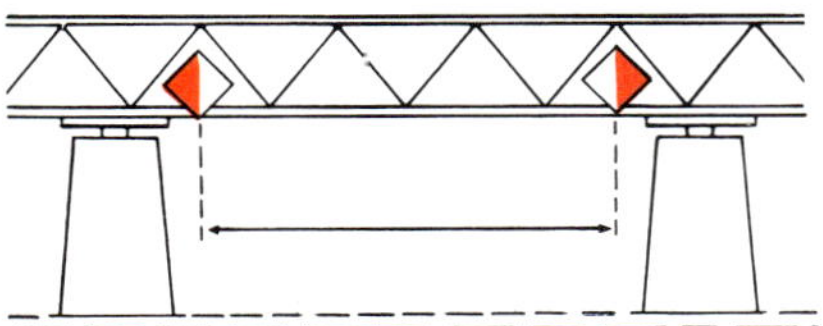

Die Brückenöffnung darf nur innerhalb des durch die beiden Tafeln begrenzten Raumes durchfahren werden (gilt nicht für kleine Fahrz./unter 12 m Länge).

Fährstelle für freifahrende Fähren.

Fährstelle für nicht freifahrende Fähren.

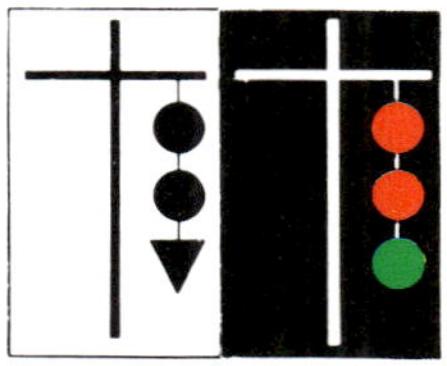

tags nachts

Außergewöhnliche Schiffahrtsbehinderung.

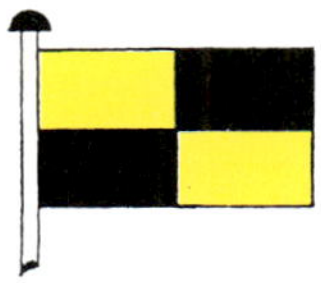

Flagge »L«

Gebot zum Anhalten durch Fahrzeuge des öffentlichen Dienstes.

Schallsignal

Bezeichnung der Fahrwasser (Betonnungssystem »A«)

Prüfungsfragen für den Sportbootführerschein: 176–202.

Die Bezeichnung der Küstengewässer in NW-Europa erfolgt einheitlich nach dem neuen Betonnungssystem »A«, das seit 1977 eingeführt wurde, das in der Nordsee seit Januar 1979 Gültigkeit hat und das seit 1. Januar 1981 auch in der Ostsee verbindlich geworden ist.
Das Betonnungssystem arbeitet mit den bereits beschriebenen Seezeichen und Leuchttonnen (Seite 31 bis 36), und man unterscheidet dabei

- laterale Zeichen
- Mitte-Fahrwasser-Zeichen
- kardinale Zeichen
- Einzelgefahr-Zeichen
- Sonder-Zeichen.

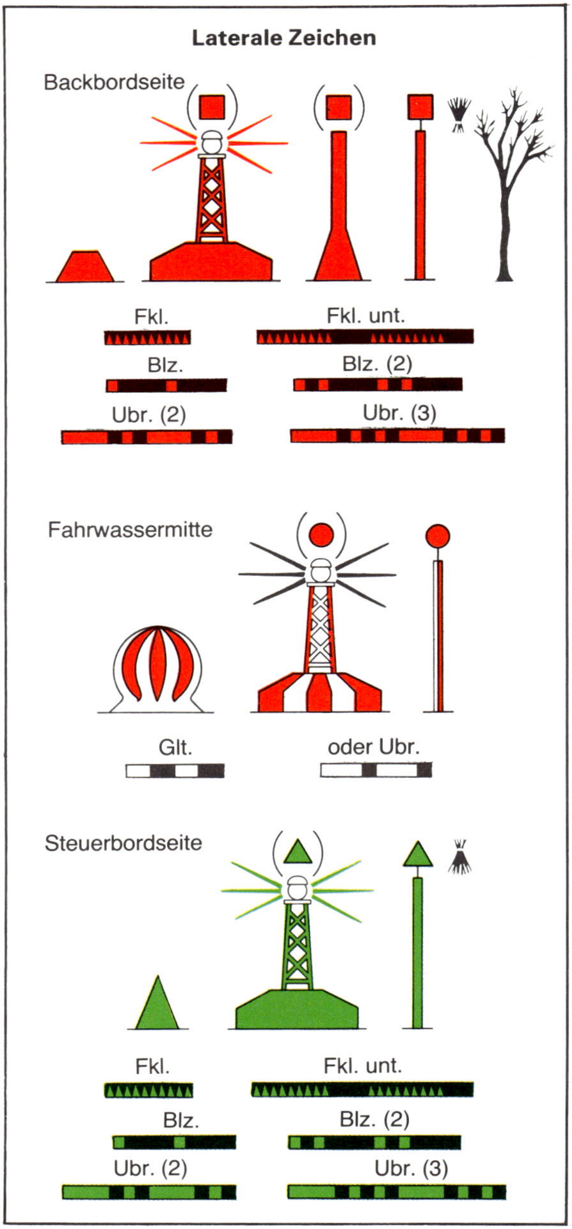

Laterale Zeichen

Die lateralen Zeichen dienen der **Seitenbezeichnung** eines Fahrwassers, also der Backbordseite und Steuerbordseite. An der **Backbordseite** verwendet man

- **rote** Stumpf-, Leucht- und Spierentonnen -gegebenenfalls mit einem **roten Zylinder** als Toppzeichen. Im Watt auch Stangen (Besen aufwärts) oder Pricken. Dazu kommen – von See beginnend oder nach festgelegter Richtung – fortlaufende **gerade** Nummern (gegebenenfalls auch mit einem angehängten kleinen Buchstaben). Sind die Tonnen an der Bb-Seite befeuert, dann sind das **Licht rot** und die Kennung beliebig (z. B. Fkl., Blz., Blz. [2], Blk., Glt., Ubr. [3]).

An der **Steuerbordseite** verwendet man

- **grüne** Spitz- und Leuchttonnen – gegebenenfalls mit einem **grünen Kegel** (Spitze oben) als Toppzeichen. Im Watt auch Stangen (Besen abwärts). Dazu kommen – von See beginnend oder nach festgelegter Richtung – fortlaufende **ungerade** Nummern (gegebenenfalls auch mit einem angehängten kleinen Buchstaben). Sind die Tonnen an der Stb-Seite befeuert, dann sind das **Licht grün** und die Kennung auch wieder beliebig (z.B. Fkl., Fkl. unt., Blz., Blz. [2], Ubr. [2], Ubr. [3]).

Mitte-Fahrwasser-Zeichen

Man verwendet sie für die Bezeichnung der Mitte von Schiffahrtwegen, auch zur Bezeichnung von Ansteuerungspunkten, sofern hierfür keine lateralen Zeichen vorgesehen sind.
Es handelt sich um

- **rot-weiß** senkrecht gestreifte Kugel-, Leucht- oder Spierentonnen – gegebenenfalls mit **einem roten Ball** als Toppzeichen. Sind die Tonnen befeuert, dann ist das **Licht weiß** mit der Kennung Glt. oder Ubr.

Bezeichnung von abzweigenden oder einmündenden Fahrwassern

An der **Steuerbordseite** des durchgehenden Fahrwassers/**Backbordseite** des abzweigenden oder einmündenden Fahrwassers verwendet man

- grüne Spitztonnen, Leuchttonnen oder Stangen mit einem waagerechten roten Band. Toppzeichen: Grüner Kegel, Spitze oben, oder Besen abwärts. Feuer (wenn vorhanden): Grün, Blz. (2+1).
  Beschriftung (wenn vorhanden): Unter der fortlaufenden ungeraden Nummer der Lateralbezeichnung des durchgehenden Fahrwassers, durch waagerechten Strich getrennt, der Name – ggf. abgekürzt – und die erste Nummer des abzweigenden oder die letzte Nummer des einmündenden Fahrwassers.

An der **Backbordseite** des durchgehenden Fahrwassers/**Steuerbordseite** des abzweigenden oder einmündenden Fahrwassers verwendet man

- rote Stumpftonnen, Leuchttonnen, Spierentonnen oder Stangen mit einem waagerechten grünen Band. Toppzeichen: Roter Zylinder oder Besen aufwärts. Feuer (wenn vorhanden): Rot, Blz. (2+1).
  Beschriftung (wenn vorhanden): Unter der fortlaufenden geraden Nummer der Lateralbezeichnung des durchgehenden Fahrwassers, durch waagerechten Strich getrennt, der Name – ggf. abgekürzt – und die erste Nummer des abzweigenden oder die letzte Nummer des einmündenden Fahrwassers.

Kardinale Zeichen

Allgemeine Gefahrenstellen, z.B. Untiefen, Wracks, Buhnen oder sonstige Schiffahrtshindernisse, werden in der Regel mit kardinalen Zeichen (seltener auch lateralen Zeichen) markiert.
Die kardinalen Zeichen geben die **Passierseite** der Gefahrenstelle in Kompaßrichtung an. Das Gebiet um die Gefahrenstelle ist dazu in vier Quadranten aufgeteilt, und die Betonnung erfolgt nördlich, östlich, südlich oder westlich dieser Stelle.
Die kardinalen Zeichen sind immer

- **schwarz-gelb** in waagerechter Unterteilung angestrichen und tragen schwarze **Doppelkegel** als Toppzeichen. In der Regel handelt es sich um Leucht-, Bakentonnen oder Spieren. Sind die Tonnen befeuert, dann ist das Licht **weiß.**

Die Zeichen im N, E, S und W der Gefahrenstelle sind folgendermaßen unterschieden:

- Im Norden: schwarz über gelbe Tonnenfarbe, beim Toppzeichen beide Spitzen oben. Kennung bei Befeuerung: ununterbrochenes oder schnelles Funkel (Fkl., SFkl.).
- Im Osten: schwarze Tonnenfarbe mit einem breiten waagerechten gelben Band, beim Toppzeichen Spitzen voneinander weg. Kennung bei Befeuerung: Funkelgruppe von 3 Blitzen (SFkl. [3], Fkl [3]).

Anmerkung zu den Abkürzungen von Leuchtfeuern:
In den Seekarten werden neuerdings
die internationalen Abkürzungen verwendet:
Fkl. = Q (Quick), Fkl.unt. = IQ (Interrupted quick),
SFkl. = VQ (Very quick),
Blz. = Fl (Flashing), Glt. = Iso (Isophase),
Ubr. = Oc (Single-occulting), Blk. = LFl (Long-flashing).
Siehe auch bei Leuchtfeuer, S. 34

Kardinale Zeichen

Nord
Toppzeichen:
Spitzen oben
Tonnenfarbe:
schwarz über gelb
Kennung:
SFkl. oder Fkl.

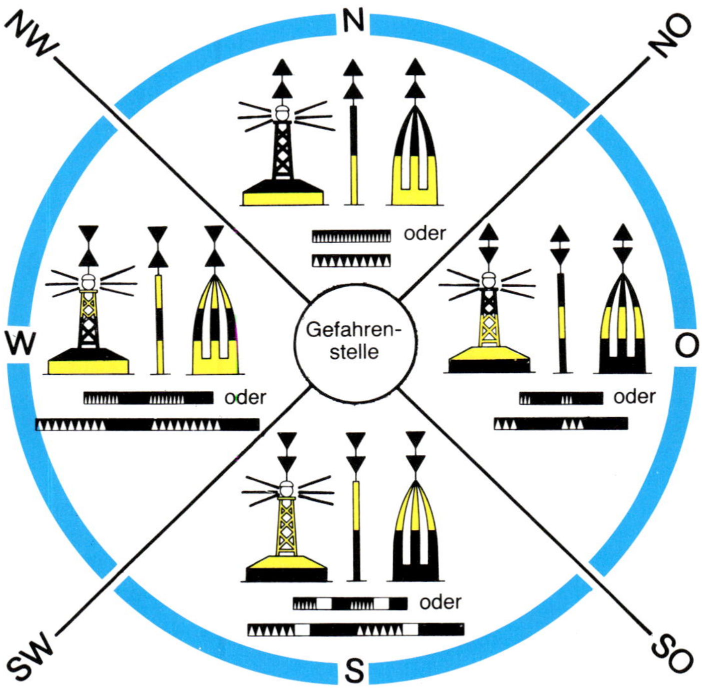

West
Toppzeichen:
Spitzen zueinander
Tonnenfarbe:
gelb
mit einem breiten
waagerechten
schwarzen Band
Kennung:
SFkl. (9) oder Fkl. (9)

Ost
Toppzeichen:
Spitzen voneinander
Tonnenfarbe:
schwarz
mit einem breiten
waagerechten
gelben Band
Kennung:
SFkl. (3) oder Fkl. (3)

Süd
Toppzeichen:
Spitzen unten
Tonnenfarbe:
gelb über schwarz
Kennung:
SFkl (6) + Blk.
oder
Fkl. (6) + Blk

- Im Süden: gelb über schwarze Tonnenfarbe, Toppzeichen beide Spitzen unten. Kennung bei Befeuerung: Funkelgruppe von 6 Blitzen, denen unmittelbar ein Blink folgt (SFkl. [6] + Blk., Fkl. [6] + Blk.).
- Im Westen: gelbe Tonnenfarbe mit einem breiten waagerechten schwarzen Band, beim Toppzeichen Spitzen zueinander. Kennung bei Befeuerung: Funkelgruppe von 9 Blitzen (SFkl. [9], Fkl. [9]).

Merkregeln für die kardinalen Zeichen:
1. An Hand der Spitzen der Toppzeichen kann man sich den jeweiligen Tonnenanstrich merken: die Spitzen zeigen immer zum Schwarz.
2. Die Anzahl der Funkel entspricht in der Zuordnung den Ziffern einer Uhr (also Ost = 3 Uhr = 3 Funkel, Süd = 6 Uhr = 6 Funkel, West = 9 Uhr = 9 Funkel).
3. Die Zeichen zeigen die Passierseite der Gefahrenstelle in Kompaßrichtung an.

Einzelgefahr-Zeichen

Diese Zeichen werden bei Gefahrenstellen verwendet, die von geringer Ausdehnung sind. Sie sind auf oder über einer Einzelgefahr errichtet und können an allen Seiten passiert werden.

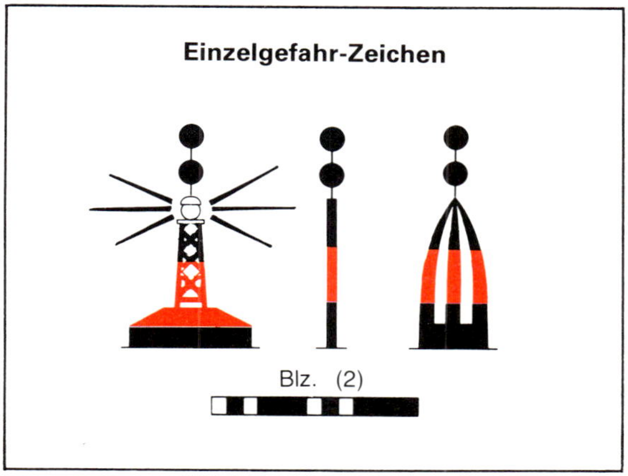

Es handelt sich um
- **schwarze** Leucht-, Baken-, Spierentonnen oder Spieren mit einem breiten waagerechten **roten Band**, dazu mit **zwei schwarzen Bällen** übereinander als Toppzeichen. Sind die Tonnen befeuert, dann ist das Licht weiß mit einer Kennung von Blitzen in Zweiergruppen (Blz. [2]).

Merkregel: Wie bei den kardinalen Zeichen bedeutet die waagerechte Farbstreifung einen Hinweis für Gefahr.

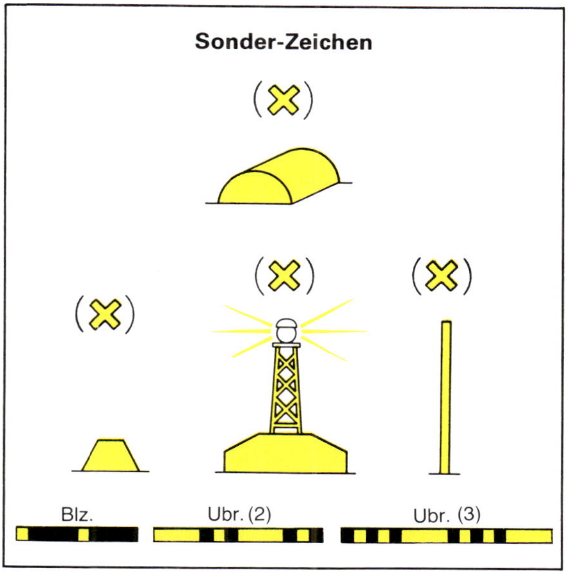

Sonderzeichen sind gelb, bei Befeuerung: gelbes Licht.

Sonder-Zeichen

Die Sonder-Zeichen dienen nicht in erster Linie der Navigation, sondern bezeichnen besondere Gebiete oder Punkte, deren Bedeutung aus den Seekarten oder anderen nautischen Veröffentlichungen entnommen werden muß. Sie können auch zum Hinweis auf ihre Bedeutung beschriftet sein. Sie dienen z.B.

als Zeichen für Baggerschüttstellen, militärische Übungsgebiete, Erholungsgebiete oder als Kennzeichnung von Kabeln und Rohrleitungen.
Es handelt sich um

- **gelbe** Tonnen in beliebiger Form (sie dürfen nicht zu Verwechslungen mit Navigationszeichen führen!), gegebenenfalls mit einem gelben liegenden Kreuz als Toppzeichen. Sind die Tonnen befeuert, dann ist das Licht gelb mit beliebiger Kennung, die aber nicht dieselbe sein darf wie bei den kardinalen Zeichen, Einzelgefahr- und Fahrwassermitte-Zeichen (z.B. Blz., Ubr. [2], Ubr. [3]), also nicht Fkl., SFkl., Blz. (2), Glt. und Ubr.

Neue Gefahrenstellen

»Neue Gefahren« sind Gefahren, die noch nicht in den Seekarten bzw. anderen nautischen Veröffentlichungen enthalten sind. Sie werden wie Einzelgefahrenstellen mit Einzelgefahr-Zeichen (siehe vorhergehende Seite) oder wie allgemeine Gefahrenstellen mit kardinalen Zeichen (siehe Seiten 153/154) gekennzeichnet. Wegen besonderer Umstände liegt jedoch mindestens eine Tonne doppelt aus und ist gegebenenfalls mit einer Radarantwortbake mit der Kennung D versehen.

Neue Gefahren

Beispiel: Die Tonnen liegen westlich der neuen Gefahrenstelle.

Zusammengefaßt

Steuerbordseite	= grün, spitz, evtl. Kegel spitz, ungerade Nummern, grünes Licht, beliebige Kennung.
Backbordseite	= rot, stumpf, evtl. Zylinder, gerade Nummern, rotes Licht, beliebige Kennung.
Fahrwassermitte	= rot-weiß senkrecht gestreift, roter Ball, Licht weiß, Glt. oder Ubr.
Allgemeine Gefahrenstelle	= N: schwarz über gelb, Spitzen oben, Licht weiß, Fkl. E: schwarz mit gelbem Band, Spitzen weg, Licht weiß, Fkl. (3). S: gelb über Schwarz, Spitzen unten, Licht weiß, Fkl. (6) + Blk. W: gelb mit schwarzem Band, Spitzen zueinander, Licht weiß, Fkl. (9).
Einzelgefahr	= schwarz-rot waagerecht, 2 schwarze Bälle, Licht weiß, Blz. (2).
Besondere Gebiete	= gelb, evt. liegendes gelbes Kreuz, gelbes Licht, z.B. Blz. Ubr. (2), Ubr. (3).

4. Schiffspapiere, Flaggenführung, Umweltschutz

Schiffspapiere

Prüfungsfrage für den Sportbootführerschein: 4

Zertifikate, Standerschein und sonstige Papiere

Bei administrativen Vorgängen in ausländischen Häfen und bei Behörden des Auslandes, außerdem bei Kontrollen im grenzüberschreitenden Verkehr wird ein Zertifikat verlangt, das die Identität und die Besitzverhältnisse der betreffenden Yacht aufzeigt. Für diesen Zweck wurde der **Internationale Bootsschein für Wassersportfahrzeuge** (frühere Bezeichnung: »Internationales Verbandszertifikat«) geschaffen, anerkannt von allen Nationen in Europa (außer Frankreich). Der Schein enthält neben dem Namen und der Anschrift des Eigners die wichtigsten Bootsdaten. Im weitesten Sinne ist er mit dem Kraftfahrzeugschein vergleichbar, dazu kann er bei Regatten auch den Meßbrief mit den Meßdaten ersetzen. Gültig ist das Zertifikat zwei Jahre ab Ausstellungsdatum, ausgestellt wird es für Segelboote vom Deutschen Segler-Verband (DSV), für Motorboote vom Deutschen Motoryachtverband (DMYV).

Eine Art Vorläufer des internationalen Bootsscheines war das Ende 1988 eingestellte **Yachtzertifikat** der Kreuzer-Abteilung des Deutschen Segler-Verbandes, das sehr detaillierte Angaben über das Schiff, die Maschine, Einrichtung und Sicherheitsausrüstung enthielt. Es diente als Schiffsausweis und hatte sich in bestimmten Mittelmeerstaaten bewährt. Die Kreuzer-Abteilung ist eine Fachabteilung des Deutschen Segler-Verbandes, die das Fahrtensegeln unterstützt und fördert. Dazu unterhält sie eine Vielzahl von Stützpunkten, außerdem veröffentlicht sie Hafenhandbücher und alle für die Sportschiffahrt für das In- und Ausland wichtige Informationen. Speziell für Segelregatten ist ein **Meßbrief,** der alle Daten über das Schiff enthält, erforderlich.

Nicht vorgeschrieben für Sportfahrzeuge ist ein **Schiffszertifikat,** das registrierpflichtige Seeschiffe über 50 cbm Bruttoraumgehalt, die in das Schiffsregister eingetragen sein müssen, mitzuführen haben.

Standerscheine werden von Segelclubs ausgestellt. Sie besagen, daß das betreffende Boot in das Register des Vereins aufgenommen wurde, außerdem berechtigen sie zum Führen des Vereinsstanders.

An sonstigen Papieren sind neben dem Bootsführerschein des Skippers (s. u.) die **Personalausweise** bzw. im Ausland gegebenenfalls die Reisepässe für jedes Crewmitglied mitzuführen. Dazu kommt noch – bei entsprechender Einrichtung – die **Genehmigungsurkunde** der Deutschen Bundespost zur Errichtung und zum Betrieb von Funkanlagen jeglicher Art. Wer speziell in Frankreich das Fahrtensegeln betreiben will, benötigt seit 1.1.82 einen **Flaggenausweis,** sofern kein Schiffszertifikat vorliegt. Ausgenommen sind nur Badeboote und andere kleine, nur in Strandnähe verwendbare Fahrzeuge.

Logbuch

Die Berufsschiffahrt ist verpflichtet, ein Schiffstagebuch, auch Logbuch genannt, zu führen. Dies gilt nicht für Sportfahrzeuge unter 400 cbm Bruttoraumgehalt, für die aber das Führen eines solchen Buches dringend anzuraten ist. Abgesehen davon, daß bestimmte eingetragene Fakten und Notizen rückblikkend wichtige und lehrreiche Aufschlüsse geben können und abgesehen von einem ideellen Wert, kann das Logbuch bei Schadens- und Streitfällen als wichtige Beweisunterlage für eine sachgemäße Schiffsführung verwendet werden. Außerdem dient es als Erfahrungsnachweis.

Am besten verwendet man ein vom DSV herausgegebenes Logbuch, das täglich vom Skipper oder von einer durch ihn beauftragten Person (in diesem Falle dann jeweils vom Skipper unterschrieben) geführt werden soll (nicht mit Bleistift!).

Folgendes wird eingetragen:

- Am Anfang die Crew.
- Angaben über Wind und Wetter.
- Navigatorische Angaben über Kurs, Fahrt, Strom, Schiffsort, usw.
- Angaben über die Art der Segelführung und über Benutzung der Maschine, das Führen von Lichtern, Signalkörpern, usw.
- Alle für die Schiffahrt allgemein interessante Beobachtungen.
- Alle Havarien und Unfälle.

Führerscheine

Wer auf einer deutschen Seeschiffahrtsstraße ein Sportboot mit einem Motor über 3,68 kW (5 PS) führt (an der Propellerwelle gemessen), muß den **amtlichen Sportbootführerschein See** besitzen und mitführen. Dies gilt auch für Segelyachten, deren Motor nicht in Betrieb ist.
Beauftragt mit der Prüfung sind der DSV und der DMYV gemeinsam, die zu diesem Zweck den *Koordinierungsausschuß für den amtlichen Sportbootführerschein* gebildet haben. Schwerpunkt der Prüfung ist zwangsläufig die Gesetzeskunde, nachdem dieser Schein im Hinblick auf die Sicherheit und Leichtigkeit des Verkehrs auf den Seeschiffahrtsstraßen eingeführt wurde.

Für die genannten Sportboote benötigt der Skipper auf den deutschen Binnenschiffahrtsstraßen den **amtlichen Sportbootführerschein Binnen,** der durch Prüfungsausschüsse des DSV bzw. DMYV abgenommen wird.
Neben diesen beiden amtlichen Führerscheinen gibt es noch die **Führerscheine des Deutschen Segler-Verbandes,** die in den Anforderungen teilweise über die amtlichen Scheine hinausgehen.
Die DSV-Führerscheine dienen im In- und Ausland gegenüber Behörden, Sport- und sonstigen Verbänden als Befähigungsnachweis zur Führung von Yachten unter Segel und unter Motor. Sie sind vom DSV vorgeschrieben für Regatten und für Skipper, die eine Yacht unter dem Stander eines Verbandsvereines führen. Ganz nebenbei verlangen die meisten Vercharterer und Versicherungen einen solchen Schein.

Folgende DSV-Führerscheine gibt es:

- **Führerschein A** (Binnenfahrt): Umfaßt alle Binnengewässer außerhalb des Geltungsbereiches der Kollisionsverhütungsregeln.
  Mit dem Vermerk »und unter Motor« war dieser Schein bis Ende März 1989 der Vorgänger des Sportbootführerscheins Binnen, in dessen Schatten er jetzt – nur noch als reiner Segelschein – steht.

- **Führerschein R** (Revierfahrt):
  Umfaßt ortsnahe Bereiche innerhalb des Geltungsbereiches der KVR. Das sind Wasserflächen im Küstengebiet, die auf Sicht befahren werden können, wie z.B. die Kieler Förde und die Regattabahnen zur Kieler Woche (bei üblicher Aufsicht), ferner die Unterelbe bis zur Kugelbake usw.

- **Führerschein BR** (Küstenfahrt):
  Umfaßt alle Gewässer im Geltungsbereich der KVR innerhalb eines 12-sm-Bereiches.

- **Führerschein BK** (Große Küstenfahrt):
  Umfaßt alle Gewässer der Ostsee, die Gewässer zwischen Nord- und Ostsee, die Nordsee bis 61° nördliche Breite (Linie Sognefjord–Shetland-Inseln) einschließlich der englischen Ostküste und des Kanals bis zur Linie Lizzard–Point/Isle d'Quessant), das Mittelmeer sowie außerhalb dieser Grenzen alle Küstengewässer innerhalb eines 30-sm-Bereichs.

- **Führerschein C** (Seefahrt): Umfaßt alle Gewässer im Geltungsbereich der KVR.

Die Führerscheine BK (Große Küstenfahrt) und C (Seefahrt) haben an Bedeutung verloren, nachdem 1994 zwei amtliche (aber nicht vorgeschriebene) Führerscheine eingeführt wurden:

- **Sportseeschifferschein** (für Küstengewässer)
- **Sporthochseeschifferschein** (für weltweite Fahrt)

Zusammengefaßt

Eine Art »Kraftfahrzeugschein« der Yacht ist der Internationale Bootsschein. Zum Führen eines Logbuches ist man bei einem Wassersportfahrzeug unter 400 cbm nicht verpflichtet, es ist aber dringend anzuraten. Den amtlichen Sportbootführerschein See benötigt man auf einer deutschen Seeschiffahrtsstraße mit einem Sportboot mit Motor über 3,68 kW. Den amtlichen Sportbootführerschein Binnen benötigt man auf einer deutschen Binnenschiffahrtsstraße mit einem Sportboot über 3,68 kW. Für Regatten und zur Führung eines Verbandsvereins-Standers ist der entsprechende DSV-Führerschein vorzuweisen (A bzw. Sportbootführerschein Binnen mit Segelteil, R, BR, BK, C).

Flaggenführung

Keine Prüfungsfragen für den Sportbootführerschein!

Alle Seeschiffe – jede seegehende Yacht ist ein Seeschiff – müssen nach dem Flaggenrechtsgesetz die **Bundesflagge** führen, sofern die Eigentümer Deutsche sind und ihren Wohnsitz im Geltungsbereich des Grundgesetzes haben. Befindet sich der Wohnsitz des deutschen Eigners im Ausland, dann darf die Bundesflagge geführt werden, aber nur, wenn das Schiff in das Schiffregister eingetragen ist und ein Zertifikat vorliegt. Dieser Eintrag in das Seeschiffsregister ist im ersten Falle auch vorgeschrieben bei Yachten mit einer Rumpflänge über 15 m.
Die Bundesflagge ist nach dem Gesetz beim Einlaufen in einen Hafen und beim Auslaufen zu zeigen.
Nach den Vorstellungen der Kreuzerabteilung des DSV (»Yachtgebräuche, Flaggenführung«) führt jede in Dienst gestellte Yacht auf den Seeschiffahrtstraßen, in Küstengewässern und auf See und im Ausland die Bundesflagge. Eine gecharterte Yacht führt grundsätzlich die Nationalflagge ihres Eigners. Während einer Wettfahrt wird keine Nationalflagge gefahren, erst wieder nach dem Zieldurchgang.

Normalerweise wird die Nationalflagge bei einer slupgetakelten Yacht am Flaggenstock möglichst in Heckmitte gesetzt. Auf einer mehrmastigen Yacht wird die Flagge in Fahrt im Topp des hinteren Mastes gefahren, im Hafen oder vor Anker wird sie als Heckflagge gesetzt.

Im Ausland führen Yachten die **Flagge des Gastlandes** unter der Steuerbordsaling – aber nur diese eine Flagge und nicht die zuvor besuchter Länder dazu.

Mitglieder der Kreuzer-Abteilung des DSV dürfen die **Flagge der Kreuzer-Abteilung** führen, und zwar in deutschen Gewässern unter der Steuerbordsaling, im Ausland unter der Backbordsaling.
Den Stander einer Yacht führt man im Topp des Großmastes.

Zu beachten ist auch, daß in See grundsätzlich keine Flaggen unter der Saling wehen sollen, um zu vermeiden, daß diese mit dem Notsignal NC verwechselt werden.
Besonders in den nordeuropäischen Ländern wird auf den internationalen Gebrauch der **Flaggenparade** Wert gelegt, d.h., das Vorheißen und Niederholen der Flaggen findet jeweils zu einer bestimmten Zeit statt: Vorheißen vom 1. Mai bis 30. September um 8.00 Uhr (in den übrigen Monaten 9.00 Uhr), Niederholen bei Sonnenuntergang, spätestens jedoch bis 21.00 Uhr.

Zusammengefaßt

Nach dem Flaggenrechtsgesetz und nach den Vorstellungen der Kreuzerabteilung des DSV ist die Bundesflagge zu führen. Im Ausland führt man unter der Steuerbordsaling die Flagge des Gastlandes. Die Flagge der Kreuzer-Abteilung können Mitglieder im Inland unter der Stb-Saling, im Ausland unter der Bb-Saling führen. Besonders in nordeuropäischen Ländern legt man auf die Flaggenparade Wert.

Umweltschutz

Prüfungsfragen für den Sportbootführerschein: 218–222.

Umweltprobleme gehen auch den Wassersportler sehr intensiv an – gerade weil er sein Hobby ja nur in der Natur ausüben kann. Seinem Beitrag zum Umweltschutz kommt heute große Bedeutung zu. Auch der Deutsche Segler-Verband kümmert sich um Fragen des Umweltschutzes. So hat er einen *Ausschuß für Umweltschutz und Raumordnung* eingerichtet, weist deutlich auf die *10 goldenen Regeln für das Verhalten von Wassersportlern in der Natur* hin und sieht zudem auch entsprechende Prüfungsfragen für die Führerscheine vor.

Schwerpunkte eines umweltbewußten Verhaltens wären:

- Beitrag zur Reinerhaltung der Gewässer.
- Beitrag zum Schutz und Bewahren von Pflanzen und Tieren (Fische, Vögel, Kleintiere, Seehunde).

Zwecks Reinerhaltung der Gewässer sollte man niemals Abfälle und Abwässer über Bord werfen bzw. schütten, sie vielmehr in einem Aufnahmebehälter und Abwassertank sammeln und dann an Land an einer geeigneten Abgabestelle entleeren. Stellt man während der Fahrt fest, daß Motoröl ausgelaufen ist und sich in der Bilge versammelt hat, so wäre es wirklich eine Umweltsünde, das Öl einfach über Bord zu kippen. Das Öl in Behälter sammeln und im nächsten Hafen bei einer Altölsammelstelle abgeben, ist verantwortungsbewußt.

Die 10 goldenen Regeln für das Verhalten von Wassersportlern in der Natur beinhalten Hinweise für das Verhalten der Sportschiffer zum Schutze seltener Tiere und Pflanzen, sowie Reinerhaltung der Gewässer.

Die 10 Regeln im Wortlaut:

1. Meiden Sie das Einfahren in Röhrichtbestände, Schilfgürtel und in alle sonstigen dicht und unübersichtlich bewachsenen Uferpartien. Meiden Sie darüber hinaus Kies-, Sand- und Schlammbänke (Rast- und Aufenthaltsplatz von Vögeln) sowie Ufergehölze.
   Meiden Sie auch seichte Gewässer (Laichgebiete), insbesondere solche mit Wasserpflanzen.
2. Halten Sie einen ausreichenden Mindestabstand zu Röhrichtbeständen, Schilfgürteln und anderen unübersichtlich bewachsenen Uferpartien sowie Ufergehölzen – auf breiten Flüssen beispielsweise 30 bis 50 Meter.
3. Befolgen Sie in Naturschutzgebieten unbedingt die geltenden Vorschriften. Häufig ist Wassersport in Naturschutzgebieten ganzjährig, zumindest zeitweise völlig untersagt oder nur unter bestimmten Bedingungen möglich.
4. Nehmen Sie in »Feuchtgebieten von internationaler Bedeutung« bei der Ausübung von Wassersport besondere Rücksicht. Diese Gebiete dienen als Lebensstätte seltener Tier- und Pflanzenarten und sind daher besonders schutzwürdig.
5. Benutzen Sie beim Landen die dafür vorgesehenen Plätze oder solche Stellen, an denen sichtbar kein Schaden angerichtet werden kann.
6. Nähern Sie sich auch von Land her nicht Schilfgürteln und der sonstigen dichten Ufervegetation, um nicht in den Lebensraum von Vögeln, Fischen, Kleintieren und Pflanzen einzudringen und diese zu gefährden.
7. Laufen Sie im Bereich der Watten keine Seehundbänke an, um Tiere nicht zu stören oder zu vertreiben.
   Halten Sie mindestens 300 bis 500 Meter Abstand zu Seehundliegeplätzen und Vogelansammlungen und bleiben Sie hier auf jeden Fall in der Nähe des markierten Fahrwassers. Fahren Sie hier mit langsamer Fahrstufe.
8. Beobachten und fotografieren Sie Tiere möglichst nur aus der Ferne.
9. Helfen Sie, das Wasser sauber zu halten. Abfälle gehören nicht ins Wasser, insbesondere nicht der Inhalt von Chemietoiletten. Diese Abfälle müssen genauso wie Altöle in bestehenden Sammelstellen der Häfen abgegeben werden. Benutzen Sie in Häfen selbst ausschließlich die sanitären Anlagen an Land.
   Lassen Sie beim Stilliegen den Motor Ihres Bootes nicht unnötig laufen, um die Umwelt nicht zusätzlich durch Lärm und Abgase zu belasten.
10. Machen Sie sich diese Regeln zu eigen und informieren Sie sich vor Ihren Fahrten über die für Ihr Fahrtgebiet bestehenden Bestimmungen. Sorgen Sie dafür, daß diese Kenntnisse und Ihr eigenes vorbildliches Verhalten gegenüber der Umwelt auch an die Jugend und vor allem an nichtorganisierte Wassersportler weitergegeben werden.

◁ Die Zahl der Wassersportler auf den Küstenrevieren ist erheblich – wie allein schon das Gedrängle von Yachten in manchen Häfen zeigt. Wenn alle Crews ihre Abfälle, Abwässer oder ausgelaufenen Öle einfach über Bord kippen würden, sähe es mit unserer ohnehin schon sehr strapazierten Umwelt noch schlimmer aus.

Stichwortverzeichnis